普通高等学校“互联网+”立体化教材

高职体育与健康

主编 敖军 刘琦

北京体育大学出版社

策划编辑：王　健
责任编辑：姜艳艳
责任校对：房晓静
版式设计：高荣华

图书在版编目（CIP）数据

高职体育与健康 / 敖军，刘琦主编 . -- 北京 : 北京体育大学出版社，2015.7（2022.8 重印）
ISBN 978-7-5644-1992-9

Ⅰ . ①高… Ⅱ . ①敖… ②刘… Ⅲ . ①体育－高等职业教育－教材②健康教育－高等职业教育－教材 Ⅳ . ① G807.4

中国版本图书馆 CIP 数据核字 (2015) 第 159348 号

高职体育与健康
GAOZHI TIYU YU JIANKANG
敖军　刘琦　主编

出版发行：北京体育大学出版社
地　　址：北京市海淀区农大南路 1 号院 2 号楼 2 层办公 B-212
邮　　编：100084
网　　址：http://cbs.bsu.edu.cn
发 行 部：010-62989320
邮 购 部：北京体育大学出版社读者服务部 010-62989432
印　　刷：艺堂印刷（天津）有限公司
开　　本：787mm × 1092mm　1/16
成品尺寸：185mm × 260mm
印　　张：19
字　　数：511 千字
版　　次：2015 年 7 月第 1 版
印　　次：2022 年 8 月第 8 次印刷
定　　价：38.80 元

《高职体育与健康》编审委员会

主　审　郝光安　北京大学体育教学部原主任

全国高等学校体育教学指导委员会公体组副组长

主　编　敖　军　刘　琦

副主编　黄光彬　杨方平　杨筱竹　陆江霞

序

体育，作为教育改革的重要方面和素质教育的重要内容，与健康有着密切的联系，是贯彻“健康第一”指导思想的重要手段。为了大力推进体育教学改革，真正在体育教学中落实“健康第一”的指导思想，编者以《全国普通高等学校体育课程教学指导纲要》为依据，以《国家学生体质健康标准（2014 年修订）》为参照，以高职院校学生未来从事的职业特点为出发点，编写了本教材。

本教材改变了以往重体育、轻健康的理念，突出了健康的地位及体育与健康的关系。把职业实用性体育锻炼纳入高职院校公共体育教学的内容之中，是体育教材编写的一种新思路，也是本教材的一个亮点。本教材在适用对象上，面向全体高职学生；在锻炼方法上，力求与高职院校学生未来所从事的职业紧密联系；以培养学生养成体育锻炼的习惯和健康的生活方式为主要目的。

本教材理论与实践相结合，内容丰富、结构严谨、版式新颖、图文并茂、通俗易懂，充分体现了高职体育教材的特色和应用价值，是一本融实用性和可读性于一体的教材。

借本教材出版之际作此序，并衷心祝愿《高职体育与健康》在教学实践中不断完善，为我国高职院校体育教材建设增色添彩。

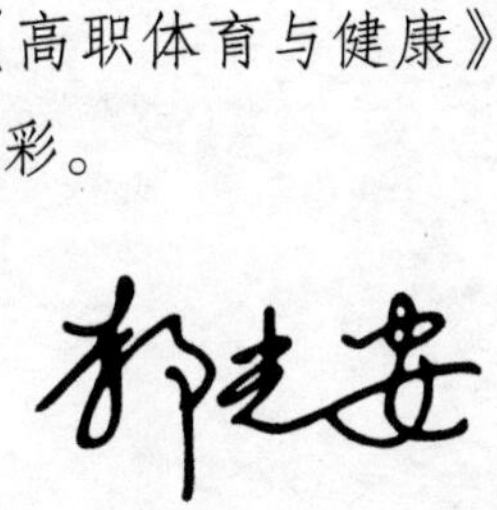

北京大学体育教学部原主任

全国高等学校体育教学指导委员会公体组副组长

前 言

学校体育是我国教育事业的重要组成部分，也是我国体育工作的战略要点。高等学校体育在培养德智体美劳全面发展的社会主义优秀人才中肩负着重任。高职院校体育课程是学校体育的重要组成部分，是高职学校体育工作的中心环节。高职体育教学重视与职业相关的体育能力的培养，重视引导学生从职业规划的角度完善自己的体育能力。编者依据《全国普通高等学校体育课程教学指导纲要》的精神，根据《中华人民共和国体育法》《学校体育工作条例》《国家学生体质健康标准（2014年修订）》的要求，结合当前高等职业院校实际情况，编写了本书。

本书包含体育理论知识、运动技能两个方面的内容，具有系统性、科学性、实用性等特点。在体育理论知识中，坚持体育与健康的有机结合，针对学生未来将要从事职业的身体负荷特点，提出了相应的职业体能锻炼方法，为“健康工作50年”提供良好的身体素质保障；在运动技能方面，采用了大量本校师生自己拍摄的技术动作图片，以文解图，以图示文，力求更好地帮助学生掌握动作要领，增强可操作性。另外，本书介绍了多种多样的贵州民族民间体育项目，作为本书的一大特色。

由于编者水平有限，本书中若有不妥之处，敬请读者批评与指正，以便我们对本书进行修订和完善。

编 者

目　录

第一章

高职体育与健康概述

学习提要

1. 高职体育的目标与功能。
2. 高职学生的体质健康现状及其维护法则。
3. 体育锻炼的积极影响。

第一节 高职体育的目标与功能

一、高职体育的目标

（一）普通高校体育课程的基本目标

1. 运动参与领域目标

积极参与各种体育活动并基本形成自觉锻炼的习惯，基本形成终身意识，能够制订可行的个人锻炼计划，并具有一定的体育文化欣赏能力。

2. 运动技能领域目标

熟练掌握两项以上健身运动的基本方法和技能；能科学地进行体育锻炼，提高自己的运动能力；掌握常见运动创伤的处理方法。

3. 身体健康领域目标

能测试和评价体质健康状况，掌握有效地提高身体素质、全面发展体能的知识和方法；能合理选择人体需要的健康营养食品；养成良好的行为习惯，形成健康的生活方式；具有健康体魄。

4. 心理健康领域目标

根据自身的能力设置体育学习目标；自觉运用体育活动改善心理状态、克服各种心理障碍，养成积极乐观的生活态度；运用适宜方法调节自己的习惯；在运动中体验运动乐趣和成功的感觉。

5. 社会适应领域目标

表现出良好的体育道德和合作精神；正确地处理竞争和合作的关系。

（二）高职体育的特殊目标

1. 提高学生的劳动就业能力

传统高等教育以精英型为主，向高发展；高职教育以大众型为主，向广发展。精英型以学科设置专业，大众型按职业岗位设置专业，培养目标是有明确的职业针对性。高职教育实质就是服务市场的就业教育，是一种以服务市场为宗旨，以就业为导向，为不同行业培养专门人才和高素质的劳动者，以提高学生的劳动就业竞争能力为培养目标的教育形式。

高职院校的学生专业性很强，各专业特点迥异，分类很多。也就是说，学生今后将从事与这些专业相关的职业，每一种职业，因各自的劳动特点，它对从业人员的体能都有特定的要求。那么在高职院校的体育教学中，就应紧紧扣住专业的特点，分析其职业的要求，发展学生今后从事职业的身体活动能力和适应能力。如从事计算机、通信、电子工程类职业的人员，要求有很好的手指协调性、动作准确性、触觉敏感性、专注意识及反应速度等。那么在体育教学中，就应侧重发展这方面的能力，进行专门的辅助性训练。

高职院校的体育教学作为职业教育的一个重要组成部分，其教育的指导思想和教学体系本质上应与高职总体培养目标相一致，突出职业特色，把促进学生的劳动就业和学生职业生涯的可持续发展作为出发点和归宿。在进行共性体育教育的基础上，突出与学生劳动就业和社会发展需要相匹配的身心素质的培养，充分体现高职体育教学在学生今后劳动就业中的使用价值和人性化的概念。通过体育锻炼培养学生劳动就业能力，为学生的职业生涯发展打下良好的身心素质基础，真正实现高职体育教学从课堂向未来延伸。

2. 培养大学生的个性化和多元化

社会的进步、经济的发展，使学校教育思想和办学条件有了极大的更新和改善，学校体育教育越来越重视个性化教育，加上学生体育主体意识的加强，尊重学生人格，承认个体差异，提高学生参与的积极性，从各自的不同需要出发，最大限度地发挥学生的创造性，将对学校体育课程教学提出新的多种多样的要求。体育作为教育的重要组成部分，对大学生的个性和意志品质的影响具有特殊的作用，体育教育与教学活动内容丰富，形式多样，有着深刻的寓意与趣味，富有挑战性的魅力，能满足大学生的体验，这些对塑造大学生的人格具有一定的影响，并能缓解来自学业、就业各方面的压力。根据职业素质的需要，很多行业的职业能力离不开较强的运动能力，特殊行业对运动能力也有特殊的要求，很多职业技能既是职业的需要，其本身也是体育运动项目。如航海类专业的课程教学和训练，须学生掌握跳水（直体脚先下水）、操艇等急救（求生）技术，以及相关的游泳、潜泳、爬绳（杆）、攀登（云梯）等技能。而体育课程教学正可以配合专业教学的需要，集健身、健体、实用等多种功能于一体。高素质的人才不但要有高素质的职业技术，还必须具备良好的心理素质和顽强的意志品质。这是与人才培养相一致的目标，而通过结合职业特点的运动训练能达到更好的效果。

3. 提高大学生的综合素质

体育除了具有竞赛性、技能性、娱乐性外，还具有教育性、实践性、文化性、社会性等特性，这些特性有助于培养大学生的综合素质。现代体育因为其开放性，可充分展示学生的个性和挖掘学生的潜力，可以说是为当代大学生各方面能力的培养搭建了一个广阔的舞台。与其他学科教育相比，体育教育的形式又具有灵活性、多样性等特点，展示的是“快乐体育”“健康体育”，从而极大地提高了大学生参与体育活动的兴趣。大学生也可通过参与或组织各种竞赛活动来锻炼自己的才干，如编排比赛规程、规则，担任裁判，做好宣传工作，统计成绩等等，也能在竞技项目中展示运动才干，成为用人单位欢迎的大学生；还可以走出校门与其他院校进行各项活动的交流，不断提高人际交往能力，加深彼此的情感，为今后走向社会打下扎实的基础。因此，通过体育课提高大学生的综合素质是一项很重要的途径，也为大学生的顺利就业打下了基础。

4. 终身体育的需要

随着学校体育课程教学改革的不断深入和终身体育思想的逐步普及，青年学生们在继续重视追求学校体育课程现实的健身效益的同时，也开始重视追求学校体育课程的长远效益，即注意培养提高自己的体育文化素养和特长，学习和有效掌握体育健身、体育健美和体育娱乐的知识与方法，以适应将来就业的需要，并为终身体育奠定基础。

知 识 窗

古老的健康概念，常以是否有病作为分界线，有病为不健康，无病则为健康，而现代对健康的科学定义是指机体与自然环境和社会环境的动态平衡。21 世纪社会的健康四要素是身体健康、心理健康、社会适应能力、道德健康。

二、高职体育的功能

（一）健身功能

体育健身的理论基础是运动能促进人体的新陈代谢，加强同化和异化作用，增强人的生命力。合理的体育运动，能够促进人体神经系统的发育，提高其灵活性；能使心肌发达，搏动有力；能使肺功能提高，肺活量增大，呼吸深度加深；促使有机体生长发育良好，提高运动器官的机能；使人心情舒畅，精神愉快，充满朝气与活力等。

高职体育通过学生直接参与运动，学生各器官系统在一定的强度和量的刺激下，发生了身体形态结构和生理机能的一系列适应性反映，从而提高了学生的身体健康水平和适应能力。体育运动形式多样，可使人体进行全面的活动，因此对人体可产生较为全面的影响。

（二）教育功能

纵观人类历史，在社会发展的各个阶段，体育均被纳入教育之中。各个历史时期的教育家都把体育作为培养后代的重要手段。

高职体育是高职教育的一部分，是造就全面发展的人的一个重要手段。现代科学研究表明，体育运动与人的智力活动能够相互调剂，促进体力与智力的恢复。同时，体育运动也是个体智力发展的重要途径。体育运动能改善和提高中枢神经系统的工作能力，使人头脑清醒，思维敏捷。

（三）愉悦身心功能

随着现代社会的到来，社会充满了激烈的竞争，而高职学生是即将进入社会的一类群体，面对日益严峻的就业压力，如何采取适当的方式来缓解压力？学生学习高职体育之后，将增强体育技能和欣赏能力。学生通过观看体育表演和参与体育竞赛，体会和谐的韵律、鲜明的节奏、巧妙的配合、完美的动作带来的美感和享受，感受激烈的情景、成功的轻松给我们带来的紧张和欢娱，使得学生在紧张的学习之余有良好的娱乐方式，生活更加丰富多彩。

高职体育还可以调节人的心理，促进个体心理健康。从事运动能使人心情舒畅，精神愉快，调节人的某些不健康情绪和心理。人们还发现有紧张烦躁情绪的人，只要散步 15 分钟后，紧张情绪就会松弛下来。焦虑和紧张的心理状态会随着身体运动的加强而逐渐降低其程度；激烈的情绪状态往往会在体能的消耗中逐渐减弱其强度，最后平静下来。

高职学生在闲暇时间积极参与体育运动，也会增添无穷的校园生活乐趣，如跑步使人感到节奏鲜明，勇往直前；练太极拳使人悠然自适……

通过体育活动能够扩大学生之间的情感交流，增进人与人之间的相互了解，改善人际关系，建立健康、合理的生活方式，创造文明、和谐的学校生活环境。

第二节　高职学生的体质现状与健康促进

一、健康的内涵

（一）健康的定义

1989 年联合国世界卫生组织（WHO）对健康做了新的定义，即“健康不仅为疾病或羸弱之消除，而系体格、精神与社会之完全健康状态”。这就是人们所指的身心健康，要注重道德健康。也就是说，一个人只有在躯体健康、心理健康、社会适应良好和道德健康四方面都健全，才是完全健康的人。

1. 躯体健康

躯体健康一般是指人体生理的健康。按照一般理解，躯体健康是指人体结构完整和生理功能正常，同时用目前现有的仪器进行检查，没有明显的异常和疾病，没有残废能够顺利完成日常工作，具有良好的健康行为和习惯。躯体健康是心理健康的基础。

2. 心理健康

心理健康是指整个心理活动和心理特征相对稳定、相互协调、意识障碍、感知觉障碍、思维障碍、注意障碍、记忆力障碍与智能障碍。心理健康一般有三个方面的标志：第一，具备健康的心理的人，人格是完整的，且自我感觉良好，积极情绪多于消极情绪，有较好的自控能力，能保持心理平衡。有自尊、自爱、自信心，有自知之明。第二，一个人在自己所处的环境中，有充分的安全感，且能保持正常的人际关系，能受到别人的欢迎和信赖。第三，健康的人对未来有明确的生活目标，能切合实际、不断进取，有理想和事业的追求。

3. 社会适应良好

社会适应是指一个人的心理活动和行为表现，能适应复杂的环境变化，为他人所理解，为大家所接受。

4. 道德健康

道德健康最主要的是不以损害他人利益来满足自己的需要，有辨别真伪、善恶、荣辱、美丑、是非等观念，能按社会公认的规范、准则来约束和支配自己的行为，能为人类的幸福做贡献。

（二）衡量健康的标准及各类人群的健康注意事项

1. 衡量健康的标准

（1）世界卫生组织提出的标准。

对健康的定义，除了上述四个方面之外，世界卫生组织还提出了十条衡量个人是否健康的标准。

① 精力充沛，能从容不迫地应付日常生活和学习的压力而不感到过分紧张。

② 处事乐观，态度积极，乐于承担责任，事无巨细不挑剔。

③ 善于休息，睡眠良好。

④ 应变能力强，能适应环境的各种变化。

⑤ 能够抵抗一般性感冒和传染病。

⑥ 体重得当，身材均匀，站立时头、肩、臂位置协调。

⑦ 眼睛明亮，反应敏锐，眼睑不发炎。

⑧ 牙齿清洁，无空洞，无痛感；齿龈颜色正常，不出血。

⑨ 头发有光泽，无头屑。

⑩ 肌肉、皮肤富有弹性，走路轻松有力。

上述十条标准包括肌体和精神健康两部分，具体可用“五快”（肌体健康）和“三良好”（精神健康）来衡量。

（2）“五快”和“三良好”标准。

“五快”是指如下五项。

① 吃得快。进餐时，有良好的食欲，不挑剔食物，并能很快吃完一顿饭。

② 便得快。一旦有便意，能很快排泄完大小便，而且感觉良好。

③ 睡得快。有睡意，上床后能很快入睡，且睡得好，醒后头脑清醒，精神饱满。

④ 说得快。思维敏捷，口齿伶俐。

⑤ 走得快。行走自如，步履轻盈。

“三良好”是指如下三项。

① 良好的个性人格。情绪稳定，性格温和；意志坚强，感情丰富；胸怀坦荡，豁达乐观。

② 良好的处世能力。观察问题客观、现实，具有较好的自控能力，能适应复杂的社会环境。

③ 良好的人际关系。助人为乐，与人为善，对人际关系充满热情。

当然，我们不能将健康的标准理解为固定不变的教条，对于不同性别、不同年龄的人，应有不同程度的要求。

2. 男性健康要点

（1）吃得正确。知道吃什么和什么时候不吃。

（2）喝得正确。每天至少喝两升水。

（3）减少吸烟。吸烟和嚼烟草是健康的大敌，对本人和周围的人都能造成严重的危害。

（4）重视散步。多散步，经常散步。

（5）娱乐。找时间享受家庭生活的乐趣，培养兴趣，学习新技能。

（6）自信。头脑开放，举止大方。微笑可以沟通感情。

（7）事事小心。无论是在外出还是在家里，都要做到安全第一，避免疲劳，保持警觉。

（8）性生活。无论从道德还是健康方面考虑，每人应只能有一个性伴侣，高职学生正处于学业和人生的重要时期，对于性的问题应认真对待。

（9）运动。运动对生理和心理健康都有好处。

（10）药物。不要非法使用或滥用药物。

3. 女性健康要点

（1）吃得正确。女高职学生处于青春期向成熟期过渡的人生阶段，营养特别重要，尤其月经期间，更要保证补充足够的维生素和无机盐，尽量避免冷饮及刺激性食物。

（2）喝得正确。一天至少喝两升水。

（3）拒绝吸烟。为了自己和将来孩子的健康，不要吸烟。

（4）散步。要尽可能经常散步，尤其在绝经期以后，散步可以增强骨骼的密度。

（5）安排闲暇时间。在每天的经常性活动以外，培养多种兴趣。

（6）乐观的心态。微笑易沟通感情，良好的人际关系能够缓解压力、促进健康。

4. 青年人健康要点

（1）吃得正确。在青春期保持饮食平衡和有规律，有助于一生的健美与健康。

（2）喝得正确。干净的水和果汁是有利于健康的，不要或尽量少饮酒，更不可喝醉。

（3）拒绝吸烟。如果想健美、阳光、有吸引力，请别吸烟。

（4）适当放松。参与运动、艺术活动和读书，与其他人交谈，有助于成为兴趣广泛、倍受欢迎的人。

（5）积极自信。要积极自信和富有创造性，要珍惜青春。

（6）知道克制。遇事能三思而后行，大多数的事故是可以避免的。

（7）负责的性行为。了解自己的性行为并对此负责。

（8）运动有好处。参加适量运动有助于一个人获得健康。

（9）散步。散步是一种轻缓的运动，而且散步能使人心情舒畅。

（10）关于药物滥用。要坚决自信地说“不”。

总之，社会成员的健康是人类宝贵的财富，是人类生存发展的基本要素。不科学、不健康的生活方式是损害健康的罪魁祸首。只有树立正确的健康观，培养科学的生活习惯，保护和创造和谐的生存环境，才能保证个人与社会的健康与和谐发展。

二、维护健康的法则

影响健康的因素多种多样，世界卫生组织公布的十种影响健康的因素有体重不足、不安全性行为、高血压、吸烟、饮酒、不洁饮水、缺乏公共卫生条件、铁缺乏、室内污染、高胆固醇及肥胖。概括起来主要可分为生物因素、环境因素、卫生服务因素和生活方式因素四大类，其中生物因素占15%，环境因素占17%，卫生服务因素占8%，行为与生活方式因素占60%。

（一）生物因素

生物因素包括遗传、个体生物学特征和病原微生物等，是影响人类健康的先天因素。

1. 遗　传

遗传不仅与人体各组织器官的生理功能有关，而且与人的性格、免疫功能、智力状态以及体质状况（包括身高、体重）也有密切联系。其中，对人类健康的危害最严重的是遗传疾病。迄今，医学研究已发现4000多种遗传疾病，其中与遗传有关的癌症有50多种。另外，许多危害人类健康的常见病，如高血压、糖尿病、哮喘、中风、某些心脏病、癫痫、精神分裂症等，也已被一些研究证实与遗传因素有关。

2. 个体生物学特征

个体生物学特征包括性别、形态、健康状况等。不同的人处于同样的疾病流行环境，可能有的人会感染得病，有的人仍然健康；不同的人饮同样多的白酒，可能有的人中毒严重，头晕恶心，有的人却没有中毒症状。这都与个体生物学特征有关。个体生物学特征受遗传影响，并与后天环境及社会行为习惯等有密切关系。

3. 病原微生物

病原微生物包括细菌、病毒、寄生虫、原虫、螺旋体等，是威胁人体健康的最主要因素。几乎每个人每年都会多次受到病原微生物的危害。

（二）环境因素

世界卫生组织公共卫生专家对环境下的定义：“在特定的时刻，由物理、化学、生物及社会各种因素构成的整体状态，这些因素可能对生命机体或人类活动直接或间接地产生现实或远期作用。”环境包括自然环境与社会环境，自然环境是环绕在人们周围的大气、水、植物、动物、土壤等自然因素的总和，社会环境则包括政治制度、经济水平、文化教育、人口状况、科技发展等诸多因素。所有人类健康问题都与环境有关。污染、人口和贫困是当今世界面临的严重威胁人类健康的三大社会问题。社区的地理位置、生态环境、住房条件、基础卫生设施、就业、邻居的和睦程度等都不同程度地影响着人们的健康。

1. 自然环境因素

自然环境包括阳光、空气、水、气候、地理等，是人赖以生存和发展的物质基础，是人类健康的根本。另外，细菌、病毒、寄生虫、生物毒物及其他致病原等，是传染病、寄生虫病和自然医源性疾病的直接致病原。这些疾病原因清楚，具有明显的地方性流行特征，在局部地区仍然是影响人群健康的主要疾病，在生态环境恶劣时，这种影响尤其显著。随着人类社会的现代化发展，物理性因素，如噪声、振动、电离辐射、电磁辐射等，化学性因素，如各种生产性毒物、粉尘、雾霾、农药、交通工具排放的废气等，都成为影响人类健康的严重问题。

2. 社会环境因素

社会环境与自然环境相对而言，包括社会制度、法律、经济、文化、教育、人口、民族、职业等。社会环境对人的健康有重大影响。

具体来说，社会制度决定健康相关的政策和健康相关的资源保障。法律法规决定人的健康权利的维护，经济决定着与健康密切相关的衣食住行，文化决定着人的健康观及与健康相关的风俗、道德、习惯，教育决定着个人与健康相关的知识行为水平，人口数量与分布等因素决定着健康问题的规模与强度，民族习惯影响人的食物结构、生活方式，职业确定人的劳动强度、方式、环境等。

（三）卫生服务因素

卫生服务包括预防性保健、治疗性保健、康复性保健、社会医疗保障制度、医疗卫生设施和利用以及社区内外医疗健康服务组织的数量和质量。卫生服务的范围、内容与质量直接关系到人的生、老、病、死及由此产生的一系列健康问题，因而直接影响人群的健康。

（四）行为与生活方式因素

行为与生活方式因素是指人们受文化、民族、经济、社会、风俗、家庭和同辈影响的生活习惯和行为，包括危害健康的行为与不良生活方式。生活方式是指在一定环境条件下所形成的生活意识和生活行为习惯的统称。不良生活方式和有害健康的行为已成为当今危害人们健康、导致疾病及死亡的主因。在我国，恶性肿瘤、脑血管和心脏病是危害人民健康、生命的头号凶手，这些疾病是由不良生活习惯和不良卫生行为所引起的。

1. 行为因素

行为因素是指由于自身行为生活方式而产生的健康相关因素，也称自创性因素。健康相关行为是指个体或团体的与健康和疾病有关的行为，一般可分为促进健康的行为和危害健康的行为两大类。

促进健康的行为是个人或群体表现出的客观上有利自身和他人健康的一组行为，可以分为以下几类。

（1）日常健康行为，如膳食平衡、睡眠适量、锻炼积极、作息有规律等。

（2）保健行为，如定期体检、预防接种等合理应用医疗保健服务的行为。

（3）避免有害环境行为，“环境”既指自然环境（环境污染），也指紧张的生活环境。

（4）拒绝或戒除吸烟、酗酒、滥用药物等不良嗜好。

（5）求医行为，觉察自己有某种病患时寻求科学的医疗帮助的行为，如主动求医、真实提供病史和症状、积极配合医疗护理、保持乐观向上的情绪。

（6）尊医行为，发生在已知自己确有病患后，积极配合医生、服从治疗的行为。

危害健康行为是个人或群体在偏离个人、他人、社会的期望方向上表现的一组行为，例如：① 经常性危害健康的行为，如吸烟、酗酒、滥用药物、不洁性行为等。② 不良饮食习惯，如饮食过度，高脂肪、高糖、高盐、低纤维素饮食，偏食，挑食和过多吃零食，嗜好含致癌物的食品（烟熏火烤、长时间高温加热的食品、腌制品），不良进食习惯（嗜好过热、过硬、过酸食品）。③ 不良疾病行为，如求医时瞒病行为、恐惧行为、自暴自弃行为与悲观绝望或迷信行为。

2. 不良生活方式

人的行为和生活方式受家庭、文化、社会、风俗的影响。另外，个人精神和心理状态等，也对人的健康有直接的影响。健康的生活方式可以维护健康，不良生活方式会直接或间接导致疾病或机体衰弱。例如，糖尿病、慢性支气管炎、艾滋病和性病等都与生活方式的不良因素密切相关。又如，高血压、冠心病、癌症等与吸烟有关，精神紧张可导致上述疾病。有些行为因素如吸烟、饮酒、药物滥用、不合理膳食、缺乏体育锻炼、摄入盐过量、长时间静坐与不安全性行为等都是诱发各种疾病的行为因素。

另外，不规律的生活和工作习惯，如作息时间不规律、超负荷工作、缺少社会活动等，不良的精神心理状态和道德观，如消极、被动、情绪不愉快以及自私、贪婪等，也会对人的健康产生不良甚至严重的影响。

第三节 体育锻炼的益处

一、体育锻炼对生理健康的影响

（一）体育锻炼对运动系统的影响

体育锻炼能够预防骨骼肌、韧带、关节等器官的损伤和退化，使运动系统功能得到改善。

1. 体育锻炼对骨的影响

体育锻炼时骨的血液供给得到改善，骨的形态结构和性能都会发生良好的变化。体育锻炼使骨密质增厚，骨骼变粗，骨小梁的排列更加整齐而有规律，骨骼各表面肌肉附着的突起更加明显，这些变化可使骨变得更加粗壮和坚固，从而提高了骨的抗折、抗弯、抗压缩和抗扭转性。

2. 体育锻炼对关节的影响

体育锻炼既可增强关节的稳固性，又可提高关节的灵活性。关节稳固性的提高，主要是由于体育锻炼增强了关节周围肌肉力量的结果，同时与关节和韧带的增厚也有密切关系。关节灵活性的提高，主要是关节囊韧带和关节周围肌肉伸展性加大的结果。例如，游泳时肩、肘、手、足等关节运动幅度都会加大，从而致使灵活性提高。人体柔韧性的提高，肌肉活动协调性的加强，有助于各种复杂动作的完成。

3. 体育锻炼对肌肉组织的影响

（1）体育锻炼能使肌纤维变粗，肌肉体积增大，因而肌肉显得发达、结实、健壮、匀称、有力。正常人的肌肉约占体重的 35% ～ 40%，而经常从事体力劳动和体育锻炼的人，肌肉可占体重的 45% ～ 55%。

（2）体育锻炼能使肌肉组织的化学成分发生变化，如肌肉中的肌糖原、肌球蛋白、肌动蛋白和肌红蛋白等含量都有所增加。肌球蛋白、肌动蛋白是肌肉收缩的基本物质，这些物质的增多能提高肌肉收缩的能力。体育锻炼能使三磷酸腺苷分解酶的活性增强，使磷酸的分解速度加快，从而促进肌肉能量的供给。肌红蛋白具有与氧结合的功能，肌红蛋白含量增加，则肌肉内的氧储备量也增加，这有利于肌肉在氧供不足的情况下继续工作。

（3）体育锻炼能使肌肉中线粒体数量增多，体积增大，毛细血管开放数量增多，有助于肌肉耐力的增强。线粒体的大小和数量成倍的增加，毛细血管大量开放，能使肌肉得到更多的能量供应（安静时肌肉每平方毫米开放的毛细血管有 80 条左右，剧烈运动时可增加到 2000 ～ 3000 条）。长期坚持体育锻炼，可使毛细血管的形态结构发生变化，出现囊泡状结构，从而可增加肌肉的血液供应量，增强肌肉的耐力。

（二）体育锻炼对心血管系统的影响

（1）体育锻炼对心血管的形态结构和机能有着积极的影响。体育锻炼时，心脏的工作量增加，心肌的血液输送过程加强。运动员心肌纤维增粗、心壁增厚、心脏增大，这些现象中以左心室增大最为多见，而且训练水平越高，这种变化越显著。因此，经常参加锻炼，不但可使心脏具有更大的收缩力，而且还能增加心脏的容量，从而使心脏的每搏输出量和每分钟输出量增加。心容量可由一般人的 756 ～ 785 毫升增加到 1015 ～ 1027 毫升，每搏输出量由安静时的 50 ～ 70 毫升增至 100 毫升左右。

（2）体育锻炼可影响血管的形态结构，改变血管在器官内的分布状况。动物试验证明，体育锻炼可使动脉血管壁的中膜增厚，平滑肌细胞和弹力纤维增加；体育锻炼能使骨骼肌的毛细血管数量增加，分支吻合丰富。以上变化都有利于改善器官的供血，增强机体物质与能量交换的能力。

动物试验研究还证明，体育锻炼能力反射性地引起冠状动脉扩张，使冠状动脉口径增粗，改善冠状动脉循环，使心肌的毛细血管数量增多；另外，体育锻炼使心肌中肌红蛋白含量增高，可以增强心脏在缺氧条件下的工作能力，对预防冠心病有着重要的意义，也是延缓冠心病发展的有效手段。

（3）体育锻炼可以促使大量毛细血管开放，这对于人体组织细胞的物质代谢过程，特别是脂质代谢起着良好的促进作用，是身体健康的保证。

（4）体育锻炼可显著降低血脂含量（胆固醇、B脂蛋白、甘油三酯）。这会使低密度脂蛋白减少，高密度脂蛋白增加，它对防治动脉硬化有着重要意义。另外，从事体育锻炼还可增强血液抗凝血系统的功能，降低血中尿酸含量，预防血小板的聚集，以免发生血管栓塞。

（5）体育锻炼还可以使安静时脉搏徐缓、血压降低。通常，人们安静时的脉搏为 70 ～ 80 次

/分，经过长期体育锻炼后，可使安静时的脉搏减慢到 50 ～ 60 次/分。脉搏频率的减少能使心脏收缩后有较长的休息时间，为心脏泵血功能提供了储备力量。这样，当人体进行激烈运动时，心脏就能承受更大的运动负荷。

在进行运动时，经常锻炼的人每分钟脉搏次数增加较少，而且恢复较快；不常进行体育锻炼的人脉搏次数增加较多，恢复也慢。正常人轻度运动时，脉搏增加越慢，恢复时间越短，说明循环机能越好。

经过长期的体育锻炼，在完成定量工作时，心血管机能变化呈现以下特点。

（1）动员快：完成一定工作、劳动时，能迅速动员心血管的机能活动以适应机体承受负荷的需要。

（2）潜力大：在极度紧张的劳作中，血循环系统可发挥最大的机能潜力，调动人体的储血力量。

（3）恢复快：在体力活动之后，虽然心血管机能变化很大，但能很快恢复到安静状态的水平。每次搏动及每分钟输出量增加时，自静脉流入心脏的血液量也会随之增加。

血液具有维持内环境的相对稳定、运输以及防御的作用。在体育锻炼的影响下，血液的成分可发生变化。体育锻炼可使血红蛋白和红细胞数量增加，这就增加了血液的氧容量。前苏联学者研究证实，长期锻炼可使机体的碱储备增加，因而也增强了血液的缓冲能力。在进行剧烈的肌肉活动时，虽有大量的酸性代谢产物进入血液，血液也能在较长时间内保持正常，但不会因酸性产物过多而对各组织器官造成不良影响。

（三）体育锻炼对呼吸系统的影响

体育锻炼能提高呼吸系统的机能，其主要表现为体育锻炼可使呼吸肌发达，收缩力增强，最大通气量变大，肺活量增大，呼吸加强。安静时，一般人呼吸浅而快，男子每分钟为 16 ～ 20 次，女子要比男子快 1 ～ 2 次。而经常锻炼者呼吸深而缓，每分钟 8 ～ 12 次。一般成人肺活量为 2500 ～ 4000 毫升，而经常锻炼者的肺活量可达 4500 ～ 6500 毫升。

此外，长期坚持锻炼可使人的缺氧耐受力增强，对氧的吸收利用率增高，使机体调节呼吸节奏的能力增强。

（四）体育锻炼对消化系统的影响

体育锻炼对消化器官机能有良好的作用。它能使胃肠的蠕动加强，消化液的分泌增多，因而使机体消化和吸收的能力增强，从而增强食欲。但饭后立即进行比较剧烈的运动或在比较剧烈的运动后立即进食，都对消化系统有不良影响。因为在剧烈运动时，大脑皮质运动中枢兴奋占优势，以致减弱和抑制了其他部位的活动，使消化中枢处于抑制状态，因而减弱了胃肠的蠕动，并减少了消化液的分泌。

（五）体育锻炼对人体中枢神经系统的影响

体育锻炼可以改善和提高中枢神经系统的工作能力，使中枢神经及其主导的部分大脑皮质兴奋增强，抑制加深，使得兴奋和抑制更加集中，从而改善神经系统的均衡性和灵活性，提高大脑分析综合能力，增强机体适应变化的能力和工作的能力。经常从事体育锻炼的人和运动员灵活性高、反应速度快、反应时间短。

表 1-3-1 列出了不参加体育锻炼与经常参加体育锻炼者的生理指标的对比状况，从表中可以看出，经常参加体育锻炼者各器官系统的功能明显高于不参加者。

表 1-3-1　锻炼差异者的生理指标对比

生理系统	不参加锻炼者	经常参加锻炼者
神经系统	灵活性低、反应时间长、反应慢	灵活性高、反应时间短、反应快
运动系统	肌肉重量占体重的 35% ～ 40% 股骨的承受力为 300 千克	肌肉重量占体重的 50% 左右 股骨的承受力为 350 千克
血液循环系统	心脏重量为 300 克 心容积为 600 ～ 700 立方厘米 心容量为 765 ～ 785 毫升 心横径为 11 ～ 12 厘米 每搏输出量为 50 ～ 70 毫升 极限运动时为 100 ～ 120 毫升	心脏重量为 400 ～ 450 克 心容积为 1000 立方厘米 心容量为 1015 ～ 1027 毫升 心横径为 13 ～ 15 厘米 每搏输出量为 80 ～ 100 毫升 极限运动时为 200 毫升
呼吸系统	安静时脉搏为 70 ～ 80 次 / 分 肺活动量男子为 3500 毫升 肺活动量女子为 2500 毫升 呼吸频率安静时为 12 ～ 18 次 / 分 呼吸差为 5 ～ 8 厘米	安静时脉搏为 50 ～ 60 次 / 分 运动员达 40 次 / 分 肺活动量男子为 4000 ～ 7000 毫升 肺活动量女子为 3500 毫升 呼吸频率安静时为 8 ～ 12 次 / 分 呼吸差为 9 ～ 16 厘米

二、体育锻炼对心理健康的影响

对众多大学生来讲，保持积极的情绪状态，正确对待生活中不可避免的困难和挫折，充分发挥自己的潜能，对其一生来说是十分重要的。如何保持良好的心理健康状态呢？可以有诸多的应对措施，如主动参与社会交往，建立良好的人际关系，增进自我了解，正确地评价自己，培养健全的人格等。其中，参加体育活动能调节个体的情绪状态，是促进心理健康发展的重要手段之一。体育锻炼对心理健康的作用主要有以下几个方面。

（一）调节情绪

情绪是人对客观事物是否符合自己需要而产生的态度体验，是心理健康最主要的指标。高职生常因学习的压力、同学之间的竞争、人际关系的复杂以及对未来前程的担心而持续产生紧张、焦虑、压抑和不安等情绪。通过体育锻炼则可以转移个体不愉快的意识、情绪和行为，使人从烦恼和痛苦中摆脱出来。

（二）有助于形成和谐的人际关系

现代社会生活节奏的加快使人们越来越趋向封闭的状态，从而产生人与人之间感情交流缺乏、人际关系疏远的现象。体育活动则打破了这种封闭状态，让不同职业、年龄、性别、文化素质的人相聚在运动场上，增加了互动的机会，使平等、友好、和谐的交往成为可能，人们互相之间产生信任感，能有效进行情感和信息的交流，互相之间产生一种默契和交融。研究表明，增加与社会的联系，会给个体带来心理上的益处。人们可通过体育活动来认识更多的朋友，并且与之和睦相处，友爱互助，这种良好的人际关系将令人心情舒畅、精神振奋。

（三）有助于确立良好的自我概念

自我概念是个体主观上对自己的身体、思想和感情的整体评价，是由许许多多的自我认识组成的。自我概念与身体表象（指头脑中形成的身体图像）和身体自尊（个体对自己运动能力及身体外貌、身体抵抗力和健康状况的评价）有关。无论男性还是女性，对身体表象的不满意都会使个体自尊降低，并产生不安全感和抑郁症状。肌肉力量与身体自尊、情绪稳定、外向性格、自信心呈正相关，并且加强力量训练会使个体的自我概念显著增强。坚持体育锻炼可使人体格强壮、精力充沛，有效地改善人的身体表象和身体自尊，有助于人们确立良好的自我概念。

（四）有助于形成良好的意志品质

意志品质是指一个人的自觉性、果断性、坚韧性和自制力，以及勇敢顽强和独立自主的精神，是一个人行为特点稳定因素的总和。意志品质需要在克服困难的实践过程中培养。体育活动本身就要不断克服客观困难（气候条件的变化、动作的难度或外部障碍等）和主观困难（如胆怯和畏惧心理、疲劳和运动损伤等），从而取得成功。体育活动参与者努力克服主、客观方面的困难，获得意志锻炼的直接经验，可培养自身良好的意志品质。任务越困难，对个体意志锻炼的作用就越大。良好的意志品质对于人的活动（尤其是体育活动）效果具有重要的意义。

（五）预防和辅助治疗各种心理疾病

社会竞争的日趋激烈和生活压力的加大可能会使许多人产生悲观、失望的情绪，进而导致忧郁、孤独、焦虑等各种心理障碍的产生。一个人参加某个运动项目并坚持锻炼，他的生理机能、身体素质将会得到改善，并能掌握和发展一些运动技能和技巧。由此，个体会以自我的反馈方式将成就信息传递至大脑，从而获得自我成就的认知和情感体验，产生愉快、振奋的情绪和幸福感。因此，适宜的体育锻炼能使有心理障碍的个体获得心理满足感，产生积极的成就感，从而增强自信心，摆脱压抑、悲观等消极情绪，并消除心理障碍。体育活动是预防和辅助治疗各种心理疾病的有效手段。它已得到世界上心理学者的公认与运用。体育活动对神经衰弱、忧郁症、恐惧症等多种神经官能症和心身疾病都有治疗作用。

三、体育对社会适应能力的影响

（一）增进友谊，促进交往

人是社会的人，要适应社会就应处理好各种人际关系。在体育锻炼和各种竞赛中，由于人与人、队与队之间的交往频繁，不仅增进了友谊，促进了交往，更重要的是提高了人的交际技巧和处理人际关系的能力。

（二）适应环境，与时俱进

环境是人类赖以生存的场所，人们只有适应自己所处的各种环境，才能得以生存和发展。而体育对提高人体适应自然环境和社会环境的能力，均有明显的效果。例如，在篮球比赛中，运动员所处的角色和位置是不断转换的。经常参加锻炼，可以提高人们对社会环境和角色转换的适应能力；长期坚持体育锻炼，还可提高人体体温调节能力，使人体更快、更好地适应风雨寒暑等自然环境的变化。

（三）积极向上，奉献社会

当今社会，竞争无处不在，竞争标志着人类社会的进步和发展。体育比赛由于其鲜明的竞争性特征，决定了处于竞赛的双方运动员都要全身心地投入，动员机体发挥最大的机能潜力，并充分发挥技术、战术水平去奋力拼搏，争取胜利。经常参加各种体育比赛，会使人们逐渐形成一种不断进取、勇于拼搏、积极向上的精神，从而以积极的心态去面对生活，迎接挑战，奉献社会。

四、体育对道德健康的影响

（一）激发爱国热情，振奋民族精神

在当今世界，体育竞赛具有群众性、国际性、礼仪性等特点。通过体育竞赛，各国运动员切磋了技艺，各国和各民族增进了团结和友谊。同时，体育竞赛能激发人们振奋民族精神。2008年我国成功举办的北京奥运会，受到世界各国人民的关注。在奥运会上，一个国家的运动员在国际比赛中的表现和他们所取得的成绩是一个国家强大和民族形象的反映，北京奥运会使中华民族的精神得到升华，爱国激情得到弘扬。

（二）培养勇敢顽强、朝气蓬勃的意志品质

体育在很大程度上是和困难、艰辛、挑战、征服联系在一起的。在体育运动中，人要和自己挑战，要和别人挑战，要征服自己，要征服别人。这种对自我、对他人的征服与战胜，是一种自我能力的实现，需要有不怕困难，勇敢顽强的意志品质，还应该有诚实、谦虚、冷静的优良作风。

（三）培养遵守纪律、尊重规则的良好道德风范

体育比赛情况千变万化，个人之间，集体之间发生着频繁的互动，对运动员和裁判员在思想品德方面提出了严峻的考验，因此必须遵守赛场纪律和比赛规则，尊重裁判，尊重对方，公平竞赛，提倡人与人之间的友爱。这些规范要求不仅适用于体育活动，同时也是我们应具备的道德品质。

思考题

1. 简述高职体育的功能。
2. 维护健康的法则都有哪些？
3. 简述体育锻炼对生理健康和心理健康的影响。

第二章 现代职业岗位与体育锻炼

学习提要

1. 高职体育教育的地位、特征以及目标
2. 典型的职业类别与体育干预措施

第一节 高职体育教育的特点

高等职业教育是我国高等教育的重要组成部分，肩负着为国家培养高素质的专业技能型人才的重任。它作为高等教育的一种类型，不仅具有高等教育的共同规律，同时也有它自身的特殊规律。其特征主要表现为：它是以培养“能力为中心”，在生产、建设、管理、服务等第一线职业岗位的实用型、技能型全面的高素质专门人才为主要目的的教育；它按照特定的培养目标而设计教学过程，尤其注重理论与实际相结合，注重学生实践能力的培养；高等职业教育强调用人单位的参与。

高等职业教育以服务为宗旨，以就业为导向，工学结合，突出实践能力的培养，具有很强的职业性、技术性、地方性、行业性、灵活性、前瞻性的特点。因此，学校的教学目标、教学内容及教学方法都会有很大的变化，加之现代社会对人才要求的不断提高，使得高等职业教育面临着巨大的压力和挑战。高职院校的体育教育是素质教育的重要内容，结合高等职业教育的特点，高等职业技术院校的体育教学在课程性质、课程结构、教学目标、教学内容和教学形式上也要做出相应的调整来更好地促进职业技术教育的发展。高职体育在增进学生健康、增强体质和培养体育素养的同时，应针对高职院校职业性、应用型人才培养和以就业为导向的目标定位，积极开展职业实用型体育课程设置与建设工作。根据学生所学专业和未来所要从事职业的特点与需要，选择对身体影响全面、实践性强、趣味性强的教学内容，以培养职业人才所需要的实用体育知识。

第二节　体育锻炼与现代职业人发展

一、职业及其类别

目前，国内外尚没有较为统一的职业分类方法，各个国家有不同的职业分类方法，即使在同一国家其分类也有所不同。目前，我国主要有以下几种职业分类方法。

（1）根据从业人员所从事的工作性质的统一性进行“网络状”分类。根据这一分类标准，可将职业按大类、中类、小类、细类划分为4个层次，即8个大类、64个中类、301个小类，细类目前仍在划分之中。表2-2-1是目前我国8个大类的职业划分及其工作性质特征。

表2-2-1　我国8个大类的职业划分及其工作性质特征

职业类别	从事职业人员	工作性质特征
一	各类专业技术人员	脑力劳动
二	国家机关、党群组织、企事业单位负责人	脑力劳动
三	办事人员和有关人员	混合式劳动
四	商业工作人员	体力劳动
五	服务性工作人员	体力劳动
六	农、林、牧、渔人员	体力劳动
七	生产工人、运输工人和有关人员	体力劳动
八	不便分类的其他劳动者	混合式劳动

（2）根据从业人员所属行业的生产或其他社会经济活动性质的同一性进行“条状式”分类。根据这一分类标准，可以将国民经济各行业划分为13个门类（表2-2-2）。

表2-2-2　我国13个行业的职业划分及其工作特征

职业类别	从事职业人员	工作性质特征
一	农、林、牧、副、渔、水利	体力劳动
二	工业	体力劳动
三	地质普查、勘探业人员	混合式劳动
四	建筑业	体力劳动
五	交通运输、邮电通讯业	混合式劳动
六	商业、公共饮食业、物资代销、仓储业	体力劳动
七	房地产管理、公用事业、居民服务、咨询	脑力劳动
八	卫生、体育、社会福利事业	混合式劳动
九	教育、文化艺术、广播电视事业	混合式劳动
十	科学研究、综合性技术服务行业	脑力劳动
十一	金融、保险业	脑力劳动
十二	国家机关、党政机关、社会团体	脑力劳动
十三	其他不便归类的行业	混合式劳动

二、职业与健康的关系

现今，自动化和机械化使得人们的工作和生活日益轻松。各种省力气的装置虽然减轻了劳作之苦，但由此导致了从事体力劳动的工作人员竟没办法坚持一整天的工作。由于远离必要的身体活动而导致体力衰竭的各种疾病，如心脏病、高血压等，已经成了时下的流行病。

经常参加健身活动的人不仅工作效率要高，缺勤次数少，而且得职业病或由于其他原因造成体力衰竭的疾病而导致提前退休的可能性都小得多。坐得太久易引发如心脏病、糖尿病及肥胖症等现代生活方式病。因此，千万不要忽视健身活动在工作领域的作用，要重视健康对职业的积极影响。

三、典型的职业类别与体育干预

随着社会的发展，社会分工越来越细化，出现了越来越多的职业。不同职业的劳动者由于劳动目的、对象、工具等不同，在劳动性质、强度等方面存在着很大的差异，但无论从事何种职业，都离不开人良好的身体状况和体质水平。

（一）以体姿划分的职业特点与体育干预措施

以体姿划分职业可以分为“伏案型”（以坐为主的职业岗位）和“站立型”（以站为主的职业岗位）两类。

1.“伏案型”

体育选择：针对这类职业的工作特征，可有针对性地选择如隔网球类项目、健美运动、健身走、跑步、综合性练习等练习手段。

2.“站立型”

体育选择：针对这类职业的工作特征，可有针对性地选择如野外生存、体能训练、保健按摩、轮滑、防身防卫、慢跑、综合性练习等练习手段。

（二）以体力划分的职业特点与体育干预措施

以体力划分可分为力量为主的职业、灵巧为主的职业和耐久为主的职业三类。

1.力量为主的职业（如机械操作人员、机械制造工人、建筑工人等）

体育选择：针对这类职业的工作特征，可有针对性地选择如定向越野、游泳、网球、踏板操、跳绳等练习手段。

2.灵巧为主的职业（如护士、无线电安装员、各类修理工、电工等）

体育选择：针对这类职业的工作特征，可有针对性地选择如篮球、乒乓球、健美运动、柔道等练习手段。

3.以耐久为主的职业（如司机、流水线装配工等）

体育选择：针对这类职业的工作特征，可有针对性地选择如拓展训练、防身防卫、游泳、非隔网球类项目等练习手段。

知 识 窗

“腕管综合征”是很多白领的职业病，适当放松、促进血液循环可以减少腕关节疼痛。

运动方法：双臂侧平举，双手自然下垂，以手腕为轴画“8”字，重复10次。每两小时做一次。

思 考 题

1. 高职体育教育都有哪些特点？
2. 简述两种典型的职业类别与体育干预措施。

第三章 体育锻炼的原则与方法

学习提要

1. 体育锻炼的原则。
2. 体育锻炼的方法。

第一节 体育锻炼的原则

体育锻炼的原则是身体锻炼基本规律的反映，也是参加者安排锻炼计划、选择锻炼内容、运用锻炼方法所要遵循的原则。为了达到体育锻炼的目的，提高锻炼的效果，在锻炼中我们应遵循以下五条基本原则。

一、自觉积极性原则

自觉积极性是要求锻炼时首先要有明确的健身目标，懂得“生命在于运动”的道理，树立起锻炼有益于学习、工作和生活的信念。把个人的切身需要和身体锻炼的功效与民族体质、人口质量以及国家的兴旺发达结合起来，这样就能更好地激发自己锻炼的热情。在这个基础上，还应认真选择适宜的身体锻炼的内容和方法，以及安排适宜的运动负荷，使人们进行身体锻炼之后获得一种精神上的满足，感到有乐趣、心情舒畅。人们进行感到有趣味的活动，就会对这项体育活动表现出极大的主动性和自觉性，使身心统一。总之，体育锻炼的效果、信心、兴趣三者是相辅相成的，应密切结合才能做到自觉积极地进行体育锻炼，这样也可提高比赛时的心理素质。

定期检测锻炼效果的信息反馈，可以使自己经常看到锻炼的结果和进步，增强自信心，有助于不断巩固和提高自觉锻炼的积极性。

二、从实际出发原则

从实际出发原则是指根据体育锻炼的目的、内容、方法以及自身的条件状况，而选择适宜的运动负荷的原则。

运动负荷大小由“负荷量”和“负荷强度”所组成。“负荷量”可以通过练习动作的次数、组数、时间、距离、负荷重量等特征表现出来；“负荷强度”可以通过练习动作的速度、难度、练习的密度、练习间歇时间的长短、单次负重的大小、投掷的距离、跳跃的高度和长度等表现出来。量和强度要处理适当。强度越大，量就要相应减少；强度适中，量可以相应加大。要做到适量，以练习者承受得了并有一定的疲劳为限。

三、持之以恒原则

锻炼效应具有不稳定性，当锻炼的系统性和连续性遭到破坏而出现间断或停顿时，已获得的全锻炼效应（机能水平提高、运动素质的发展、运动技能的形成与巩固等）就会逐渐消退以至完全丧失，使体质逐渐下降。贯彻持之以恒原则，应注意以下两点。

（一）坚持安排合理的锻炼间隔时间

锻炼间隔时间长，锻炼的效果就不明显，因此每次锻炼间隔安排要合理。显然，要有长期计划、短期安排，计划安排要根据身体适应运动负荷的能力而定。

（二）锻炼要有恒心

持久锻炼、日积月累可使健身益心之效显著，逐渐产生兴趣，达到身心愉悦，从而养成经常锻炼的习惯。

四、循序渐进原则

循序渐进原则是指体育锻炼必须根据人体身心发展规律和个人的实际情况，在锻炼的内容、方法、运动负荷等方面逐步提高，使机体功能不断得到改善和提高。进行体育锻炼不能急于求成。坚持循序渐进原则要做到以下几点。

（一）选择合理的锻炼内容

在锻炼内容上，根据自己的身体状况合理选择，体质不同锻炼起点也不同。体质较好的人，可选择比较剧烈的运动方式，如各种竞技运动项目；体质较弱的人，开始锻炼时可选择比较缓和的运动，如慢跑、徒手操、武术、乒乓球等。患慢性疾病的人，可选择保健体育的一些内容，如太极拳、散步等。当体质逐渐变好时，锻炼内容也可逐步由缓和变为较为剧烈的运动。

（二）运动量逐步加大

机体对运动量的承受能力有个缓慢的适应过程，锻炼时运动量要由小到大，逐步增加。开始锻炼，时间要短，运动量不要过大，待机体适应后再逐步加大。如果运动量长期停留在一个水平上，机体的反应就会越来越小。机体机能的提高是按照刺激—适应—再刺激—再适应的规律有节奏地上升的，运动量也应随着这种节奏来安排。病后或中断锻炼后再进行锻炼，尤其要注意循序渐进，以免发生意外。

（三）每次锻炼过程也要循序渐进

每次锻炼前要做准备活动，锻炼后要做好整理活动，如长跑前先进行 5 ～ 10 分钟慢跑，长跑后也不要马上停下来。

五、全面锻炼原则

全面锻炼原则是指体育锻炼应全面发展身体的各个部位和各个器官的机能，提高身体素质和基本活动能力，从而达到身心全面和谐的发展。

人体是在大脑皮层调节下的有机统一的整体，人体各部位、各器官系统的机能，各种身体素质和基本活动能力之间是相互联系、相互制约的。身体素质是人体在运动过程中所表现出来的力量、速度、耐力、柔韧和灵敏等机能能力，它们是通过肌肉活动表现出来的，但同时反映着内脏器官的机能、肌肉工作时的供能情况以及运动器官与内脏器官活动的配合协调状况。

对于处于生长发育关键时期的青少年来说，全面发展尤为重要。各个运动项目对身体发展都有其独特的锻炼作用，但同时也有一定的侧重性。如长跑锻炼有益于发展心血管系统和呼吸系统，加强中枢神经系统的调节。锻炼的内容可结合自己的兴趣爱好选择 1 ～ 2 个作为每天必练的主要项目，同时加强其他项目的锻炼以弥补主项的不足。全面锻炼的过程中还应注意心理素质的发展，如群体意识、个性的发展等。

第二节　体育锻炼的方法

在体育锻炼时我们不仅要遵循体育锻炼的基本原则，还应掌握正确的锻炼方法，以达到体育锻炼的目的。

一、重复锻炼法

在运动锻炼的过程中，用多次重复同一练习，两次（组）练习间安排相对充分休息，从而增加负荷的锻炼方法叫重复锻炼法。此方法关键是一次练习完毕后，间歇时间应当充分，这样可有效地提高锻炼者的无氧、有氧混合代谢能力，提高各种技术应用的熟练性与机体的耐久性。

重复锻炼是锻炼身体从而增强体质，为追求必要的负荷而反复做动作的过程。这个过程中主要强调的是负荷强度，而不在于改正动作错误。因此，运用重复锻炼方法的关键是掌握好负荷的有效价值范围（最有锻炼价值负荷量下的心率），并据此调节重复次数。在重复锻炼中，对负荷量如何控制和怎样去重复才能达到理想效果的负荷强度，应视实际情况而定。通常认为，普通大学生的负荷心率在 130 ～ 170 次 / 分的范围内是较适宜的，心率低于 130 次 / 分则健身效果不大，应增加重复次数，超过 170 次 / 分则需减少重复次数，或安排足够的间歇时间。

运用重复锻炼方法还要注意根据锻炼项目的不同特点和不同体质状况，随时加以调整，以免机械呆板和产生厌倦情绪。

知 识 窗

提高人体有氧代谢能力的练习方法：

（1）运动形式：保持大肌肉群参与有节奏的、数十分钟的、以有氧代谢为主的活动，如跑步、快速长走、游泳、划船、骑自行车、跳绳等。

（2）运动强度：心率和呼吸频率能达到本人最高值的 60% ～ 85%，身体要出汗。

（3）有氧锻炼次数：每周 3 ～ 4 次比较适宜。

（4）持续时间：持续时间长短与练习强度有关。开始时每次 5 ～ 12 分钟比较适宜，逐渐地延长到 30 分钟以上。

二、间歇锻炼法

在运动锻炼的过程中，对多次锻炼时的间歇时间做出严格规定，使机体处于不完全恢复状态下，反复进行锻炼的方法叫做间歇锻炼法。该方法的关键是间歇时间严格控制，使机体处于不完全恢复状态，但每次练习的负荷时间较长、负荷强度适中。此方法可使锻炼者的心脏功能明显增强，通过调节负荷强度，可使机体各机能产生与锻炼项目相匹配的适应性变化；提高有氧代谢供能能力，提高体质。

同重复锻炼法一样，间歇的时间也要依据负荷的有效价值标准去调节。一般说来，当负荷反应（心率）指标低于有效价值标准时应缩短间歇时间，而在高于价值标准时则可延长间歇时间。实践中，一般心率在 130 次/分左右时，就应再次开始锻炼。间歇时，不要做静止休息，而应边活动边休息，如慢速走步、放松手脚、伸伸腰或做深而慢的呼吸等。因为轻微活动可使肌肉对血管起到按摩作用，帮助血液回流和排除代谢所产生的废物。

总之，通过适当的间歇，把负荷量调节到负荷有效价值范围以追求良好的锻炼效果。

三、连续锻炼法

在运动锻炼的过程中，为了保持有价值的负荷量而不间断地连续进行运动的方法叫连续锻炼法。此方法要求负荷强度较低、负荷时间较长、无间断地连续进行运动。连续、间歇、重复都是在整个锻炼过程中实现的。连续、间歇、重复等因素各有其特有的作用，连续的作用在于持续负荷量不下降，维持在一定的水平上，使身体充分地受到运动的作用。

连续锻炼时间的长短，同样要根据负荷价值有效范围而确定，通常认为在 140 次/分左右心率下连续锻炼 20 ～ 30 分钟，可使机体的各个部位都长时间地获得充分的血液和氧的供应，因而能有效地发展有氧代谢能力，发展耐力素质。实践中，用于连续锻炼的内容主要是那些比较容易并已为锻炼者所熟悉的运动，如跑步、游泳，也可以是跳迪斯科舞等。若想减肥，须每次锻炼 40 分钟以上。

四、循环锻炼法

循环锻炼法由几个不同的练习点（或称作业站）组成，练习者按照既定顺序和路线，依次完成每点练习任务，即一个点上的练习一经完成，练习者就迅速转移到下一个点，下一个练习者依次跟上。练习者完成了各个点上的练习，就算完成了一次循环。这种练习方法叫作循环锻炼法。其结构因素有：每点的练习内容、每点的运动负荷、练习点的安排顺序、练习点之间的间歇、每遍循环之间的间歇、练习的点数与循环练习的组数。

循环锻炼法对技术的要求不高，且各项目都采用比较轻度的负荷练习，因此练起来简单有趣，可有效地提高不同层次和水平的练习者的运动情绪和积极性；可以合理地增大锻炼过程的练习密度；可以随时根据具体情况加以调整，做到区别对待；可以防止局部负担过重，延缓疲劳的产生，交替刺激不同体位，有利于综合锻炼，从而达到全面发展的效果。

运用循环锻炼法时，关键是要按照全面性原则去搭配项目。根据已有的经验，一般选择6～12个已为锻炼者掌握的简单易行的项目。搭配时注意上肢动作与下肢动作、剧烈的跑跳练习与静力憋气动作之间的合理交替。在健身锻炼中，可根据锻炼项目安排循环练习各练习点，还可分队比赛，增加竞争性，以提高练习兴趣。

五、变换锻炼法

不断变换运动负荷、练习内容、练习形式以及条件，以提高锻炼者的积极性、适应性及应变能力的方法称作变换锻炼法。此法可以有效地调节生理负荷，提高兴奋性，强化锻炼意识，克服疲劳和厌倦情绪，以达到提高锻炼效果的目的。

如刚参加锻炼时，可多做些诱导性练习和辅助性练习。随着锻炼水平的提高，应加大练习的难度，如用越野跑代替在田径场的长跑等。锻炼条件的变化，可使锻炼者的大脑皮层不断地产生新异的刺激，提高兴奋性，激发锻炼的兴趣，从而提高机体对负荷的承受能力，提高锻炼效果。另外，不断地对锻炼的内容、时间、动作速率等提出新的要求，可有效地调节生理负荷，使机体不断产生适应性变化，达到更好的锻炼身体的目的。

六、负重锻炼法

负重锻炼法是使用杠铃、哑铃、沙袋等重物进行身体运动来锻炼身体，增强体质的方法。负重的方法既用于普通人为增强体质而锻炼身体，又适用于各项运动员进行身体训练，还适用于身体疾患者的康复。

一般进行负重锻炼，应该采用最大摄氧量和最大心血输出量以下的负荷。因为过大的负荷可能给心血管和呼吸系统带来不良的影响。为了保证这种锻炼方法对身体的良好作用，在运动负荷价值阈范围内可以多次重复或连续。

思考题

1. 体育锻炼都有哪些原则？
2. 体育锻炼都有哪些方法？

第四章

高职学生运动处方与营养处方的制订

学习提要

1. 制订运动处方的原则、方法和步骤。
2. 制订营养处方的步骤。

第一节　运动处方的制订

一、运动处方的概念

早在20世纪50年代美国生理学家卡波维奇就曾提出过运动处方的概念。1969年，世界卫生组织使用了运动处方术语，从而在国际上得到确认。运动处方的完整概念可概括为："对从事体育锻炼者或病人，根据医学检查资料（包括运动试验及体力测验），按其健康、体力及心血管功能状况，结合生活环境条件和运动爱好等个体特点，用处方的形式规定适当的运动种类、时间及频率，并指出运动中的注意事项，以便有计划地经常性锻炼，达到健身或治病的目的，即为运动处方。"

运动处方由运动类型、运动强度、运动时间、运动频率、运动量和运动进程构成。

二、制订运动处方的基本原则

（一）个性化原则

每个人的身体条件千差万别，因此不可能有通用的处方。因此，必须根据每个人的具体情况而定，做到因人而异、区别对待。

（二）动态性原则

每个人的身体或客观条件都经常处于动态性变化中，严格地说，上周的处方就不一定适合本周。因此，制订出的运动处方要依据情况变化不断地进行调整，使之符合变化了的实际情况。

（三）体质的基础性原则

在制订运动处方时，体力要素比性别和年龄要素更为重要。以体质情况为基础制订的运动处方才是最适宜的。

（四）安全和有效性原则

为了提高全身耐力水平，运动必须达到改善心血管和呼吸功能的有效强度，这就是靶心率范围。如果运动超过这个上限，就可能有危险，此运动强度或运动量界限被称为安全界限，而达到这个最低效果的下限被称为有效界限。安全界限和有效界限之间，就是运动处方安全而有效的范围。

三、运动处方的内容

（一）运动类型

运动主要分为有氧运动、伸展运动和力量性运动三种。

第一类为有氧运动的耐力性运动项目：步行、慢跑、走跑交替、游泳、自行车、滑冰、越野滑雪、划船、跳绳、上下楼梯及室内功率自行车、步行车、活动平板（跑台）等。

第二类为伸展运动及健身操：广播体操、太极拳、五禽戏、八段锦、健身迪斯科、跳舞及各种医疗体操和矫正体操等。

第三类为力量性锻炼：采取中等强度的、足以发展和维持去脂体重（用皮褶计测量皮下脂肪厚度，利用相应公式推算人体脂肪含量，人体体重减去人体脂肪重量即为去脂体重）的力量训练，应当成为成人身体素质训练计划的一个组成部分。美国运动医学会推荐的力量训练主要是肌群参与，每次 8 ～ 10 组，每组重复 8 ～ 12 次，每周至少 2 次。

选择运动项目，要考虑运动的目的，如是健身还是治疗等；要考虑运动的条件，如场地器材、余暇时间、气候等；还要结合个人的体育兴趣、爱好等（表 4-1-1）。在运动处方中，为锻炼者提供最适宜的运动项目可以说是最终的目标。

选择运动种类的考虑因素：① 经过医学检查已许可；② 运动强度、运动量符合本人的体质；③ 过去的运动经验、本人喜爱的项目；④ 有进行运动的环境、就近有场所；⑤ 运动设备、用具齐全；⑥ 有同伴；⑦ 有指导者。

但不一定所有条件都具备，①②是必须具备的，多数情况下③至⑦不可能完全具备，结果导致部分人虽然有运动的意愿，然而不能付诸实践。从运动医学的角度来说，以增进健康为目的所进行的运动应考虑以下三个条件：① 恒常运动；② 有一定节律的持续运动，无呼吸紊乱或憋气现象；③ 近于全身运动，不是局部运动。

表 4-1-1 运动处方的内容

类 别	作 用	方 法	项 目
健身运动	能促进身体的正常发育，使身体各部位协调发展，增强机体各器官、系统的机能，发展身体素质，提高人体的运动能力	一般采用能增强心肺功能的锻炼项目进行锻炼	走、跑、健身操、游泳、划船、骑自行车等
健美运动	可以使形体健美	一般采用使肌肉发达、增强肌肉力量的锻炼项目进行锻炼	俯卧撑、仰卧起坐、原地纵跳、跑步等
娱乐性体育	调节精神，丰富文化生活	一般采用能使身心得到愉快的体育项目	游戏、体育舞蹈、保龄球、台球、钓鱼等
格斗性体育	可以提高人的积极进取、不畏困难的精神，以达到强身健体和自卫的目的	一般采用以身体接触为主的锻炼项目进行锻炼	擒拿、散打、跆拳道、拳击等
医疗和康复体育	预防和治疗疾病	一般在医生或专门教师的指导下，采用一些保健体育的方法进行锻炼	太极拳、广播操、气功、散步等

（二）运动强度

运动强度是单位时间内的运动量，反映的是运动的剧烈程度。它是运动处方定量化与科学性的核心问题。运动强度可用每分钟的心率来表示。一般认为，高职生心率 120 次/分以下为小强度，120 ～ 150 次/分为中强度，150 ～ 180 次/分或 180 次/分以上为大强度。测量运动强度的简单办法是，测量运动后 10 秒钟内的脉搏数再乘以 6，就是 1 分钟的运动强度。

适宜运动强度范围可用靶心率来控制，即以本人最大心率的 60%～ 85%的强度作为标准。靶心率为：（220－年龄）×（60%～ 85%）。例如，20 岁的靶心率是 120 ～ 170 次/分。

最适宜运动心率为：心率储备 ×75% + 安静时心率。其中心率储备 = 最大心率 – 安静时心率；最大心率 = 220– 年龄。

（三）运动时间

运动时间是指每次持续运动的时间。运动时间和运动强度的乘积决定运动量，因此即使等量的运动量，因运动目的不同也会有运动强度和时间都不同的处方。以健身为目的的运动，强度小而时间长的处方效果较好（特别适合中老年人），而对于大学生来说，反复多次、短时间激烈运动的处方对增进健康有很好的作用。

从运动生理来说，5 分钟是全身耐力运动所需的最短时间，60 分钟对于坚持正常工作的人是最大限度的时间。研究认为，心率达到 150 次/分以上时，最少持续 5 分钟即可开始收到效果；如果心率在 150 次/分以下，则需要 5 分钟以上才会有效果。

一次必要的运动时间，也是根据运动强度、运动频度、运动目的、年龄及身体条件的不同而不同，不能一概而定。还要看为了给予呼吸、循环系统有效的刺激，使各种生理功能充分发动起来，从运动开始至达到恒常运动所需要的时间。一般达到恒常运动的时间，轻运动时为 5 分钟左右，强运动时需 3 分钟左右。由此可见，5 分钟以内的运动对呼吸、循环系统的刺激还是不充分的。因此，在达到恒常运动以后需要继续运动一段时间，这样合计运动时间则为 10 分钟以上，再加上准备活动及整理活动至少需要 5 ～ 8 分钟，因此实际所需要的时间为 15 ～ 20 分钟，这是比较可行的运动时间的最低限度。

一般来说，每次进行 20 ～ 60 分钟的耐力性运动是比较适宜的。如考虑时间与强度的配合，健康成年人宜采用中等强度、长时间的运动；体力弱而时间充裕的人，可采用小强度、长时间的配合；但体力好而时间不多的人，就可采用大强度、短时间的配合（表 4-1-2）。

日本体育科学中心建议人们采用三种中等运动量的锻炼，即 15 分钟 70%VO_2max、30 分钟 60%VO_2max、60 分钟 50%VO_2max（VO_2max 指最大摄氧量）。

表 4-1-2　运动时间与运动强度（%VO_2max）的配合

运动强度	运动时间（分钟）				
	5	10	15	30	60
小强度	70	65	60	50	40
中强度	80	75	70	60	50
大强度	90	85	80	70	60

表 4-1-3 是同等锻炼效果下的不同运动方案，可作为制订计划的依据。

表 4-1-3　可以取得效果的运动方案

项　目	取得相同效果的方案				
锻炼持续时间 /（分）	180	90	45	20	10
运动强度 /（最大用力，%）	20	30	40	50	60
心率 /（次·分$^{-1}$）	110	120	130	140	150

（四）运动频率

运动频率指每周的锻炼次数。每周锻炼几次为好？有人的研究结果是：当每周锻炼多于 3 次时，最大摄氧量的增加逐渐趋于平坦；当锻炼次数增加到 5 次以上时，最大摄氧量的提高就很小；而每周锻炼少于 2 次时，通常不引起改变。由此可见，每周锻炼 3 ～ 4 次是最适宜的频率。但由于运动效应和蓄积作用，间隔不宜超过 3 天。作为一般健身保健，如果能坚持每天锻炼一次当然更好。

关于必要的运动频率，据日本池上教授的研究结果：一周运动 1 次时，运动效果不蓄积，每次都发生肌肉酸痛和疲劳，运动后 1 ～ 3 天，身体不适且易发生伤害事故；一周运动 2 次，疼痛和疲劳减轻，效果一点一点蓄积，但不显著；一周运动 3 次，基本上是隔日运动，不仅效果可充分蓄积，也不会产生疲劳。如果频率增加为每周 4 次或 5 次，效果也相应提高。

（五）运动量

运动量是由运动频率、运动强度和运动时间（持续时间）共同决定的。运动量对促进健康/体适能的重要作用已被证实，它对身体成分和体重管理的重要性尤为突出。每周的运动量可以用来评价运动量是否到达了促进健康体适能的推荐量。

人们可以考虑使用以下方法估算总运动量：① 以 100 步/分的速度步行大约相当于中等强度的运动；② 每天以中等强度步行 30 分钟，相当于每天走 3000 ～ 4000 步。如果运动者的目的是通过运动来管理体重，那么他/她需要走得更多。以维持正常体重为目的的男性运动者可能需要每天步行 11000 ～ 12000 步，女性需要 8000 ～ 12000 步。

（六）运动进程

运动计划的进度取决于运动者的健康状况、健康体适能、训练反应和运动计划的目的。专业人员在实施进度计划时，可以通过增加运动频率、运动时间和运动强度中任何一项或几项来达到目的。在运动计划的开始阶段，建议逐渐增加运动的时间/持续时间（即每次训练课的时间）。推荐给一般成年人的较合理的进度是在计划开始的 4 ～ 6 周中，每 1 ～ 2 周将每次训练课的时间延长 5 ～ 10 分钟。当运动者规律锻炼至少 1 个月之后，在接下来的 4 ～ 8 个月里，逐渐增加运动频率、运动时间或运动强度直到达到推荐的数量和质量。训练时，应该遵照循序渐进的原则，避免大幅度增加运动频率、运动时间或运动强度等，这样可以将肌肉酸痛、运动损伤、过度疲劳的发生以及过度训练的长期风险降到最低。若因运动量增加而产生了不良反应，如运动后的呼吸急促、疲劳和肌肉酸痛，运动者无法耐受调整后的运动计划时，应降低运动量。

四、制订运动处方的步骤

第一步，一般体检。① 了解运动的目的及对运动的期望；② 询问病史，如既往病史、家族病史；③询问运动史，如运动爱好、现在的运动情况等；④ 了解社会环境条件，如职业、工作与劳动条件、生活环境、经济、营养等条件，周围能够利用的运动设施，有无指导等。

第二步，临床检查（包括人体测量和体脂测定），这里所指的临床检查相当于成人病的检查。检查的目的：① 对现在的健康状况进行评价；② 判断能否进行运动；③是否有潜在性疾病或危险因素，以预防事故。总之，医学检查的基本目的在于掌握个人的状况，为制订运动处方提供必要的信息。

第三步，运动负荷试验和体力测验。运动负荷试验是制订运动处方的基本依据之一。运动负荷试验的方法很多，可根据检查的目的、被测者的特点来选择适合的方法。现在最普遍的方法是“递增负荷运动试验”。这个试验利用活动平板或功率自行车等，在试验过程中逐渐增加运动负荷强度，同时测定某些生理指标，指导受试者达到一定的用力程度。

需要明确的是，只有运动负荷试验无异常的人才能接受体力测验，即进行肌力、爆发力、柔韧性等运动能力和全身耐力测验。根据库珀和日本学者浅见的实验研究，12 分钟跑测验与最大摄氧量的相关系数最高。所以，库珀提出的有氧代谢运动的体力测验包括走、跑、游泳三种方式，可以任选其中之一用来检查和衡量心血管系统功能。由于是测验，它们的运动强度就比平常锻炼的高，并要求尽全力而为之，因此参加测验的人必须符合以下三个条件之一：① 35 岁以下，身体健康；② 有半年以上运动经历；③ 按库珀介绍的锻炼计划至少运动了 6 周（表 4-1-4、表 4-1-5）。

表 4-1-4　12 分钟跑体力测验评定标准　（单位：米）

等级	性别	年龄（岁）					
		13～19	20～29	30～39	40～49	50～59	60～69
1 级（很差）	男	< 2080	< 1950	< 1890	< 1825	< 1650	< 1390
	女	< 1600	< 1540	< 1500	< 1410	< 1345	< 1250
2 级（差）	男	2080 ～	1950 ～	1890 ～	1825 ～	1650 ～	1390 ～
	女	1600 ～	1540 ～	1500 ～	1410 ～	1345 ～	1250 ～
3 级（及格）	男	2190 ～	2100 ～	2080 ～	1985 ～	1855 ～	1630 ～
	女	1890 ～	1755 ～	1680 ～	1570 ～	1490 ～	1375 ～
4 级（好）	男	2500 ～	2385 ～	2320 ～	2225 ～	2080 ～	1920 ～
	女	2065 ～	1950 ～	1890 ～	1775 ～	1680 ～	1570 ～
5 级（很好）	男	2750 ～	2625 ～	2500 ～	2450 ～	2305 ～	2110 ～
	女	2290 ～	2145 ～	2065 ～	1985 ～	1890 ～	1745 ～
6 级（优秀）	男	> 2975	> 2815	> 2705	> 2640	> 2330	> 2480
	女	> 2415	> 2320	> 2225	> 2145	> 2080	> 1890

表 4-1-5　12 分钟游泳测验评定标准　（单位：米）

等级	性别	年龄（岁）					
		13～19	20～29	30～39	40～49	50～59	60以上
很 差	男	< 460	< 365	< 320	< 275	< 230	< 230
	女	< 365	< 275	< 230	< 185	< 140	< 140
差	男	461 ～ 550	336 ～ 460	321 ～ 410	276 ～ 365	231 ～ 320	231 ～ 275
	女	366 ～ 460	275 ～ 365	231 ～ 320	186 ～ 275	141 ～ 230	141 ～ 185
及 格	男	551 ～ 640	461 ～ 550	411 ～ 505	366 ～ 460	321 ～ 410	276 ～ 365
	女	461 ～ 550	366 ～ 460	321 ～ 410	275 ～ 365	231 ～ 320	186 ～ 480
好	男	641 ～ 730	551 ～ 640	506 ～ 595	461 ～ 550	411 ～ 505	366 ～ 480
	女	551 ～ 640	461 ～ 550	411 ～ 505	366 ～ 460	321 ～ 410	276 ～ 365
很 好	男	> 730	> 640	> 595	> 550	> 505	> 460
	女	> 640	> 550	> 505	> 460	> 410	> 365

第四步，制订运动处方，安排锻炼计划。通常根据以上的检查结果，结合个人的健康状况、体力水平及运动能力的限度等具体情况制订运动处方，处方中主要规定运动强度和保证安全的一次必要运动量（运动时间）及一周的运动频率等内容。一般按照初定的运动处方试行锻炼，对不适当的地方可进行调整，待适合后要坚持锻炼 3 ～ 6 个月再做体力测验，并重新制订长期的运动处方，以不断提高锻炼效果。

第五步，善后工作和复查。原则上医生要当面为个人制订运动处方，不宜只按体检资料或由别人代办。首先医生要向个人说明医学检查结果的概要，要正确对待体检异常的结果。其次指出注意事项，进行运动教育和咨询指导。再次是隔一段时间要与被检查者接触，询问其运动情况，判断有无副作用或疲劳。由于有些人中途停止运动，故可要求做运动处方锻炼日记，并每隔 1 ～ 2 周到门诊咨询一次。最后，至少一年全面复查一次，总结一年的运动实施情况，评价这期间的运动效果，必要时进一步改善运动处方。

一次锻炼课通常分三部分进行，即准备部分、锻炼部分和结束部分。

准备部分的作用是使机体组织“暖和”起来，使身体逐渐适应运动强度较大的运动，以免因心肺等内脏器官和骨关节功能不能适应而导致意外。一般都采用活动强度小的步行、伸展性体操或太极拳等。锻炼部分也称基本部分，其内容是运动处方的主项运动欲达到的目标，例如耐力运动项目要达到靶心率，并要求至少维持 12 分钟以上。主项运动的运动强度一般定为最大能力的 40% ～ 60%。同时还要求达到一定活动范围的肌力训练，其训练强度为最大能力的 80% 左右。结束部分是指在训练结束后，要使高负荷活动的心肺和肢体逐渐安静“冷却”下来，不要突然停止运动。因为此时血流仍大量集中于四肢，若突然停止不动，使回心血量锐减，可能会出现“重力性休克”，即由于每搏输出量不足，引起脑贫血而发生休克症状。所以运动结束时，通常做一些放松式体操、散步或自我按摩最为适合。

在不同的锻炼阶段，这三个部分的时间划分各不相同。在早期阶段，准备部分时间要长些，一般为 10 ～ 15 分钟，锻炼部分 20 ～ 25 分钟，结束部分 5 ～ 10 分钟。在中期和后期阶段，则准备 5 ～ 10 分钟，然后进入主项运动（即锻炼部分），最后 5 分钟整理活动。这样一次课表现为“开始缓慢的、中间爽快的、终了微火似的运动过程”。以健身为目的的运动时间合计为 30 ～ 45 分钟。各部分锻炼内容的安排各有侧重，并且运动负荷的分配各不相同。

五、运动处方示例

（一）耐力运动处方

姓名：×××　　性别：男　　年龄：21 岁　　日期：2006.5.11.

身高：170 厘米　　体重：57 千克

基础代谢（BMR）：6423 千焦耳（1559 千卡）　体脂百分比：10.89%

身体质量指数（BMI）：19.7　　肥胖程度（OBD）：91%

心脏功能能力（F.C）：14.0METs F.C. 属于良好水平

您的心脏每分钟可供给全身的最大氧气量约为 2.8 升

您的心脏每分钟可以供给每千克体重的最大氧气量约为 49 毫升

（二）运动强度

（1）运动能力（E. C）：8.4 ～ 11.2METs 主观疲劳感觉RPE：13。

（2）靶心率（THR）：锻炼时心率保持在 145 ～ 174 次/分，低于 24 ～ 29 次/10 秒这个强度，锻炼效果不佳；超过这个强度，有可能会出现一些意外情况给身体造成损伤。

（三）锻炼项目：周期性有氧运动

（1）您适合跑步锻炼，速度为 7.8 ～ 10.7 千米/小时，或 130 ～ 178 米/分。

（2）健身功率车：功率为 118 ～ 170 瓦。

（3）其他锻炼项目：足球、篮球、跳绳（60 ～ 80 次/分）等。锻炼时应随时按照靶心率进行调整，短时间内允许心率超过靶心率 1 ～ 2 次/10 秒，但应及时降低运动强度，使心率回到靶心率范围之内。

（四）锻炼时间

每次 30 ～ 60 分。一次锻炼至少要持续 30 分，除准备活动和整理活动外，至少要有 20 分钟使心率保持在 145 ～ 174 次/分。

（五）锻炼次数

3 ～ 5 次/周。坚持每周按照运动处方进行周期性有氧运动 3 次（隔日一次），即可收到锻炼的效果，如有时间，可每周增加 1 ～ 2 次您所喜爱的活动。

（六）热量消耗

按照运动处方锻炼，每次活动可以增加热量消耗 848 ～ 2257 千焦耳（206 ～ 548 千卡）；一周活动 3 ～ 5 次，可增加热量消耗为 2542 ～ 11292 千焦耳（617 ～ 2741 千卡）；相当于减少脂肪 0.06 ～ 0.36 千克；通过锻炼可以减少身体内脂肪的含量，增加肌肉的质量。

（七）注意事项

（1）请在锻炼时监测自己的心率或脉搏，使其保持在靶心率范围内。

（2）心率测量方法：在运动 5 ～ 10 分后，暂停运动，由桡动脉或颈总动脉测量 10 秒脉搏的次数并乘以 6，按此及时调整运动强度。如果经济条件许可，可使用电子心率计，设置靶心率的上下限，可随时了解运动中的心率，并可在低于或高于靶心率时，及时得到提醒。

（3）注意平衡饮食，保持健康、乐观的心理状态。

（4）以上建议供锻炼时参考，如出现异常现象，请及时向专业人员咨询。

第二节　营养处方的订制

一、营养处方的定义

不同种类的食物中所含营养素不同：动物性食物（包括肉、鱼、禽、蛋、奶及奶制品）和豆类含优质蛋白质；植物性食物中的蔬菜、水果含维生素、矿物盐及微量元素；谷类、薯类和糖类含碳水化合物；食用油含脂肪；肝、奶、蛋含维生素A；肝、瘦肉和动物血含铁。为了获得充足的营养，我们需要摄取均衡的膳食。所谓均衡膳食，是指选择多种食物，经过适当搭配，满足人们对能量及各种营养素需求的膳食。但不同年龄、不同需求的人群均衡膳食的搭配又不相同，因此，为了指导人们科学地摄取营养，需要根据个人的实际情况制订膳食营养计划，就像医院的医生为不同的患者开出的医疗处方一样，我们把膳食营养计划称之为营养处方。一般情况下，营养食谱需要有一定营养学知识背景的专业人员来制订，但大学生通过必要的学习，完全可以制订一份自己专属的营养处方。

二、营养处方的构成

就像医疗处方有患者一般信息、诊断、药物名称和使用建议一样，营养处方的内容和格式具体如下（表 4-2-1）。

（1）使用者的一般资料：姓名、性别、年龄、职业、体力活动水平。

（2）膳食评价：现在平均每日膳食总热量、各热能营养素的比例、三餐的热能比。

（3）膳食建议：建议今后每日膳食总热量、各热能营养素的比例、各类食物的种类及摄入量、三餐的热能比及膳食制度。

（4）食谱推荐：包括早、中、晚餐的具体食物搭配建议。

（5）注意事项：如何加餐、如何进行同类食物之间的置换、如何与运动相结合。

表 4-2-1　营养处方建议格式

营养处方						
一般资料	姓名		性别		年龄	
	职业		体力活动水平			
当前膳食评价	每日膳食总热量					
	各热能营养素的比例					
	三餐的热能比					
合理膳食建议	每日膳食总热量					
	各热能营养素的比例、三餐的热能比					
	各主要营养素的摄入量					
	各类食物的摄入量					
食谱推荐	早餐					
	中餐					
	晚餐					
注意事项	加餐建议					
	同类食物的置换					
	与运动的配合					

三、营养处方的制订

营养处方的制订需要五个步骤，具体包括以下几个方面。

（一）膳食评价

通过回顾法将个体过去某个有代表性的一天内所有摄入的食物、饮料等进行分类、归总，再按照最新的《中国居民膳食指南》，对被评价者平均每日膳食总热量、各热能营养素的比例、各主要营养素的摄入量进行粗略计算和分析。

（二）确定每日热能供给量

在制订营养处方之前，需要对需求者的一般信息进行采集，包括性别、年龄、职业、平均日常体力活动水平，以便确定其每日合理的热能供给量。其中最主要的是评估日常体力活动水平，一般体力活动分级标准和不同性别成年人对应的热能供给推荐量见表 4-2-2。

表 4-2-2　不同体力活动水平成年人热能供给推荐量

体力活动水平	体力活动描述	男性热能供给量千卡（按标准体重65千克计算）	女性热能供给量千卡（按标准体重55千克计算）
极轻体力劳动	主要处于坐姿	2400	2200
轻体力劳动	主要处于站姿	2600	2400
中等体力劳动	指学生的日常活动、驾驶等	3000	2800
重体力劳动	指农业、车床、体育活动等	3600	3400
极重体力劳动	指装卸、伐木、采矿、开荒等	4200	

（三）确定热能营养素所占比例和三餐的热能分配

一般人群糖、蛋白质和脂肪在一日总热能中各占 60% ～ 70%、12% ～ 15%、20% ～ 25%；如脂肪超标欲控制体重者，可强化低糖、高蛋白质饮食，热能比可调整为 50%、25%、25%；如有增肌需求的健美爱好者，可采用 60%、20%、20%的比例搭配。不仅每天热能摄入量要合理，一日三餐的能量分配也要合理，根据人体每日食物消化、吸收的规律和作息特点，三餐热能分配一般遵循 3:4:3 的比例或各占 1/3。如果有加餐，可根据时间将加餐分别归入相应的三餐中计算。此外，一般加餐的热量不超过全天总热量的 10%。

（四）确定三大营养素的摄入量

每克营养素在人体内氧化产生的能量值（千卡）称为产热系数，糖、蛋白质和脂肪的产热系数分别为 4、4、9，故确定三大热能营养素所占比例后，根据各自的产热系数即可计算摄入量。

（五）确定各类食物的种类及摄入量

从营养学的角度，食物一般分为五类。

（1）谷类（包括米、面、杂粮）及薯类（包括马铃薯、甘薯、木薯等）主要提供碳水化合物、蛋白质、膳食纤维及B族维生素。

（2）动物性食物（包括肉、禽、鱼、奶、蛋等）主要提供蛋白质、脂肪、无机盐、维生素A和B族维生素。

（3）豆类和坚果（包括大豆及其他干豆、花生、核桃、杏仁等）主要提供蛋白质、脂肪、膳食纤维、无机盐和B族维生素。

（4）蔬菜水果类（包括鲜豆、根茎、叶菜、茄果等）主要提供膳食纤维、无机盐、维生素C和胡萝卜素。

（5）纯热能食物（包括动植物油、淀粉、食用糖和酒类）主要提供能量，植物油还可提供维生素E和必需脂肪酸。

根据《中国食物成分表》中提供的数据，将上述确定摄入量的营养素分别分配到不同的食物中，实现食物多样化的同时，摄入足够的蔬菜和水果，以保证维生素、无机盐和膳食纤维的摄入。

（六）微调食物的多样性

食物的多样性可以通过使用食物交换份法，并根据个人的经济状况、饮食喜好、食材的可获得性进行微调。

四、营养处方实例

（一）减脂营养处方

案例：女生夏××，22岁，身高160厘米，体重65千克，日常锻炼较少，有减脂需求，请为她制订一份营养处方。

步骤1　膳食评价

该女生体质指数为65/（1.6×1.6）=25.4，按照亚洲成年人群的标准，属于轻度肥胖，通过对其有代表性的一天的饮食回顾，计算得知该女生每日膳食总热量为2800千卡，糖、蛋白质和脂肪三大热能营养素各占一日总热量的40%、30%、30%，三餐及晚加餐热能比为1∶3∶4∶2。

步骤2　确定每日热能供给量

该女生体力活动水平按轻体力劳动计算，查表得标准体重女性热能需要量2200千卡/天，由于有减脂需要，适宜的减脂速度是每月1千克，按照减去1千克脂肪约需消耗7700千卡热量计算，计划每月从饮食中减少3850千卡，同时通过锻炼增加能量消耗3850千卡，即每天需减少热量摄入约128千卡，故每日适宜摄入总热量为2072千卡。

步骤3　确定三大热能营养素比例和三餐分配

由于有减脂需求，应减少糖的比例、保证脂肪的比例、提高蛋白质的比例，故选择糖、蛋白质和脂肪各占50%、25%、25%，即三大营养素分别提供热量：1036千卡、518千卡、518千卡。三餐热能按3∶4∶3分配，则早、中、晚餐分别摄入热量622千卡、829千卡、622千卡。

步骤4　确定三大营养素的摄入量

糖的摄入量为：1036/4=259克。

蛋白质的摄入量为：518/4=129.5克。

脂肪的摄入量为：518/9=58克。

步骤5　确定各类食物的种类及摄入量

确定糖来源的食物：按照《中国居民膳食指南》的要求，每天必喝的200毫升牛奶中含6.8

克糖、500 克蔬菜中含 15 克糖、300 克水果中含 25 克糖，共 46.8 克糖,则不足部分的糖（259－46.8=212.2 克）由谷物补充，因一份生主食 25 克可提供 19 克碳水化合物，故需摄入生重 279 克的谷薯类食物；

确定蛋白质来源的食物：除去 200 毫升牛奶、279 克谷物中的蛋白质（6+28=34 克）,不足的部分由海鲜、肉、蛋、豆制品补充，因一份肉蛋组食物 50 克可提供 10 克蛋白质，故需摄入生重 555 克的肉蛋豆制品类食物；

确定脂肪来源的食物：除去上述食物中的脂肪，不足的由食用油补充，一般中餐的食物烹饪过程中油的使用应能满足每日脂肪的推荐摄入量。

按 3 ∶ 4 ∶ 3 的热量比例分配到三餐中，具体三餐的食物选择推荐见表 4-2-3。

步骤 6　微调食物的多样性和适当组合

按食物交换份法，同类食物中尽可能采用丰富的食物来源构成多样组合的营养处方。

表 4-2-3　夏 ×× 的营养处方推荐

<table>
<tr><th colspan="7">营养处方</th></tr>
<tr><td rowspan="2">一般资料</td><td>姓名</td><td>夏××</td><td>性别</td><td>女</td><td>年龄</td><td>22岁</td></tr>
<tr><td>职业</td><td>学生</td><td colspan="2">体力活动水平</td><td colspan="2">轻　度</td></tr>
<tr><td rowspan="3">当前膳食评价</td><td colspan="2">每日膳食总热量</td><td colspan="4">2800千卡</td></tr>
<tr><td colspan="2">各热能营养素的比例</td><td colspan="4">糖、蛋白质和脂肪所占的比例分别为41%、24%、35%</td></tr>
<tr><td colspan="2">三餐的热能比</td><td colspan="4">1∶3∶4（晚加餐占总热量的10%）</td></tr>
<tr><td rowspan="4">合理膳食建议</td><td colspan="2">每日膳食总热量</td><td colspan="4">2272千卡</td></tr>
<tr><td colspan="2">各热能营养素的比例、三餐的热能比</td><td colspan="4">糖、蛋白质和脂肪所占的比例分别为50%、25%、25%;
三餐的热能比3:4:3</td></tr>
<tr><td colspan="2">各主要营养素的摄入量</td><td colspan="4">糖、蛋白质和脂肪的摄入量分别为284克、142克、63克</td></tr>
<tr><td colspan="2">各类食物的摄入量（生重）</td><td colspan="4">谷薯类312克、蔬菜500克、水果300克、牛奶200毫升、肉蛋类550克</td></tr>
<tr><td rowspan="3">食谱推荐</td><td colspan="2">早餐</td><td colspan="4"></td></tr>
<tr><td colspan="2">中餐</td><td colspan="4"></td></tr>
<tr><td colspan="2">晚餐</td><td colspan="4"></td></tr>
<tr><td rowspan="3">注意事项</td><td colspan="6">加餐建议</td></tr>
<tr><td colspan="6">同类食物的置换</td></tr>
<tr><td colspan="6">与运动的配合</td></tr>
</table>

（二）增肌人群营养处方

案例：男生迟××，26 岁，身高 174 厘米，体重 66 千克，身体瘦弱，有增肌需求，请为他制订一份营养处方。

步骤 1　膳食评价

该男生体质指数为 66/（1.74×1.74）=21.8，按照亚洲成年人群的标准，在正常范围，通过对其有代表性的一天的饮食回顾，计算得知该男生每日膳食总热量为 2900 千卡，糖、蛋白质和脂肪三大热能营养素各占一日总热量的 70%、15%、15%，三餐热能比为 2 ∶ 4: ∶ 4。

步骤 2　确定每日热能供给量

该男生体力活动水平按轻体力劳动计算，查表得标准体重男性热能需要量 2600 千卡 / 天，由于有增肌需要，按照增肌期间每千克体重需要 50 千卡热量计算，则每天需摄入总热量 3300 千卡。

步骤 3　确定三大热能营养素比例和三餐分配

由于有增肌需求，应保证摄入充足的糖、控制脂肪摄入、提高优质蛋白质的比例，故选择糖、蛋白质和脂肪各占 60%、20%、20%，即三大营养素分别提供热量：1980 千卡、660 千卡、660 千卡。三餐热能按 3:4:3 分配，则早、中、晚餐分别摄入热量 990 千卡、1320 千卡、990 千卡。

步骤 4　确定三大营养素的摄入量

糖的摄入量为：1980/4=495 克。

蛋白质的摄入量为：660/4=165 克。

脂肪的摄入量为：660/9=73 克。

步骤 5　确定各类食物的种类及摄入量

确定糖来源的食物：按照《中国居民膳食指南》的要求，每天必喝的 200 毫升牛奶中含 6.8 克糖、500 克蔬菜中含 15 克糖、300 克水果中含 25 克糖，共约 47 克糖，则不足部分的糖（495 － 47=448 克）由谷物补充，因一份生主食 25 克可提供 19 克碳水化合物，故需摄入生重 600 克的谷薯类食物。

确定蛋白质来源的食物：除去 200 毫升牛奶、600 克谷物中的蛋白质（6+60=66 克）,不足的部分由海鲜、肉、蛋、豆制品补充，因一份肉蛋组食物 50 克可提供 10 克蛋白质，故需摄入生重 500 克的肉、蛋、豆制品类食物。

确定脂肪来源的食物：除去上述食物中的脂肪，不足的由食用油补充，一般中餐的食物烹饪过程中油的使用应能满足每日脂肪的推荐摄入量。

按 3 ∶ 4 ∶ 3 的热量比例分配到三餐中，具体三餐的食物选择推荐见表 4-2-4。

步骤 6　微调食物的多样性和适当组合

按食物交换份法，同类食物中尽可能采用丰富的食物来源构成多样组合的营养处方。

表 4-2-4　迟 ×× 的营养处方推荐

<table>
<tr><th colspan="7">营养处方</th></tr>
<tr><td rowspan="2">一般资料</td><td>姓名</td><td>迟××</td><td>性别</td><td>男</td><td>年龄</td><td>26岁</td></tr>
<tr><td>职业</td><td>研究生</td><td colspan="2">体力活动水平</td><td colspan="2">轻度</td></tr>
<tr><td rowspan="3">当前膳食评价</td><td colspan="2">每日膳食总热量</td><td colspan="4">2900千卡</td></tr>
<tr><td colspan="2">各热能营养素的比例</td><td colspan="4">糖、蛋白质和脂肪所占的比例分别为70%、15%、15%</td></tr>
<tr><td colspan="2">三餐的热能比</td><td colspan="4">2∶4∶4</td></tr>
<tr><td rowspan="4">合理膳食建议</td><td colspan="2">每日膳食总热量</td><td colspan="4">3300千卡</td></tr>
<tr><td colspan="2">各热能营养素的比例、
三餐的热能比</td><td colspan="4">糖、蛋白质和脂肪所占的比例60%、20%、20%;
三餐的热能比3∶4∶3</td></tr>
<tr><td colspan="2">各主要营养素的摄入量</td><td colspan="4">糖、蛋白质和脂肪的摄入量分别为495克、165克、73克</td></tr>
<tr><td colspan="2">各类食物的摄入量（生重）</td><td colspan="4">谷薯类600克、蔬菜500克、水果300克、牛奶200毫升、肉蛋类500克</td></tr>
<tr><td rowspan="3">食谱推荐</td><td colspan="2">早餐</td><td colspan="4"></td></tr>
<tr><td colspan="2">中餐</td><td colspan="4"></td></tr>
<tr><td colspan="2">晚餐</td><td colspan="4"></td></tr>
</table>

续 表

注意事项	加餐建议	
	同类食物的置换	
	与运动的配合	

思 考 题

1. 简述制订运动处方的基本原则。
2. 订制营养处方有哪几个步骤?

第五章 职业体能及锻炼方法

学习提要

1. 体能的定义。
2. 坐姿类职业体能改善的方法。
3. 站姿类职业体能改善的方法。
4. 变姿类职业体能改善的方法。

第一节　体能概述

“体能”一词被国人关注始于全国足球甲级联赛开始后不久，全国足协规定：运动员体能测试不达标，将不能参加当年的联赛。后来，政法系统公务员招考与培训中也出现了“体能测试”环节。

关于“体能”的概念国内外有过多种不同的理解与论述，其中较有代表性的观点是：哈特曼等在 1995 年认为，体能是以人体三大功能系统的能量代谢活动为基础，通过骨骼肌系统表现出来的运动能力。

熊斗寅教授提出，体能是个不确定的概念，有大体能与小体能之分，大体能泛指身体能力，包括身体运动能力、身体适应能力、身体机能和各项身体素质；小体能是指运动训练中的体能训练和体能性项目等。

李之文教授认为，体能是经过身体训练获得的人体各器官系统的机能在肌肉活动中表现出来的能力，它包括身体形态的适应性变化和力量、速度、灵敏、耐力和柔韧等基本素质。

赵志英等人从运动训练的角度认为，体能应是运动员在专项训练和比赛负荷下，最大限度地动员有机体机能能力时对抗疲劳的能力。

中国香港学者钟伯光以“适能”的称谓来定义，他认为，“适能”就是指身体对外界的适应能力，完整适能包括身体适能和心理适能。身体适能简称体适能，包括健康体适能和运动体适能两大范畴。良好的健康体适能可以使身体从容应付日常工作、余暇活动和突发事件。

北京体育大学博士生袁运平将“体能”定义为：体能是指人体通过先天遗传和后天训练获得在形态结构、功能与调节方面及其在物资能量的存储与转移方面所具有的潜在能力，以及与外界环境相结合所表现出来的综合运动能力。

对于“体能”，目前还没有一致认可的定义，但大多倾向于上海辞书出版社《体育大词典》中对“体能”的表述，即“体能是体质的重要组成方面，是人体各器官系统机能在身体活动中表现出来的能力，包括力量、速度、灵敏、耐力和柔韧等基本的身体素质，以及人体的基本活动能力（如走、跑、跳、投掷、攀登、爬越、悬垂和支撑等）。体能的发展程度是衡量体质水平的一个重要标志。”从体能概念可以看出，体能包括两个层面：一个是反映人体各器官系统机能的身体素质，主要包括力量、速度、灵敏、耐力（心肺耐力和肌肉耐力）、柔韧以及代谢能力等；另一个是人体的基本活动能力，主要包括走、跑跳、投掷、攀登、爬越、悬垂和支撑等。身体素质与身体活动能力是一个有机整体，身体素质是身体活动能力的基础和动力，身体活动是身体素质的外在表现，其身体活动能力强弱直接反映身体素质的优劣。

知识窗

职业体能训练的原则：

（1）超负荷原则。

（2）循序渐进原则。

（3）专门性原则。

（4）恢复性原则。

（5）锻炼效果的可逆性原则。

第二节　坐姿类职业的体能改善

一、坐姿类职业生理负荷特点

（一）坐姿的解剖学特征

1. 头颈部

坐姿工作时，一般头部呈前俯或后仰姿势。肩颈部肌肉是支持颈部活动的基础，其中以斜方肌、胸锁乳突肌为主要的受力肌。斜方肌位于颈部和背部，呈扁平三角形，左右二肌合成斜方形，主要控制颈部的前屈、后伸，头颈部若过分下垂或颈椎前屈，会使斜方肌处于紧张状态。胸锁乳突肌属颈浅肌群，在颈阔肌的深面，起于胸骨柄和锁骨的内侧 1/3 处，斜向后上方，止于乳突。其作用是两侧同时收缩，头向后仰；一侧收缩，头颈向同侧倾斜，面部转向对侧并向上仰。

研究表明，坐位时，颈部肌肉受力与颈角大小相关，颈部受力随角度增大而增加，颈部损伤患病率随颈角增加而升高。坐位工作时，颈部保持在前倾角度 0°～10° 较为适宜。

2. 胸　部

坐位时，低头含胸，胸廓得不到充分的扩张。长期保持这种姿势，一方面影响肺的通气功能；另一方面使胸廓变形，造成驼背。

3. 背　部

坐位时，人体一般呈弓起背部向前微倾状态。据报道，在该姿势下工作，脊椎骨角度和脊椎间盘高度的活动对背部（主要是背阔肌）所承受的压力是不均匀的。人体背部的伸肌在一天的运动中几乎没有主动用力的动作，大多数时间在被动拉长中，起着维持人体运动平衡和协调的作用。相对其他肌肉群，人体的背部肌肉相对工作时间最长，因此，所受疲劳是“首当其冲”的。这种疲劳容易引起小肌肉纤维损伤，从而造成背部的多种不良反应，如酸、胀、痛、麻等。

背部与颈部、腰部有着“楼上、楼下”的密切关系。如果颈部或腰部的肌肉，因不良姿势造成紧张或疼痛时，常易累及背部。此外，人在心理紧张时，背部肌肉也是心理性紧张的“靶子”。心理性紧张，往往造成背部肌肉的紧张与疼痛。

4. 腰　部

人体在坐着的时候，腰椎承受着上身的重量。腰肌和腹肌像是一个夹板，保持一定的张力以稳定腰椎。工作姿势对腰肌受力有很大的影响。有研究表明，腰部受力与躯干角度大小关系密切。躯干角小则腰部受力小。

据调查表明，从事电脑操作的人员，一般习惯将电脑终端屏幕置于右前方或左前方，导致工作时呈侧身或扭腰等不良姿势。为了维持身体平衡，腰部的某一处肌肉就需要特别用力，以至受力肌容易疲劳。

5. 手腕部

从事计算机行业或电子行业者，其腕部经常需要重复用力活动或反复弯曲、伸展，参与活动的小肌肉群不足全身肌肉总量的 1/7，肌肉活动频率高于 15 次/分，操作键盘输入汉字时，手指击键高达 100 次/分以上，频繁收缩活动的小肌群能耗不高却容易疲劳，甚至在用力时直接压迫腕管内正中神经而导致腕管综合征。

6. 脊　柱

人的脊柱由 33 块形状不规则的脊椎骨组成，按所在位置不同分成颈椎、胸椎、腰椎、骶椎和尾椎。脊柱从侧面看，有四个生理弯曲，颈椎、腰椎向前凸，胸椎、骶椎和尾椎向后凸。

久坐会使上身体重长时间地压在脊椎骨骶端，不符合人体脊柱最佳受力状态。坐姿不良，脊柱两侧肌肉受力不均，导致脊柱某区域肌肉骨骼负荷过重，久之可能引起脊柱侧弯。此外，紧张的工作节奏，往往不由自主地就会塌腰，这不仅增加了腰椎的负担，破坏了脊柱正常的生理弯曲，使腰椎部位后凸，而且还阻碍了血液循环，从而引起腰部肌肉酸疼甚至引起腰椎病变。

（二）坐姿的生理学特征

1. 血液循环

血液周流全身，向全身输送氧和营养物质，以保证生命活动的正常进行。血液循环的动力器官是心脏，而心脏位于胸腔中，故心脏向心脏以下的部位输送营养物质和氧气可借助地心引力的力量而比较顺利，但心脏以下的部位血液要返回心脏，就必须克服地心引力的影响，所以相对比较困难，由此造成心脏部位以下的静脉回心血流受阻，故长期久坐的人，下肢特别是足背会发生浮肿，还会使直肠、肛管静脉回流受阻，静脉扩张而发生痔疮。同时位于心脏以上的部位，特别是大脑的血液供应，须克服地心引力把血液泵入大脑。如果心脏功能不良，则脑血供应不畅通，容易出现头昏、眼花、嗜睡，使工作效率降低、失误率增加。

久坐时，心脏工作量减少，长期下去可使心脏功能日益减退，心肌渐趋衰弱，血液循环减慢，导致血液在血管中淤积，为心肌梗塞、高血压、冠心病等心血管疾病埋下隐患。世界卫生组织明确指出，久坐是促发冠心病的重要因素。医学专家调查发现，司机的冠心病发病率比售票员高 30%。据研究，坐位时，心脏功能（心率、心输出量、每搏输出量）都处于相对较低的水平（图 5-2-1）。

2. 肺通气功能

由于坐位伏案，胸廓得不到充分扩张，从而影响肺的通气功能。研究表明，坐位伏案对静息时通气量的影响不大，但是从提高体能和健康水平的角度出发，坐位伏案劳动（工作）的人，应加强扩胸动作的练习，以利肺的充分扩张，加强通气和换气功能，使血氧饱和度始终保持在 96% ～ 98%。

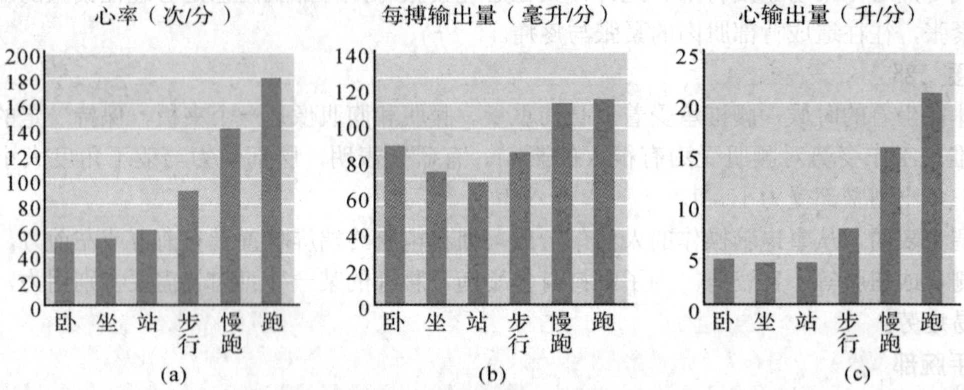

图 5-2-1

3. 骨骼肌

骨骼肌是维持各种姿势的基础，坐位姿势是一种静态姿势，维持坐位姿势的肌肉肌纤维长时间处于一定的静力性工作状态（即等长收缩状态）。虽然依靠中枢神经系统的调节，使肌纤维的紧张活动可以交替进行，但这种调节交替是相对少而慢的。在取坐位姿势劳动（工作）时，肌纤维的紧张性收缩也限制了肌肉的血液供应，以致肌肉获取氧和营养物质相对减少，而肌肉的代谢废物也不易排出，久之就会引起肌肉僵硬、酸疼，甚至发生肌肉萎缩。坐姿工作两小时以上，即可产生肌肉疲劳感，使工作效率有所下降。因此，医学专家指出，坐一两个小时，起来走动 10 分钟，对身体有益。

4. 眼的负荷

在现代办公条件下，长时间对着电脑工作，眨眼次数明显减少（由日常每分钟 22 次左右锐减到 4 ～ 5 次），眼睛特别容易干涩。盯着电脑屏幕，其闪烁会使眼睛不断进行调节，睫状肌易疲劳。此外，电脑屏幕也是个强发光体，同时电脑页面内容繁多，使得用电脑时视觉负担很重，常常使眼睛发胀。

眼睛长期超负荷工作，将会导致视力下降，发生眼部炎症（如角膜炎），同时还可以导致身心疲劳。

二、坐姿类职业体能锻炼方法

从事不同的职业需要不同的体能。具体职业的身体活动部位是局部的、重复的、固定持续的，因此完成各种动作时人体机能表现形式有所不同，其素质要求也就不一样。针对本章第一节中已谈及的坐姿类职业的身体负荷特点，下面介绍坐姿类职业所应具备的身体素质及其锻炼方法。

（一）力量练习方法

人体各种活动都是在身体各部位肌肉牵动着关节和骨骼并克服各种阻力的情况下实现的。因此，肌肉是维持身体各种姿势的基础，坐位姿势是一种静态姿势，维持该姿势的肌纤维长时间处于一定的静力性紧张状态，坐姿时腰背部肌肉是主要的受力肌。有目的地锻炼坐姿，可使机体各部位的主要受力肌群增强肌肉弹性，改善组织，促进血液循环，增强新陈代谢，防止或降低组织疲劳。

针对坐姿类工作对体能的要求，应主要发展以下部位肌肉群的力量和耐力。

1. 颈肩部肌群力量练习

（1）屈伸探肩。（图 5-2-2）

准备姿势：坐立姿势，上背挺直，双手叉腰，眼睛正视前方。

动作方法：头缓缓地向左偏，努力接近左肩，保持 6 ～ 8 秒，还原；以相同的姿势换方向做，还原。

练习要求：动作过程缓慢进行，以防肌肉、韧带拉伤。

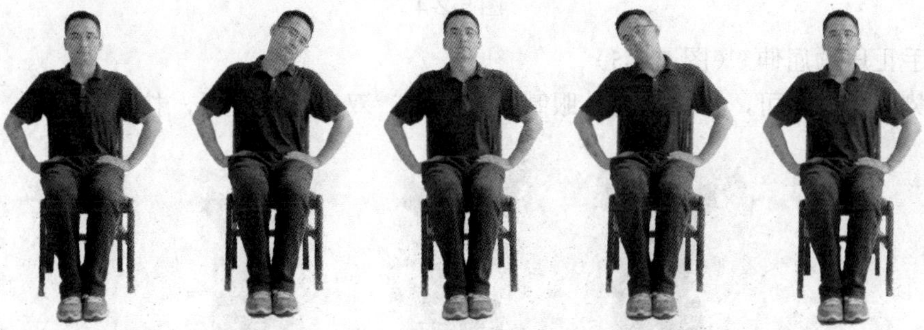

图 5-2-2

（2）摸耳屈伸。（图 5-2-3）

准备姿势：坐立姿势，两手自然放于体侧，眼睛正视前方。

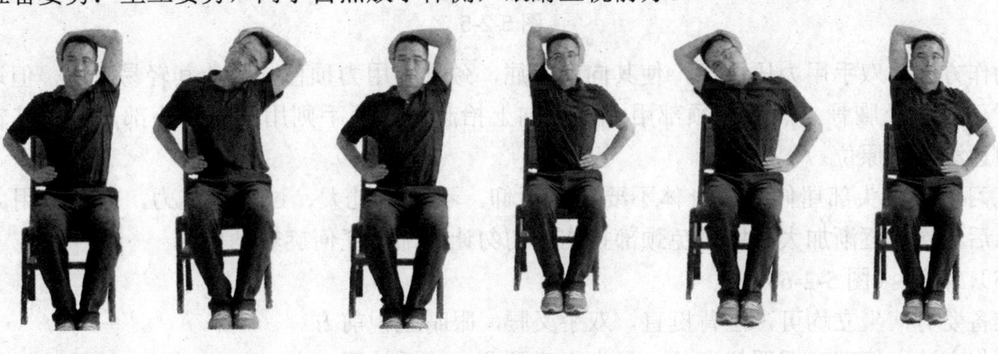

图 5-2-3

动作方法：右手叉腰，同时将左手侧上举，越过头顶去摸右耳，同时头向左侧倾斜，还原；再用右手以同样的姿势去摸左耳，还原。

练习要求：动作过程应缓慢进行，以防肌肉、韧带拉伤。

（3）手侧压颈屈伸。（图 5-2-4）

准备姿势：坐立均可，上背挺直，眼睛正视前方。

动作方法：右手叉在右侧腰间，左手按头左侧，左手用力把头向右侧推压，而颈部则用力顶住，不让手轻易压倒，但逐渐被压倒。然后，颈部用力把头向上、向左抬起，而左手则用力压住头部，不让其轻易抬起，但逐渐完全竖直。练完一侧，换练另一侧。

练习要求：不要用过大、过猛的抗力，前几次用力要小些，以后几次再逐渐加大，以避免颈部扭伤。切勿让颈部有任何旋转动作。

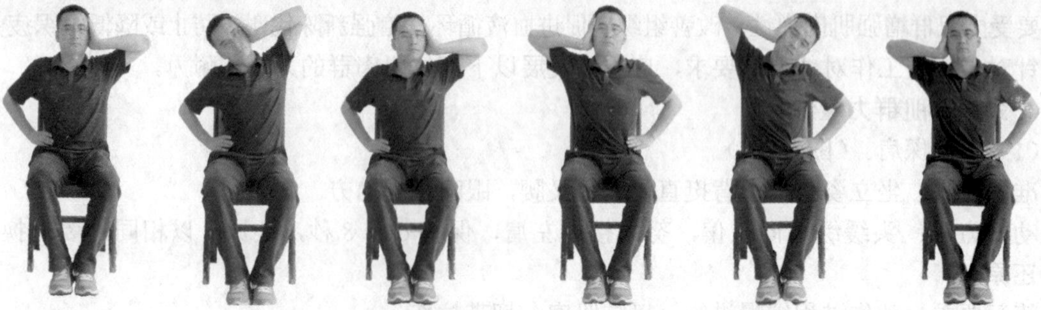

图 5-2-4

（4）双手正压颈屈伸。（图 5-2-5）

准备姿势：坐立均可，上背挺直，眼睛正视前方，双手十指交叉，按在脑后。

图 5-2-5

动作方法：双手用力压头部，使其向前下屈，颈部则用力顶住，不让其轻易下压，但逐渐被压倒，下颌触及胸骨。然后，颈部用力把头向上抬起，而两手则用力压住头部，不让其轻易抬起，但逐渐抬到原位。

练习要求：头部屈伸时，身体不要前俯后仰，不要用过大、过猛的抗力，前几次用力要小些，以后几次再逐渐加大，以避免颈部扭伤。切勿让颈部有任何旋转动作。

（5）耸肩。（图 5-2-6）

准备姿势：坐立均可，上背挺直，双手叉腰，眼睛正视前方。

动作方法：把双肩缓缓往上耸，尽力去碰耳朵，然后放下。

练习要求：动作过程缓慢进行，最后尽最大努力完成动作。

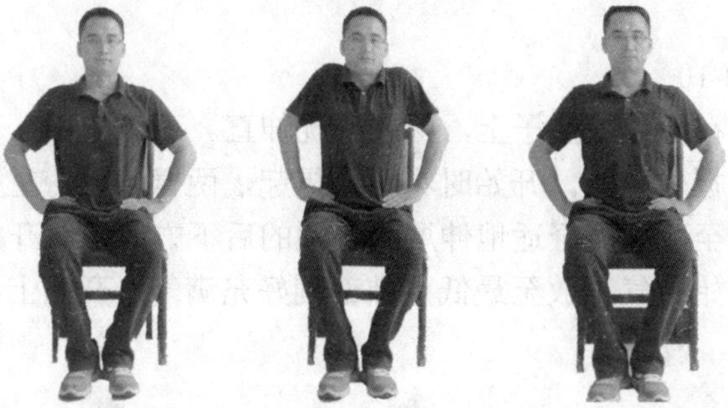

图 5-2-6

（6）肩绕环。（图 5-2-7）

准备姿势：坐立均可，上背挺直，双手叉腰，眼睛正视前方。

动作方法：双肩后展，做以肩关节为中心的绕环动作。

练习要求：双肩充分后展，不要拱背。

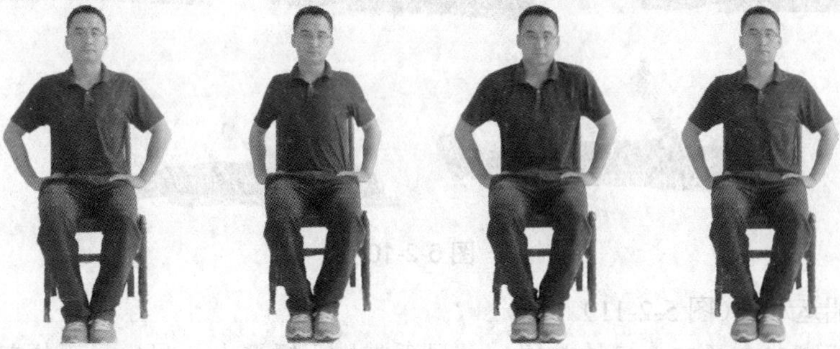

图 5-2-7

2. 腰背部肌群力量练习

（1）徒手练习。

体后屈伸。（图 5-2-8）

准备姿势：身体俯卧在垫子或凳子上。

动作方法：以髋部支撑，双脚固定，两臂前举，并连续做上体后屈伸动作。

练习要求：体后屈时，上体尽量抬高。前几次动作幅度应小些，以防腰背肌拉伤。

图 5-2-8

俯卧背腿。（图 5-2-9）

准备姿势：身体俯卧在地板或垫子上，两腿并拢伸直。

动作方法：以髋部支撑，两臂自然伸直置于体侧，连续做两腿向上振起动作。

练习要求：两腿尽量向上振起。前几次动作幅度应小些，以防腰背肌拉伤。

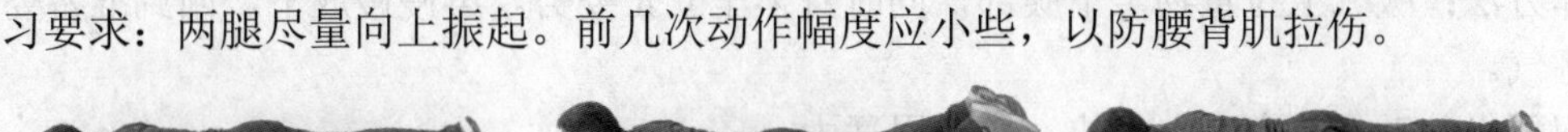

图 5-2-9

（2）器械练习。

仰卧过顶举。（图 5-2-10）

准备姿势：身体仰卧在地板或垫子上，两腿并拢伸直。

动作方法：双手重叠握住重物。开始时将重物提起，两臂伸直，重量承受在胸部上端，然后慢慢从头顶上向下放，直至两臂能舒适地伸展到头顶的后下方，然后开始举回成原来的姿势。

练习要求：下放时开始吸气，放至最低点肺部刚好充满气；开始上举时呼气，恢复到原来姿势时结束。

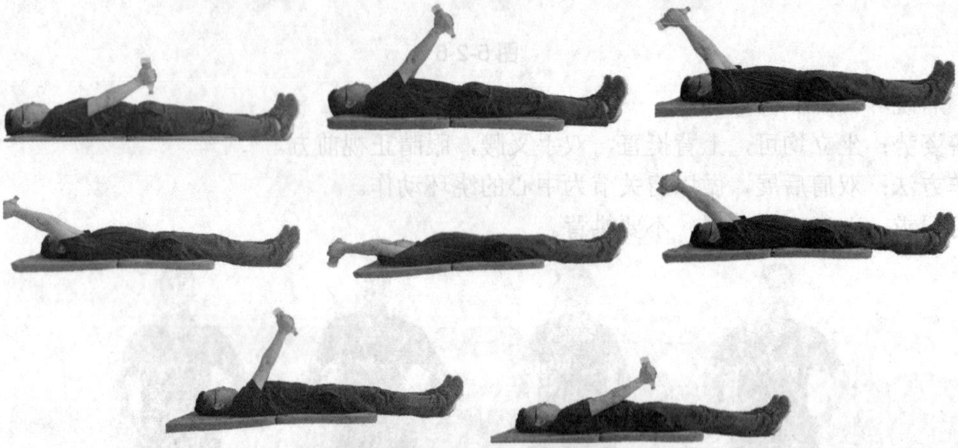

图 5-2-10

哑铃单臂划船运动。（图 5-2-11）

准备姿势：两脚左右开立，身体前屈，一只手支撑于矮凳上，另一只手提起重物。

动作方法：吸气用力，持重物手侧上提至胸部高度，再呼气放下。连续 8 ～ 12 次之后，再换另一只手练习。

练习要求：动作节奏不宜太快，切勿用猛力。

图 5-2-11

屈体划船运动。（图 5-2-12）

准备姿势：两手握住一定重量的重物（办公室内健身时可以用装满水的水瓶代替），两手距离约同肩宽，上体前倾，头颈及背部保持平直，双膝稍弯曲以减轻下背及腿后部的压力。

动作方法：吸气上拉重物至下腹部，同时身体呈立正姿势。再慢慢放下，回到准备姿势，同时伴随呼气。

练习要求：动作节奏不宜太快，切勿用猛力。

图 5-2-12

屈体提拉。（图 5-2-13）

准备姿势：身体前屈，两腿自然开立。

动作方法：两膝稍弯曲，上体前屈，两手握住重物，握距约同肩宽，两臂伸直，调整好呼吸后，吸气用力慢慢提拉，此时头部及背部须保持平直，至腹部再放下。

练习要求：臀部低于肩膀，头、背保持平直，在适应后重量可逐渐增加。

3. 腕部肌群肌肉力量练习

（1）屈伸腕动态练习。（图 5-2-14）

准备姿势：立正姿势，一手持重物，掌心朝上。

动作方法：一手持重物，另一手微托持重物手肘关节，靠于腰部，手紧握重物，以两秒钟一次的频率做屈伸腕运动。

练习要求：每个动作的幅度都要尽量做到最大，切记不要太快。

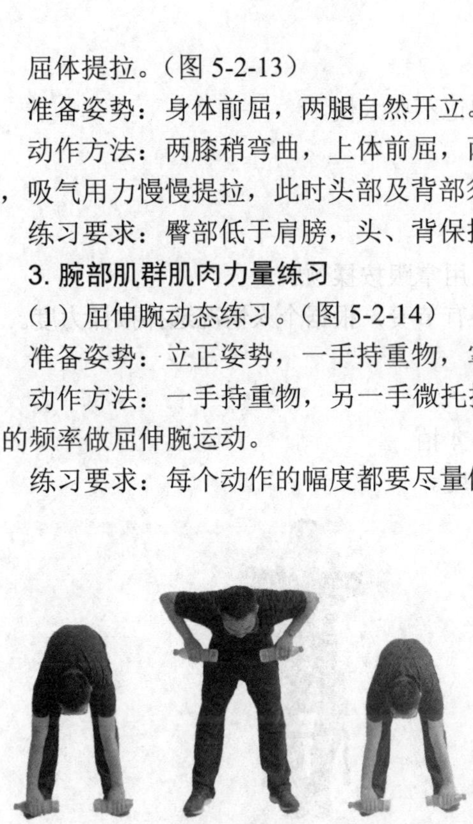

图 5-2-13

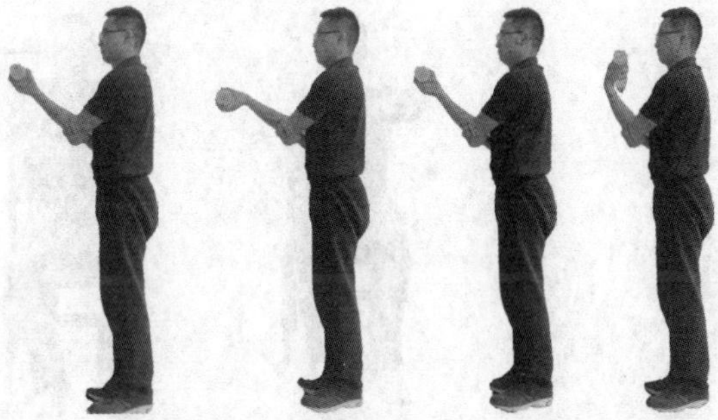

图 5-2-14

（2）屈伸腕静态练习。（图 5-2-15）

准备姿势：立正姿势，一手持哑铃，手掌朝上。

动作方法：一手持哑铃，另一手微托持哑铃手肘关节，靠于腰部，手紧握哑铃充分屈腕，静止 15 秒，休息 5 秒，再充分伸腕静止 15 秒。

练习要求：每个动作的幅度都要尽量做到最大，切记动作不要太快。

（3）“8”字绕环。（图 5-2-16）

准备姿势：立正姿势，一手持哑铃，男生可以双手持哑铃，掌心朝上。

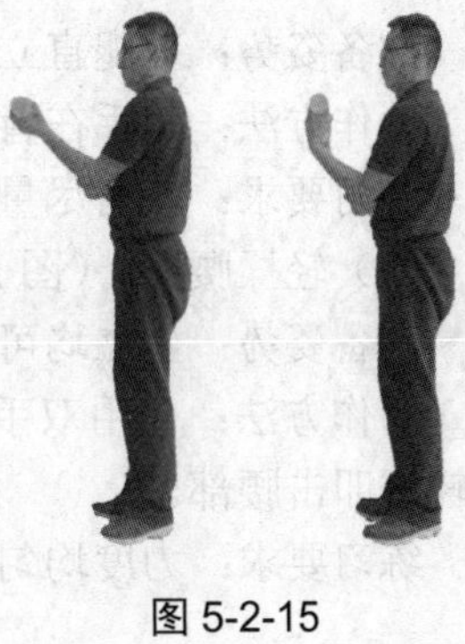

图 5-2-15

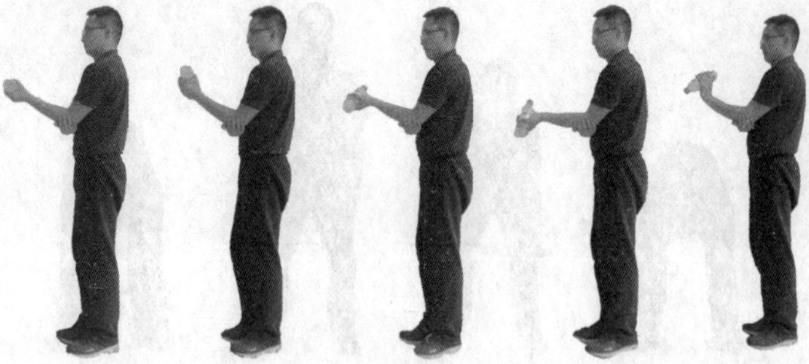

图 5-2-16

动作方法：持哑铃手做“8”字绕环运动。

练习要求：每个动作的幅度都要尽量做到最大，切记不要太快。

4. 颈、肩、腰背肌群的自我放松与相互按摩练习

（1）按揉颈肌。（图 5-2-17）

准备姿势：坐立均可，双目微闭。

动作方法：双手十指交叉放于颈后两侧，自下而上用掌跟按揉颈肌。

练习要求：主要用两拇指大鱼际按揉颈肌，动作要有节奏，根据个人情况选择按揉力度。

（2）穴旋肩。（图 5-2-18）

准备姿势：坐立均可屈肘，双目微闭。

动作方法：两手中指分别点按肩颈穴，前后绕环各 4 拍。

练习要求：找准肩颈穴，根据个人情况选择按揉力度。

图 5-2-17

图 5-2-18

（3）放松背部肌肉。（图 5-2-19）

准备姿势：双腿直立，与肩同宽。

动作方法：双手在背后十指交叉握住，肩膀打开，双手尽量往后伸。

练习要求：双肩尽量打开，动作幅度由小到大。

（4）轻揉腰肌。（图 5-2-20）

准备姿势：坐立均可。

动作方法：先用双手轻揉腰部肌肉，至有发热感后再以双手掌根推拿腰肌 10 次，最后握空拳轻轻叩击腰部。

练习要求：力度均匀，由小到大。

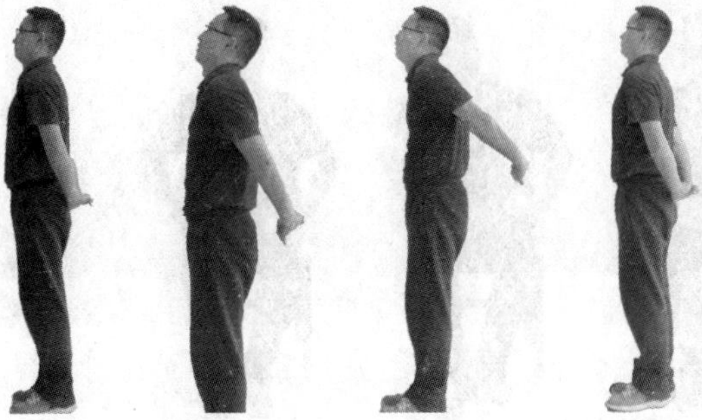

图 5-2-19

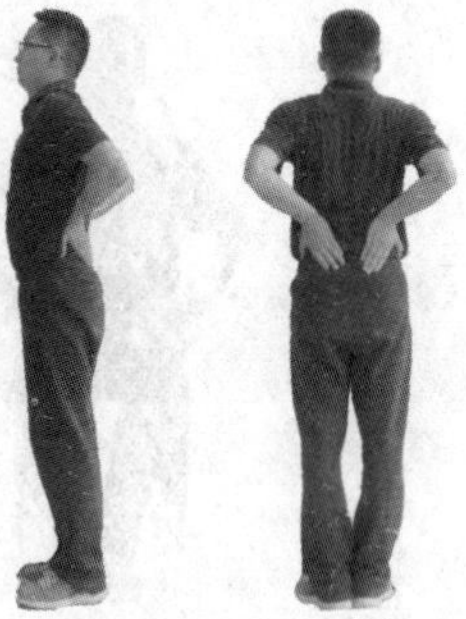

图 5-2-20

（二）柔韧性练习方法

柔韧性练习对于需要长久静坐的职业人尤为重要。例如，汽车驾驶员进行伸展性练习，可有助于提高其关节的灵活性，使其头部转动自如，向后转越过肩部观察到一些盲点，从而有助于完成停车以及倒车等动作。

下面简单讲述发展颈部、肩部及腰背部柔韧性的方法。

1. 颈部柔韧性练习方法

（1）扭转望月。（图 5-2-21）

准备姿势：坐立均可，上背挺直，双手叉腰，眼睛正视前方。

动作方法：头缓缓地向左后旋转，目光注视前上方，尽最大努力，保持 6 ～ 8 秒，还原；以相同的姿势换方向做，还原。

练习要求：动作过程要缓慢，切勿转体带动颈部旋转。

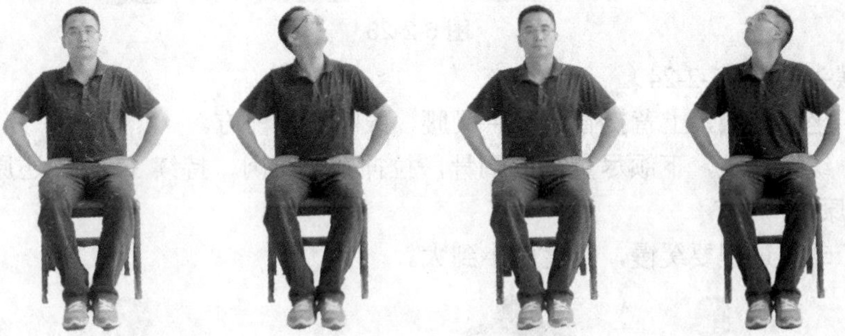

图 5-2-21

（2）屈伸探肩。（图 5-2-22）

准备姿势：坐立均可，上背挺直，双手叉腰，眼睛正视前方。

动作方法：头缓缓地向左倒，努力接近左肩，保持 6 ～ 8 秒，还原；以相同的姿势换方向做，还原。

练习要求：动作过程要缓慢，以防肌肉、韧带拉伤。

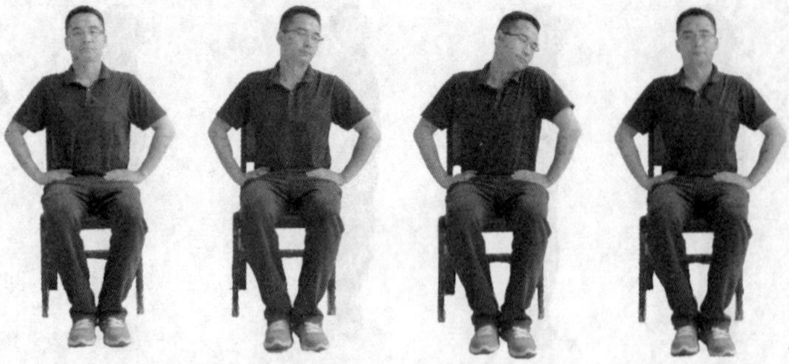

图 5-2-22

（3）“米”字形弯曲。（图 5-2-23）

准备姿势：坐立均可，上背挺直，双手叉腰，眼睛正视前方。

动作方法：头部依次向前弯—复位—向左弯—复位—向后弯—复位—向右弯—复位；然后依次做左前弯—复位—左后弯—复位—右后弯—复位—右前弯—复位。

练习要求：动作过程要缓慢，幅度由小到大。

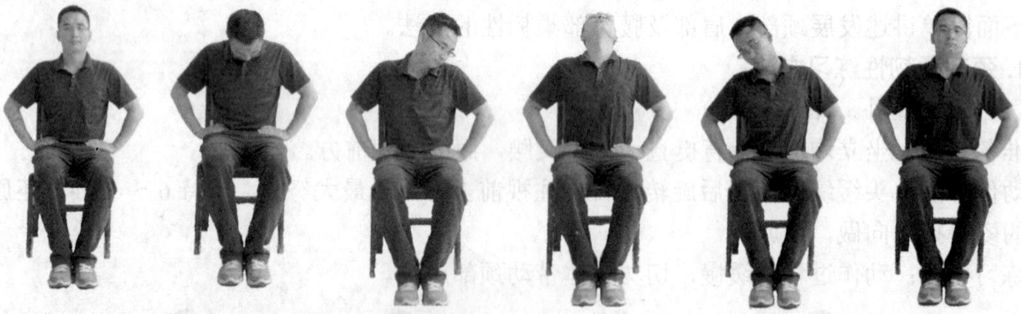

图 5-2-23

（4）前后摆头。（图 5-2-24）

准备姿势：坐立姿势，上背挺直，双手叉腰，眼睛正视前方。

动作方法：缓慢低头，下颌尽量靠近胸骨，拉抻颈部肌肉，持续 30 秒，还原；头向后屈伸，保持 30 秒，还原。

练习要求：动作过程要缓慢，幅度由小到大。

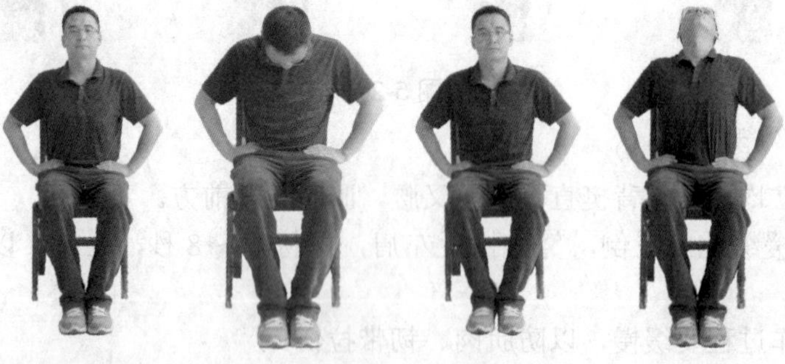

图 5-2-24

2. 肩关节柔韧性练习

（1）双肩绕环。（图 5-2-25）

准备姿势：坐立均可，上背挺直，眼睛正视前方。

动作方法：左肩先向前绕环，重复 10 次左右；右肩再向前绕环，重复 10 次左右。

练习要求：动作过程要缓慢，幅度由小到大。

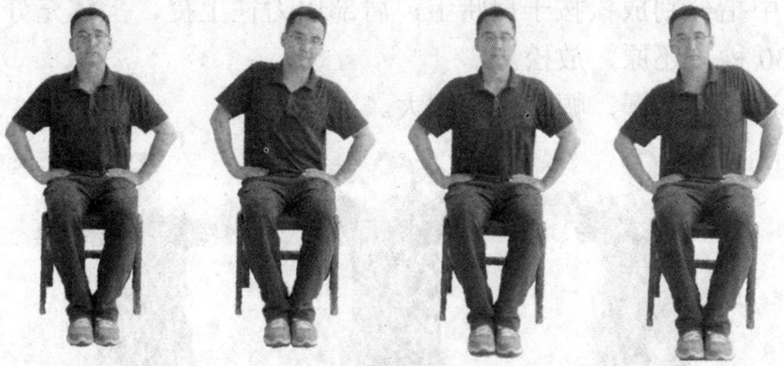

图 5-2-25

（2）拉伸肩膀。（图 5-2-26）

准备姿势：坐立均可，上背挺直。

动作方法：左手直臂内旋尽量往上升，同时右手屈肘反手经头后握住左手，尽量往右侧拉，保持 6 ～ 8 秒，还原；换另一臂拉伸，还原。

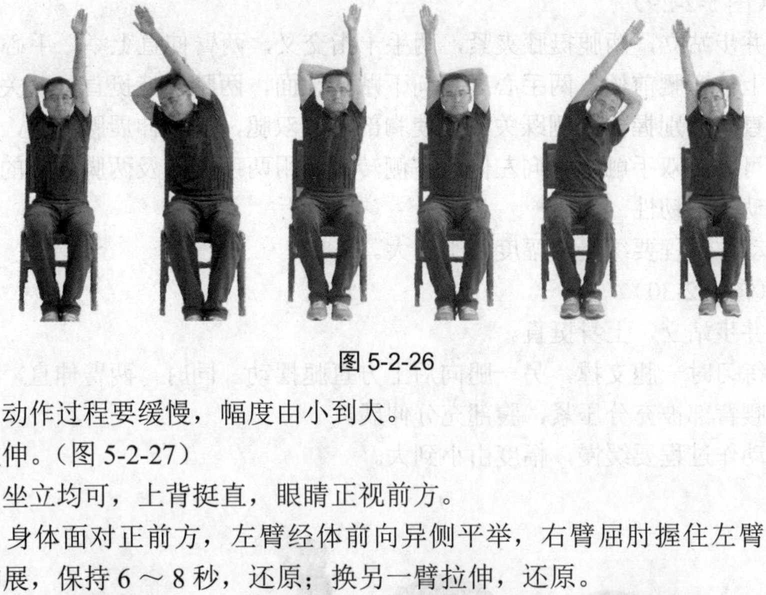

图 5-2-26

练习要求：动作过程要缓慢，幅度由小到大。

（3）体前拉伸。（图 5-2-27）

准备姿势：坐立均可，上背挺直，眼睛正视前方。

动作方法：身体面对正前方，左臂经体前向异侧平举，右臂屈肘握住左臂，并向内拉引直臂，五指尽量伸展，保持 6 ～ 8 秒，还原；换另一臂拉伸，还原。

练习要求：动作过程要缓慢，幅度由小到大。

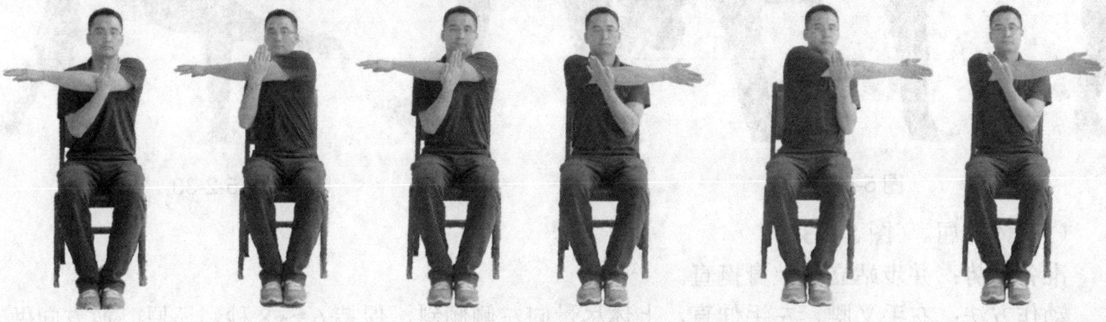

图 5-2-27

（4）肩膀上提。（图 5-2-28）

准备姿势：坐立均可，屈肘。

动作方法：两手中指分别放松按于肩膀上，肩部用力往上提，上体充分舒展，在关节活动最大范围处静止 20 ～ 30 秒，还原，放松。

练习要求：动作过程要缓慢，幅度由小到大。

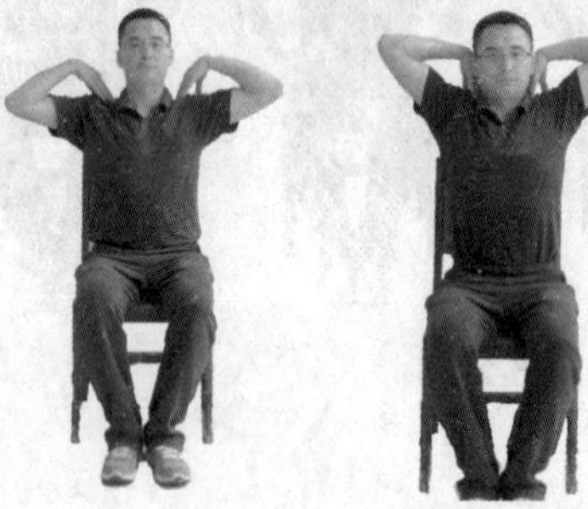

图 5-2-28

3. 腰背部柔韧性的练习方法

（1）俯腰。（图 5-2-29）

准备姿势：并步站立，两腿挺膝夹紧，两手十指交叉，两臂伸直上举，手心向上。

动作方法：上体弯腰前俯，两手心尽量向下贴紧地面，两膝保持挺直，髋关节屈紧，腰背部充分伸展，两手直臂分别握住同侧踝关节，使胸部贴紧双腿，充分伸展腰背部，持续一定时间后再放松起立，还可以在双手触地时向左侧或右侧转腰，用两手心触及两脚外侧的地面，以增大腰部伸展时左右转动的柔韧性。

练习要求：动作过程要缓慢，幅度由小到大。

（2）甩腰。（图 5-2-30）

准备姿势：并步站立，上身挺直。

动作方法：练习时一腿支撑，另一腿向后上方直腿摆动。同时，两臂伸直，随身体向后弯曲做摆振动作，使腰背部被充分压紧，腹部充分伸展。

练习要求：动作过程要缓慢，幅度由小到大。

图 5-2-29

图 5-2-30

（3）体侧屈。（图 5-2-31）

准备姿势：并步站立，上身挺直。

动作方法：右手叉腰，左手伸直，上体尽量向左侧倾斜，保持 6 ～ 8 秒，还原，换方向做。

练习要求：动作过程要缓慢，幅度由小到大，上体不要有扭转动作。

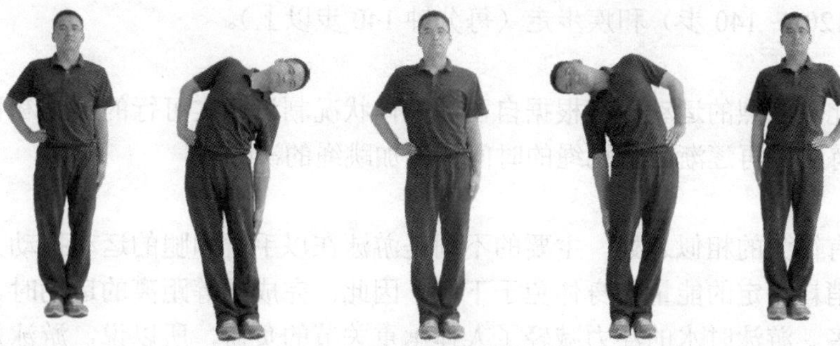

图 5-2-31

（4）转体。（图 5-2-32）

准备姿势：两脚开立，上身挺直。

动作方法：左臂屈肘，反手经体后放至右侧腰部，向左转体的同时右手屈肘，反手经体前绕至颈后部。上体尽量向左转体，保持 6 ～ 8 秒，还原，换方向做。

练习要求：动作过程要缓慢，幅度由小到大。

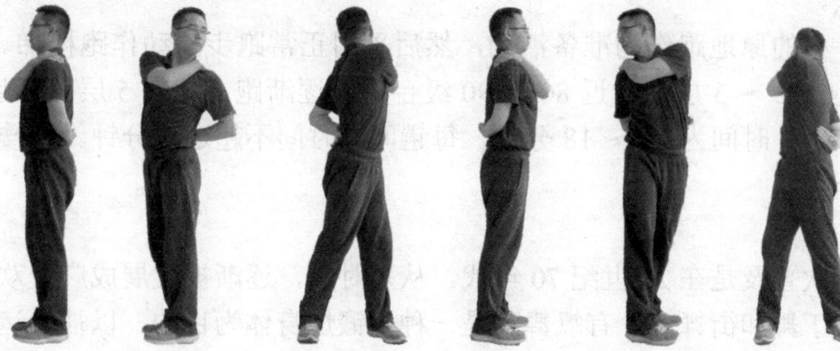

图 5-2-32

（三）提高心肺功能的练习方法

坐位工作时间长，且相对固定地保持一种姿势，易使人身心疲劳。此外，坐姿时，常低头含胸，胸部和心血管得不到发展。选择运动项目时，应充分考虑到职业的特点，多选择有氧代谢的运动项目，如健美操、游泳、跳绳、步行、爬山等有大肌肉群参与的慢节奏运动，以弥补运动的不足，从而达到锻炼心肺、矫正体型的目的。

常用的提高心肺功能的锻炼方法有以下几种。

1. 慢　跑

跑步时，呼吸要深、长、细、缓且有节奏。呼吸的节奏可为两步一呼、两步一吸，或三步一呼、三步一吸。呼吸时，要尽量用腹式呼吸，吸气时鼓腹，呼气时尽量吐尽。跑步时，步伐要轻快，全身肌肉放松，双臂自然摆动。

2. 健身走

健身走是在自然行走的基础上，躯干伸直、收腹、挺胸、抬头。随着走步速度的加快，肘关节自然弯曲，以肩关节为轴自然前后摆臂，同时腿向前迈，脚跟先着地，过渡到前脚掌，然后推离地面。健身走时，上、下肢应协调运动，并配合深而均匀的呼吸。健身走的速度快慢，是决定锻炼效果的关键因素。通常可分为慢步走（每分钟 70 ～ 90 步）、中速走（每分钟 90 ～ 120 步）、快步走（每分钟 120 ～ 140 步）和疾步走（每分钟 140 步以上）。

3. 跳 绳

跳绳是一种比较剧烈的运动，应根据自己的身体状况制订切实可行的计划和目标，并通过一个阶段的系统锻炼后，再逐渐延长跳绳的时间和增加跳绳的次数。

4. 游 泳

游泳和跑步有很大的相似之处。主要的不同是游泳在以手臂和腿的运动推动人体在水中前进的同时，还必须消耗一定的能量使身体免于下沉。因此，完成同等距离的运动时，游泳消耗的能量是跑步的 4 倍多。游泳时水的浮力减轻了人体承重关节的负荷，所以说，游泳是一种较为安全的健身方法。

5. 登楼梯

（1）爬楼梯法。

弯腰、屈膝、高抬脚，两臂自然摆动，尽可能不抓扶手。每秒钟爬一级，爬 4 ～ 5 层楼，每次练习往返 2 ～ 3 趟，每趟之间可稍作休息。开始阶段每次练 5 分钟左右，待身体适应后，可以加快速度，每秒钟爬 2 级，并增加往返趟数，时间为 10 分钟左右。这项运动比较适合中老年人。

（2）跑楼梯法。

先用 30 ～ 60 秒的原地跑作为准备活动，然后采用正常跑步的动作跑楼梯。脚步用力均匀，前脚掌着地，先跑上 2 ～ 3 层，往返 80 ～ 90 级台阶，逐渐跑上 4 ～ 5 层。每趟约 3 ～ 4 分钟，每次锻炼不超过 5 趟，时间为 15 ～ 18 分钟，每趟间歇时间不超过 2 分钟。跑楼梯的运动量比较大，适合于中青年人。

6. 有氧舞蹈

有氧舞蹈第一次普及是在 20 世纪 70 年代。从那时起，逐渐被发展成广受欢迎、具有强烈节奏感的爵士舞、拉丁舞和街舞等。有氧舞蹈是一种以锻炼身体为目的、以徒手运动为主、结合舞蹈动作并在音乐伴奏下进行的健身活动。职业人可根据自己的年龄特点、体能状况和锻炼目的等选择或自编有氧舞蹈进行锻炼。

三、坐姿类职业性疾病的预防与运动疗法

因工作引起的慢性肌肉骨骼损伤是一种常见的职业性多发病。目前，这类疾病在一些国家已成为主要的职业健康问题。在发病的诸多因素中，不良工作体位所造成的局部肌肉骨骼静力负荷过重而导致的骨骼、关节、肌肉及韧带劳损，已是许多职业人群慢性肌肉骨骼损伤高发的主要因素之一。坐姿体位不符合人体脊柱最佳受力状态，不同的坐姿体位往往可出现脊柱某区域肌肉骨骼力学负荷过重，久之则引发肌肉骨骼等组织劳损。

本节主要讲解在坐姿类职业中几种常见的职业性疾病。

（一）颈椎病的预防与运动疗法

1. 什么是颈椎病

颈椎病是一种常见病，是指颈椎间盘退行性病变、颈椎骨质增生以及颈部损伤等引起颈段脊柱内外平衡失调，刺激或压迫颈部神经、血管而产生的一系列症状。主要症状是颈部和背部的功能障碍和疼痛，表现为颈部、肩部、上肢麻木和头晕。

2. 致病原因

长时间伏案工作，使颈椎长期处于屈曲位或某些特定体位，不仅使颈椎间盘内的压力增大，而且也使颈部肌肉长期处于非协调受力状态。颈部肌肉细长而不丰厚，易受牵拉而劳损，椎体前缘相互磨损、增生，再加上扭转、侧屈过度，进一步导致损伤而引起各种病变。

3. 运动疗法的作用

运动疗法可以松解因炎症而粘连的组织，牵伸肌肉，减轻痉挛，加强局部血液循环，减轻局部疼痛等症状。同时，可以加强颈肩部肌肉力量，改善关节灵活性，使肌肉的收缩运动与放松运动有机地结合起来，明显减轻疼痛症状和改善运动功能。

4. 预防与运动疗法

（1）预防。

· 在工作（劳动）中应经常做几秒钟的抬头动作，活动颈部的肌肉。

· 在工间操的编制中要加强头颈部的活动内容，如颈部旋转或侧摆后动等。

· 在业余活动中要重视颈部的活动。

· 加强颈肩部肌群力量和柔韧性练习。

（2）运动疗法。

· 引颈运动。

预备姿势：直立位，两脚分开与肩同宽，双手叉腰，拇指向后。

动作方法：

向上引颈，同时头缓缓向左旋转至最大限度，目视左前上方，然后还原。

向上引颈，同时头缓缓向右旋转至最大限度，目视右前上方，然后还原。

向上引颈，同时抬头望天至最大限度，然后还原。

向上引颈，同时低头看地至最大限度，然后还原。

向上引颈，同时头向左侧屈至最大限度，然后还原。

向上引颈，同时头向右侧屈至最大限度，然后还原。

向上引颈，同时头前屈并向左环转一周，然后还原。

向上引颈，同时头前屈并向右环转一周，然后还原。

以上各节动作连续完成，重复做 4 ～ 8 次。

· 抗阻运动。

预备姿势：直立位，两脚分开与肩同宽。

动作方法：

左手掌置于头左侧，头缓慢用力向左旋转至最大限度，同时左手用力对抗，然后手放下，头还原。

右手掌置于头右侧，头缓慢用力向右旋转至最大限度，同时右手用力对抗，然后手放下，头还原。

双手交叉掌面托后枕部，头缓慢用力向后伸至最大限度，同时双手用力对抗，然后手放下，头还原。

双手掌托下颌部，头缓慢用力向前屈至最大限度，同时双手用力对抗，然后手放下，头还原。

左手掌置于头左侧，头缓慢用力向左侧屈至最大限度，同时左手用力对抗，然后手放下，头还原。

右手掌置于头右侧，头缓慢用力向右侧屈至最大限度，同时右手用力对抗，然后手放下，头还原。

以上各节连续完成，可重复做 4 ～ 8 次。

每日锻炼 2 ～ 3 次，1 个月为 1 个疗程，至少锻炼 3 个疗程。

（二）腰肌劳损的预防与运动疗法

1. 什么是腰肌劳损

腰肌劳损是由于腰骶部的慢性损伤而引起的，是腰部肌群及其附着点筋膜的慢性损伤性炎症。主要症状为腰或腰骶部酸痛或胀痛，部分刺痛或灼痛。

2. 致病原因

腰部肌肉超负荷做功，处于持续的紧张状态，使小血管受压，供氧不足，代谢产物堆积，刺激局部而形成损伤性炎症。此外，急性腰扭伤也是导致腰肌劳损的重要原因。

3. 运动疗法的作用

运动疗法可以松解因炎症而粘连的组织，牵伸肌肉，减轻痉挛，加强局部血液循环，减轻局部疼痛等症状。同时，可以改善腰骶部的活动功能，加强肌肉力量，改善和纠正由病变引起的腰部肌力平衡失调，保护脊柱和腰部组织结构。

4. 预防与运动疗法

（1）预防。

· 工作时要经常变换体位，纠正不良姿势。工间操编制中要重视和加强腰部的活动内容。

· 平时要加强腰背肌及脊椎间韧带的锻炼和保护，在体育运动或搬抬重物前要做好准备活动，防止突然用力使腰部扭伤。

· 在业余体育活动中，可以每天倒走几次，每次 3 ～ 5 分钟。

· 经常参加太极拳、五禽戏、健身操的锻炼，这些传统的健身方法对预防腰肌劳损很有益处。

· 加强腰部肌群力量和柔韧性练习。

（2）运动疗法。

· 转胯运腰。

准备姿势：两腿开立，稍宽于肩，全身肌肉放松，双手叉腰，调匀呼吸。

动作方法：活动时，胯先向左、再向前、向右、向后围绕腰的中轴做水平转圈动作。转胯一周为一次，可酌情做 15 ～ 30 次，再反方向做同样动作，转圈的幅度可逐渐加大。上身要基本保持直立状态，腰随胯的旋转而动，身体不能过分地前仰后合。

· 转腰捶背。

准备姿势：两腿开立，与肩同宽，全身放松，两腿微弯曲，两臂自然下垂，双手半握拳。

动作方法：活动时，先向左转腰，再向右转。两臂随腰部的左右转动而前后自然摆动，借摆动之力，双手一前一后，交替叩击腰部和小腹，力量大小可酌情而定。左右转腰为一次，可根据病情及自身情况，连做 30 ～ 50 次。

· 双手攀足。

准备姿势：全身直立放松，两腿可稍分开。

动作方法：活动时，先两臂上举，身体随之后仰，尽可能达到后仰的最大限度，稍停片刻，随即身体前屈，双手下移，手尽可能触及双脚，稍停，恢复直立体位，如此为一次，可连续做 10 ～ 15 次。身体前屈时，两腿不要弯曲。老年人或高血压人，弯腰时动作要缓慢些。

以上三种方法，可每天早、晚各活动一次。

（三）腕管综合征的预防与运动疗法

1. 什么是腕管综合征

腕管综合征是腕部正中神经受到卡压而引起的一种神经病症。主要症状为食指中指疼痛、麻木和拇指肌肉乏力，一般以夜间发病较重，最终可能会导致神经受损和手部肌肉萎缩。

2. 致病原因

腕部的腕骨和腕横韧带共同组成了一个管状结构，即腕管。当正中神经穿过腕管时，往往会因为受到卡压而导致一定程度的感觉神经和运动神经功能的障碍。

3. 运动疗法的作用

运动疗法可以消除由手腕反复进行相同姿势的频繁劳动而引起的组织水肿，加速血液循环，减轻局部疼痛等症状。同时，运动疗法可以加强肌肉力量和腕关节的柔韧性与灵活性，改善腕部肌肉的新陈代谢，加大关节的活动范围，从而降低手腕发病的风险。

4. 预防与运动疗法

（1）预防。

平时应养成良好的坐姿，不论工作或休息，都应该使手和手腕的保持正确姿势。如操作电脑，应将键盘正对着自己，如果斜摆在一边，可能会导致手腕过度弯曲紧绷；把椅子调整到最舒适的高度，坐下时双脚正好能平放在地面；让屏幕处于视线水平或稍低；保持手腕伸直，不要弯曲，但也不要过度伸展；肘关节成 90°；坐时背部应挺直并紧靠椅背，而且不要交叉双脚，以免影响血液循环。此外，一般每操作 30 分钟，暂停一会儿，让双手和眼睛适当放松或休息，并且做到每天打字不超过 5 小时。

加强腕部肌肉力量训练。

（2）运动疗法。

本病的治疗，虽然局部封闭能暂时缓解症状，但大多不能根本解除。应找出发病的原因，采取相应的治疗措施，如抗风湿治疗或手术松解等。病人自己也可以做局部热敷或按摩，在掌横纹中点用力按摩，每次 15 分钟，1 日 3 次，往往可以收到良好的效果。具体方法如下。

· 病人取坐位。

· 按揉合谷、劳宫、内关、阳溪，每穴约 1 分钟。

· 推揉法。病人患肢伸直，掌心向内。医者一手托住患肘前臂，另一手的大鱼际、拇指、食指着力沿手太阴肺经、手少阴心经和手厥阴心包经的循行线指端，边推边揉，反复施术 3 分钟。然后，一手握住患腕部，另一手拇指轻柔缓和揉捏腕部及手掌桡侧 2 分钟。

· 拔伸法。医者一手握住患肢前臂远端，另一手握住掌指部，两手在缓慢轻度向相反方向牵引的同时，握掌指之手将腕关节适当背伸和屈腕活动 5 ～ 7 次。

· 振颤法。医者一手握住患肢前臂远端，另一手握住掌指部，两手在缓慢轻度向相反方向牵拉的同时，握掌指之手反复进行振颤活动 1 ～ 2 分钟。

· 勒法。医者左手握住腕部，右手食指、中指的第二节挟持患肢手指末节远端，急拉滑开发出“嘎”声。第二、三、四指依次进行。

（四）肩周炎的预防与运动疗法

1. 什么是肩周炎

肩周炎又称肩关节组织炎，是肩周肌肉、肌腱、滑囊和关节囊等软组织的慢性炎症，50 岁左右的人比较常见，女性多于男性，左侧较右侧多见，双侧同时发病者少见。

2. 致病原因

肩关节是人体全身各关节中活动范围最大的关节。其关节囊较松弛，关节的稳定性大部分靠关节周围的肌肉、肌腱和韧带的力量来维持。由于肌腱本身的血液供应较差，而且随着年龄的增长而发生退行性改变。办公室的工作人员由于长期伏案工作，肩部的肌肉韧带处在紧张状态，加之肩关节在生活中活动比较频繁，周围软组织经常受到来自各方面的摩擦挤压，因而易发生慢性劳损。

3. 运动疗法的作用

改善局部血液循环，促进新陈代谢，缓解肌肉痉挛，达到消炎止痛的目的。同时，可松解肩关节周围肌肉、韧带及关节囊的粘连，恢复肩关节的运动功能。

4. 预防与运动疗法

（1）预防。

· 耸肩旋肩，向前向后旋肩各 20 ～ 30 次。

· 两臂轮流伸直前推 20 ～ 30 次。

· 两手相握提起至头上，超过头顶放下，做 30 次。

· 两臂用力向前后做有节律的摆动，做 30 次。

（2）运动疗法。

· 甩手站立，两脚同肩宽，两臂轻轻前后摆动，并逐渐增大摆动幅度，每天早、晚各一次，每次 50 ～ 100 下。

· 提物站立，两脚同肩宽，上身向前弯曲，患侧前臂向下做捞物动作，每天早、晚各一次，每次 30 ～ 50 下。

· 画圆圈站立，两脚同肩宽，身体不动，两臂分别由前向后划圆，划圆范围由小到大，每天两次，每次 50 ～ 100 下。

· 按摩与被动运动。肩部按摩能达到改善血液循环、减轻肌肉痉挛和松解关节粘连的作用。按摩配合被动活动，可增大肩关节的活动范围。但要注意按摩力度，手法一定要轻柔，以免症状加重。

· 爬墙。站在墙前，患侧手扶住墙，由低向上爬，直到最高点为止，然后放下手，每次 20 ～ 30 下。

· 冲天炮。坐位或立位，两手握拳，先放在头顶，然后逐渐向上伸展，直到最大限度，每次 30 ～ 50 下。

· 摸高。在上方悬吊一物作为标志，用患侧手臂尽量上摸，并逐渐加高悬吊物，每次 50 ～ 100 下。

· 展翅。立位，两臂伸直，向两侧抬起，与身体成 90°，约停 1 分钟再放下，每次 30 ～ 50 下。

· 扶颈。坐位或立位，双手扶颈，使双肘后伸，每次 50 ～ 100 下。

第三节　站姿类职业的体能改善

一、站姿类职业生理负荷特点

现代社会分工精细，有些职业需要长时间站立工作，如教师、迎宾小姐、售货员、烹饪师、护士等职业岗位，均需要在工作期间长时间站立。站姿是一种静力性工作，分为立正式站立（如解放军站岗）和任意式站立（如超市的收银员）。立正式站立是一种强度极大的静力性工作，而任意式站立，在一定程度上可以活动身体某些部位，并有机会可以在较小范围内做一些移动性活动，相对于立正姿势而言，其静力负荷的劳动强度较小。职场站姿绝大多数属于任意式站姿。

（一）站姿的解剖学特征

1. 腰腹部

自然站立时，躯干部位的重量经过腰椎向下传导，需要腰部肌肉力量予以支撑，以保持腰椎的正常生理前凸。腹肌力量较弱的人，如肥胖者，特别是腹部肥胖者，大量脂肪组织堆积在腹部，肌肉组织相对较少，且较松弛，因而对腹部的支撑较弱，进而加重了腰部肌肉的负荷，肚子越往前凸，腰部肌肉的负担便越大，久之，就可造成腰部肌肉紧张。

2. 脊　椎

脊柱的负荷为某段以上的体重、肌肉张力和外在负重的总和。不同部位的脊柱节段承担着不同的负荷。腰椎处于脊柱的较低位，因而负荷相当大。

当人体处于静态任意式站位时，要维持正常的站姿，即保持躯干的相对竖直，腰椎相对静态坐位时只能有很小程度的前屈或后伸。但站姿时，脊柱能保持自然弯曲度。挺腹便是人们常见的站姿，此时腰椎处于后伸位，腰椎将承受很大的压力负荷。站立时，腰部肌肉张力始终维持在 6.5 ～ 11.6 千克，而且第三、第四腰椎间盘的压力达到 8.9 ～ 12.3 千克，而且得不到缓解，因此患背痛的概率比较高，且随着工龄的延长，这种症状的出现频率也相应增高。另据报道，静态站位时最佳姿势是适度前屈位，这可以在站直的前提下收小腹，通过骨盆与腹背肌肉的整体调整得以实现。

3. 下　肢

人体某种姿势的维持，均需要一定的肌张力。人体走动或站立时，小腿肌肉等紧张收缩，以维持身体姿势并保持身体平衡。但长时间保持站立不动，会影响下肢血液循环，导致下肢肿胀，甚至导致静脉曲张。

人体在正常的站姿下，全身的体重均匀地从脊柱、骨盆传向下肢，再由两下肢传至两脚，因此人类的两脚具有负载体重的重要功能。另外，从解剖学观点来看，人体共有 206 块骨头，其中两脚就占了 52 块，俨然是全身的支柱。但在长时间站立工作以及过度负重状态下，如搬运工作、长途步行和体重骤然增加等，可诱发平足症。

（二）站姿的生理学特征

1. 血液循环

由于站姿也是一种静力性工作，血液循环的影响与坐姿相同。但因为维持站姿比维持坐姿肌肉的静力性紧张更大，即有更多的肌纤维处于静力性等长收缩状态，肌张力一般超过该肌肉最大随意收缩时的 15% ～ 20%。研究表明，一旦肌张力超过最大随意收缩的 15%，很容易导致肌肉疲劳。静力性肌肉持续时间和肌肉收缩力的关系见图 5-3-1。

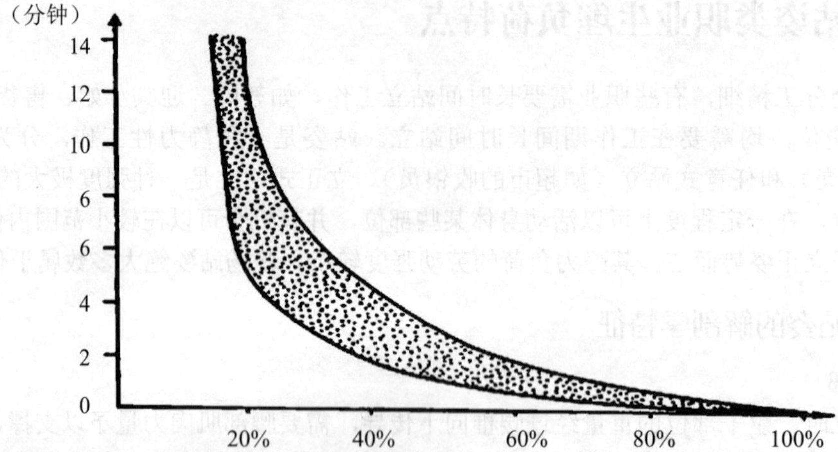

图 5-3-1

直立体位时，因血液重力的流体静力学作用，血液滞留在心脏水平以下的血管中，由于静脉管壁薄而易于扩张，其容积大为增加，滞留了大量血液，致使静脉回流量下降。故站立时间较长，血液回心受阻，从而出现脚背浮肿、趾关节炎或静脉曲张等症状。发病工龄一般为 6 ～ 8 年，妇女更易发生。位于心脏以上部位的颈、脑部也易血供不足，而出现头痛、头昏等症状。

2. 骨骼肌肉

人体的肌肉在平时会维持一定的张力以维持一定的身体姿势。站立时，大腿、小腿、腰背部、臀部的肌肉处于等张收缩，比坐姿时有更多的肌纤维参与静力性工作且维持相对较高的紧张性。尽管静力性工作能量消耗水平不高，氧需要量通常不超过 1 升 / 分，但很容易产生腰背部和下肢疲劳。

二、站姿类职业体能锻炼方法

从事站立型职业，身体常处于立姿状态，对下肢的力量与耐力要求较高，为此在体能锻炼中应以发展下肢和腰腹肌的力量为主，并练习一些形体操、健美操，使之形成合理的站立姿势与优美的形态。同时可考虑开设野外生存训练、轮滑等项目，这对发展下肢、腰腹部力量，改善身体的平衡能力和灵敏素质都具有良好的效果。

（一）腿部肌肉的训练方法

1. 深蹲

深蹲如图 5-3-2。

重点锻炼部位：大腿肌群、臀大肌和下背肌群。

起始姿势：两手紧握前平举。足趾稍向外撇，身体伸直。

动作方法：屈膝下蹲到大腿和地面平行或稍低，静止 1 秒钟，大腿和臀部用力使两脚蹬地，使身体恢复到直立。按规定次数和组数重复练习。可以负重完成练习。

练习要求：在做整个动作的过程中，背部要平直，上体勿前倾，臀部不要后突，后腰要下塌，动作要稳定，腿部快伸直时，用力挺直膝关节。

2. 腿屈伸

重点锻炼部位：股四头肌。

起始姿势：坐在装有伸腿架的卧推凳上，两脚背面分别紧贴下托棍的下沿。双手握住凳的两边，使上体挺直。

动作方法：用股四头肌的收缩力慢慢使两腿伸直，保持这个静止收缩状态 1 ～ 2 秒，然后慢慢复原。

练习要求：可以绷直脚背，也可以把脚后跟内旋或者外转来体会不同的受力方式。

3. 腿弯举

重点锻炼部位：股二头肌。

起始姿势：俯卧于卧推凳上，使膝盖正好抵住凳沿，两腿伸直使脚跟紧贴于上托棍的下沿，双手握住凳的前端。

动作方法：集中收缩股二头肌，使小腿彻底收紧，保持这个静止状态 1 ～ 2 秒，然后慢慢复原。

练习要求：可以绷直脚背，也可以把脚后跟内旋或者外转来体会不同的受力方式。

4. 踮脚跳跃

踮脚跳跃如图 5-3-3。

重点锻炼部位：小腿后侧肌群。

起始姿势：两脚脚尖踮起并拢站立，两手叉腰。

动作方法：双脚前脚掌起跳，下落时前脚掌先着地，然后全脚掌着地，再踮脚起跳。

练习要求：原地向上纵跳，膝盖绷直。为提高锻炼者兴趣，可以采用足跟不着地的跳绳。

图 5-3-2

图 5-3-3

（二）腰腹部肌肉力量的训练方法

1. 搁腿仰卧

搁腿仰卧如图 5-3-4。

重点锻炼部位：上腹部。

起始姿势：仰卧于垫子上，两小腿平行搁于凳缘，双手交叉抱于头后。

动作方法：慢慢使双肩向膝部弯曲，直至肩胛骨离地 3 ～ 5 厘米即可，保持这个姿势 1 ～ 3 秒，然后复原。

练习要求：屈体收腹时，下背必须紧贴垫子，使腹部有较强的收缩感。

图 5-3-4

2. 直腿上举

直腿上举如图 5-3-5。

重点锻炼部位：下腹部。

起始姿势：仰卧于垫子上，两腿并拢伸直，双手放于体侧。

动作方法：双腿并拢伸直，靠腹部的力量将腿慢慢举起，保持躯干与大腿成 120° 左右的夹角，静止 5 ～ 10 秒，然后复原。

练习要求：直腿并拢。

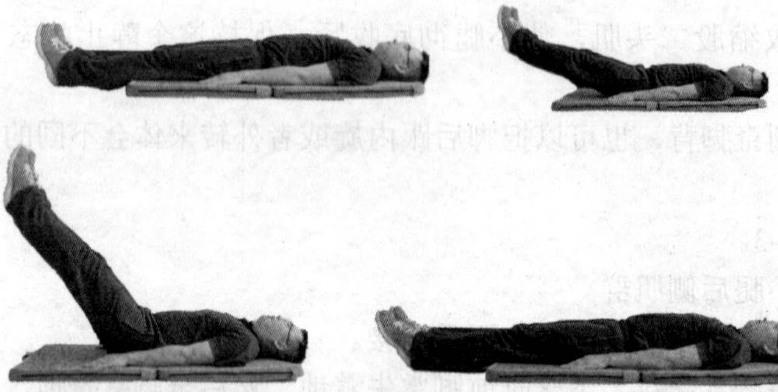

图 5-3-5

（三）改善身体姿态的训练方法

形体训练是身体姿态训练的一种重要方式。形体训练多是静力性活动和控制能力的练习。形体基本素质练习是形体训练最重要的内容之一。在练习中可采用单人练习和双人配合练习两种形式。形体基本素质中，最重要的是力量和柔韧性。它们的好坏涉及形体的控制力和表现力。

形体训练的主要肌群如下。

1. 颈肌群

重点锻炼部位：胸锁乳突肌。

2. 肩部肌群

重点锻炼部位：三角肌、肱二头肌。

3. 胸部肌群

重点锻炼部位：胸大肌。

4. 背部肌群

重点锻炼部位：背阔肌。

5. 腹部肌群

重点锻炼部位：腹肌。

6. 臀部肌群

重点锻炼部位：臀大肌。

7. 腿部肌群

重点锻炼部位：股四头肌。

三、站姿类职业性疾病的预防与运动疗法

因工作引起的慢性肌肉骨骼损伤是一种常见的职业性多发病，目前在一些国家已成为主要的职业健康问题。在其发病的诸多因素中，不良工作体位所造成的局部肌肉骨骼静力负荷过重，是许多职业人群慢性肌肉骨骼损伤高发的主要因素之一。本节主要讲解站姿类职业中几种常见的职业性疾病的预防与运动疗法。

（一）扁平足的运动疗法

1. 什么是扁平足

扁平足就是足弓塌陷。长期取站立姿势，足部负担过大，加之鞋子不合适，容易引起足部疼痛，严重时引发扁平足。也有先天性扁平足。

2. 运动疗法的作用

通过运动疗法，可改善与加强小腿、踝、足部的血液循环，增强胫骨前肌、腓肠肌、胫骨后肌、屈指长肌及足部肌肉韧带的力量与弹性，以维持足弓的正常生理曲度，加强足弓对生理负荷的承受能力。

3. 运动疗法

防治扁平足的主要方法是做矫正体操。矫正体操主要是锻炼胫骨前肌、腓骨长肌、胫骨后肌、屈指长肌及足部肌。其锻炼形式有足尖走、足跟走、足外侧走、踢毽子等，以及坐位时进行足内翻、足趾屈伸和分开并拢、足趾钳物等。每日锻炼 1 ～ 2 次，每次 20 ～ 30 分钟。

（1）立位矫正体操的练习方法。

① 在斜坡上步行。

② 走足尖步。

③ 用足外侧缘步行。

④ 在屈趾状态下用足外侧缘步行。

⑤ 在鹅卵石、沙滩或凹凸不平的路上行走。

（2）注意事项。

① 痉挛性平底足有明显疼痛时，不宜做操。

② 有些患者不仅足部肌肉软弱，而且臀肌、股四头肌甚至是腹肌和背肌也较软弱。因此，应配合进行下肢和躯干运动，相应地训练这些部位的肌肉。

（二）下肢静脉曲张的预防与运动疗法

1. 什么是下肢静脉曲张

下肢静脉曲张是指下肢浅静脉系统处于伸长、蜿蜒而曲张的状态。

2. 致病原因

病因除个别因患先天性静脉壁薄弱病变外，多因长时间站立或重体力劳动导致腹压增大，加重了下肢静脉内的压力，久而久之引起静脉扩张、延伸，甚至曲张，最终导致静脉瓣膜机能不全。

3. 运动疗法的作用

从血液动力学的角度进行观察，通过体育锻炼，肌肉规律性收缩，可使深部静脉血液回流加速，减少皮下静脉的压力。根据国外研究，运动可增加足踝关节的柔软度，而足踝关节的柔软度增加，有助于减少下肢静脉曲张。可见，体育锻炼有助于预防和改善下肢静脉曲张。

4. 预防与运动疗法

（1）预防。

· 平时要多做双腿上下摆动或蹬夹练习，多做腿部按摩。

· 站立时，不要总用两条腿一起支撑全身重量，可有所侧重，让两条腿轮换休息；要经常踮起脚尖，让脚后跟一起一落活动，或经常进行下蹲练习。上述动作都能引起小腿肌肉强烈收缩，减少静脉血液积聚。

· 挑担负重或军人行军前，先将腿脚垫高，用弹性绷带将小腿绑扎，防止下肢静脉淤血扩张。绑扎时，应从踝部向上绑扎，并尽量扎得稍紧一些。

· 每晚睡觉前，要养成用热水洗脚的习惯，忌用冷水洗脚。用热水洗脚，能消除疲劳，有利睡眠，更能活血化淤。

（2）运动疗法。

下肢静脉曲张的人，因为静脉瓣膜有损坏，故应该避免像举重、跳远、短跑、投掷等引起腹压增高的活动，但是可以从事游泳、慢跑、自行车、跳绳等运动。各种呼吸练习有助于调节胸、腹腔的压力，所以在运动中应注意调节呼吸。运动后可抬高肢体或做向心性按摩，促进下肢静脉的血液回流。平时可做一些医疗操，如平卧于床，抬高患肢45° 维持 1 ～ 2 分钟，或直抬腿向上、向下运动数分钟，每日练习 2 ～ 3 次，以促使下肢静脉血液回流加快。

（三）下背痛的预防与运动疗法

1. 什么是下背痛

下背痛又称腰背痛，是指一组以下背、腰骶和臀部疼痛为主要症状的综合征。

2. 致病原因

下背疼痛是现代人的文明病。下背痛的致病原因较多，病理机制复杂，但是各种原因的下背痛，均在不同程度上与腰部肌肉疲劳和收缩能力下降有着互为因果的关系。长时间的站、坐或躺，例如，迎宾小姐、电脑工作者，因为肌肉、韧带等组织长时间支持腰椎处于同一个姿势，久之将过度耗损，导致肌肉等组织僵硬、疲劳。此外，长时间的姿势不正确，导致腰椎和骨盆的肌肉组织僵硬、腰椎与骨盆关节长期错位，从而造成脊椎关节组织的退化变形。

3. 运动疗法的作用

运动可增加背部肌肉的柔软度与关节的灵活度，同时增强肌肉的强度和耐力，进而增进全身的气血循环和缓解身心压力，是治疗下背痛行之有效的方法。

4. 预防与运动疗法

（1）预防。

预防下背痛的方法，主要是保持正确的姿势。站立时尽量使头部、颈部、胸椎及腰成直线，不要驼背，也不要过度前挺腹部。腹肌的收缩也有助于保持正确的姿势。从事适度的运动，增加肌肉的力量及耐力，也可预防下背痛。选择运动项目时，可考虑太极拳、气功等轻量的运动项目。此外，应注意适度休息。如果工作需要较长的时间，大约20分钟左右便要起身做些简单的伸展操，以免肌肉长期处于紧张的状态。

（2）运动疗法。

· 放松运动：先仰卧，闭上双眼，再做深而慢的吸气，然后慢慢将气呼出。做动作时，要让全身放松。

· 骨盆斜抬运动：仰卧，双膝弯曲，然后臂部用力夹紧收缩腹部，压迫下背部紧贴在地板上，再抬高臂部约3～6厘米。

· 单侧抱膝运动：仰卧，双膝弯曲，然后夹紧臂部，收缩腹部，再双手抱单膝靠近胸部，最后回复原来位置。重复做5次，再换膝做。

· 双侧抱膝运动：平躺屈膝，抱双膝触胸，慢慢抱紧，直到感觉背部被伸展为止，重复5次。

第四节　变姿类职业的体能改善

一、变姿类职业体能锻炼方法

变姿类职业从业人员，静力性工作与动力性工作交替进行，所以这类人群劳动（工作）时的解剖学、生理学负荷特征与坐姿、站姿类职业有许多相同之处，但又并不完全等同。因为这类工种工作姿势变化没有一定的规律，有些工种（如园艺工作者）姿势变化频率快，肌肉交替休息不易疲劳；有些工种（如机械工）工作时需要承受一定静力紧张的负荷，因此肌肉一直处于紧张性收缩状态，很容易造成肌肉紧张、僵硬。变姿类职业工种繁多，因此要针对不同的工种进行区别分析。

变姿类岗位职工在高温、高湿、高寒、辐射和噪声等恶劣环境下工作，且工业自动化程度相对较低，体力消耗大，且存在不良姿势、过度用力和振动等诸多职业性疾患危险因素。因此，这类职业对人体健康提出了特殊要求：不但需要具备良好的心肺功能，同时也需要身体各部位具备良好的协调性和灵活性。这就要求选择运动项目或开展针对性的体能训练时，应考虑发展身体各部位的素质，使全身各部位都得到运动，以适应工作的需要。

（一）增强心肺功能的练习方法

在现场作业时，要求心脏功能随工作强度的改变而适当地调整，以满足工作的需要。据对建筑工地现场的技术员心肺功能调研发现，有些员工在烈日下工作，常出现因心脏功能不能适应高温环境而昏厥的现象。因此，对室外工作的人员加强心肺功能的训练是必要的。

（二）提高肌肉耐力的练习方法

肌肉耐力是肌肉长时间维持工作的能力。高抬举作业，如手举焊枪、紧固螺丝和打孔等，需要保持长时间的肌肉收缩状态。如果肌肉耐力不好，将导致肌肉供血不足，肌肉代谢废物不能及时排除，引起局部肌肉疲劳，工作效率降低，甚至出现工伤事故。提高肌肉耐力的练习应采用小负荷，重复多次的练习方法。

1. 上肢肌肉耐力练习

（1）侧弯举。（图 5-4-1）

重点锻炼部位：主要发展前臂伸指肌群，同时发展上臂前侧肌群。

动作要求：两手或一手侧握重物（办公室内可用装满水的饮料瓶代替），上臂紧贴体侧，向上弯起至肩前，缓慢下放还原。

（2）正握腕弯举。（图 5-4-2）

重点锻炼部位：主要锻炼前臂伸肌群和上臂外侧肌群。

动作要求：双手正握重物（掌心朝前），握距与肩同宽，上臂紧贴体侧，小臂持物向上弯举杠铃，举至极限后缓慢下放还原。动作过程中，前臂肌群始终保持紧张用力的状态。

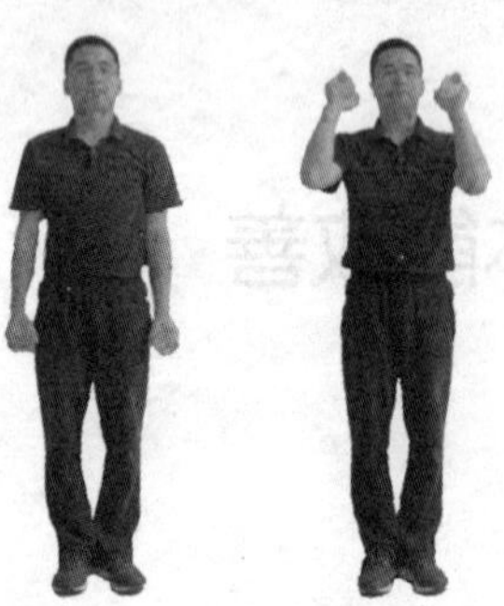

图 5-4-1

图 5-4-2

（3）反握腕弯举。（图 5-4-3）

重点锻炼部位：主要锻炼前臂屈肌群。

动作要求：坐在凳端，两手掌心向上反握重物，握距与肩同宽，前臂贴放大腿上，手腕放松。小臂用力将重物向上弯起至不能再弯时为止，然后放松还原。

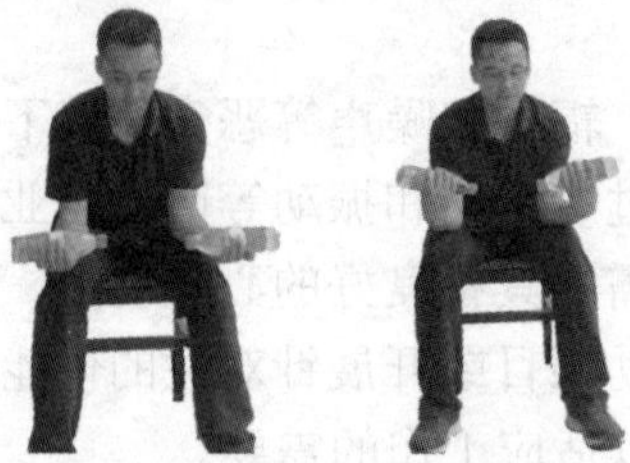

图 5-4-3

（4）手内旋弯举。（图 5-4-4）

重点锻炼部位：主要锻炼前臂肌群。

动作要求：坐姿，一手持重物一端，另一手支撑，持重物手小臂贴平凳或斜板上，做手的内旋外转动作。可加大重量快速进行，以提高前臂肌的力量和灵敏性。

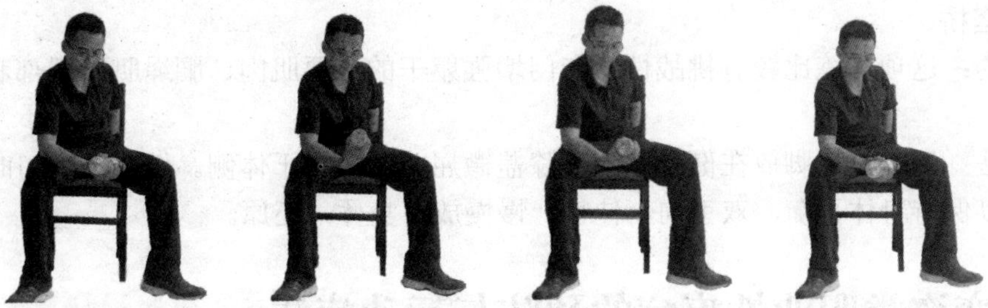

图 5-4-4

（5）仰卧后撑。（图 5-4-5）

重点锻炼部位：肱二头肌、胸大肌、三角肌和大圆肌等。

动作要求：身体仰卧，两手背后撑在稍高的凳子上，两脚放在较矮的凳子或平地上，身体其他部位挺直、悬空，呼气，两肩放松，两臂慢慢屈肘，身体尽量下沉（尤其要沉臀），稍停 2～3 秒，然后吸气，用力伸直两臂撑起身体还原。

图 5-4-5

2. 下肢肌肉耐力练习

详见本章第三节。

（三）抗热、抗寒、抗风雨、抗辐射能力的练习

室外工作时，夏天的炎热，冬天的寒冷，以及风雨霜雪，都可引起人体免疫能力的降低，导致机体不适，进而引起疾病。对此，应加强有氧运动，以提高免疫力。同时，可参加定向越野、野外素质拓展等项目，以提高抗疲劳能力、野外生存能力和环境适应能力等。

（四）提高平衡能力的练习方法

有效的平衡，有赖于柔韧性、躯干主要肌肉的力量，以及良好的肌肉协调性。下面重点介绍提高平衡能力的几种方法。

1. 燕式平衡

锻炼目的：增强小腿、后背和腹部主要肌肉的工作稳定性。

动作方法：由站立开始，右脚向前迈一步，上体前倾，左腿后上举高于头，抬头挺胸，两臂侧举成燕式平衡。做动作时支撑的腿要伸直，两腿交替进行。

2. 静止搭桥

锻炼目的：增强后背和腹部主要肌肉的工作稳定性。

动作方法：屈腿平躺，脚着地，手臂放在体侧，脊柱位于中间位置，臀部、大腿和躯干肌肉用力提起骨盆，直到肩膀与膝盖连成直线，然后身体缓慢下降，还原。

3. 借球搭桥

锻炼目的：这项训练比较有挑战性，专门增强躯干的主要肌肉、腘绳肌、臀部和股四头肌的工作稳定性。

动作方法：平躺，双脚放在健身球上，膝盖微屈，手臂置于体侧。做搭桥练习时，脚后跟用力压球面，以保持身体平衡，双手向上伸直，慢慢放下身体，还原。

二、变姿类职业性疾病的预防与运动疗法

（一）脊柱畸形的预防与运动疗法

1. 什么是脊柱畸形

正常脊柱有几个前后方向的自然弯曲，没有侧向的弯曲。当自然弯曲度过大、过小或出现不应有的弯曲时，即为脊柱畸形。常见的脊柱畸形有脊柱后凸（即胸椎过于后凸)、脊柱前凸（即腰椎过于前凸）及脊椎侧凸。

脊柱畸形因病期和病理的不同，一般分为三度：Ⅰ度脊柱畸形，是由于肌肉无力和疲劳所致，在主动和被动牵伸脊柱时，畸形消失；Ⅱ度脊柱畸形，在牵伸身体和悬吊时，畸形不消失，韧带、肌肉已有挛缩；Ⅲ度脊柱畸形，不仅有肌肉、韧带的形态变化，而且有骨和软骨的形态改变。

2. 致病原因

引起脊柱侧弯的原因较多，少数人是由于先天性脊柱发育不良或脊柱本身病变（如脊柱结核）所致；多数人是因长期姿势不正确，如不良坐姿、站姿或劳动姿势等引起的脊柱侧弯；另外，一些疾病也可以造成脊柱畸形。变姿类职业人员由于长期倾斜、弯曲的立位或负重行走作业容易导致脊柱弯曲，以驼背多见，也常表现为脊柱侧凸和脊柱关节变形。

3. 运动疗法的作用

Ⅰ度脊柱畸形因肌肉和韧带还没有形态和结构上的变化，因此，运动疗法的作用是在增强全身肌肉力量的基础上，重点锻炼畸形部位的肌肉，以增强肌肉的力量及恢复脊柱周围肌肉力量的协调平衡；对Ⅱ度脊柱畸形者，通过运动疗法，加强脊柱的活动性，拉长凹入侧原已挛缩的韧带和肌肉，增强凸出侧原已被拉长及变弱的韧带和肌肉的力量，逐渐恢复脊柱周围肌力平衡，使畸形逐渐得到矫正；对Ⅲ度脊柱畸形者，通过运动疗法，可以控制畸形的发展，增强肌力，防止劳损，减轻或缓解疼痛。

4. 预防与运动疗法

（1）预防。

要保持良好的坐姿和站姿。劳动工作时如果有不良的姿势要注意及时纠正。经常参加体育锻炼，保持肌肉的力量。

（2）运动疗法。

做矫正体操，其内容主要是做与畸形方向相反的躯干运动，以便有选择地加强肌肉力量，牵伸挛缩组织。准备姿势多用卧位或匍匐位，这些姿势可减轻脊柱的静力负荷，松解脊柱关节，利于脊柱运动，同时可利用体重作负荷，提高躯干肌肉锻炼的效果。用上肢在肋木或单杠上悬挂，有助于牵伸挛缩组织。矫正体操的动作应严格根据畸形的部位及方向来选择：脊柱后凸患者，应着重做挺胸及扩胸练习；脊柱前凸患者，应着重做增强腹肌和臀肌、牵伸腰骶部肌肉、韧带的活

动；脊柱侧凸患者，应着重做节段性侧弯练习，使动作中形成的侧弯与畸形侧弯部位一致而方向相反。当一臂上举，肩带向对侧倾斜时，胸椎即向同侧凸出；当一腿提起，骨盆向对侧倾斜时，腰椎即向对侧凸出；一侧的上下肢同时举起时，即产生一个胸椎凸向同侧、腰椎凸向对侧的S形侧凸，可用来矫治方向相反的S形侧凸，避免在矫正一个侧凸时使另一个侧凸加重的现象发生。

（二）网球肘的预防与运动疗法

1. 什么是网球肘

肱骨外上髁炎俗称网球肘，是肱骨外上髁部伸肌总腱处的慢性损伤性肌筋膜炎。

2. 致病原因

肱骨外上髁部是前臂伸肌群的起点，由于肘、腕反复用力，长期劳累或用力过猛或过久，使前臂伸肌总腱在肱骨外上髁附着点处受到反复的牵拉刺激，造成该部组织部分撕裂、出血、扭伤而产生的慢性无菌性炎症。有时还可以导致外上髁伸腕肌腱变性，出现钙化、骨化，腱周围筋粘连、血管增生，腱下疏松组织肉芽增生，外上髁骨膜炎，肱桡关节处局限性滑膜炎等。家庭主妇、砖瓦工、木工等长期反复用力做肘部活动者易患此病。

3. 运动疗法的作用

滑润肘关节，改进上肢软组织血液循环和神经体液调节，防治组织的粘连和痉挛，提高组织的抗病能力。

4. 预防与运动疗法

首先，应在平时的工作和生活中，尽量地减少或避免肘部和腕部长久的活动，确需较长时间活动时应定时休息，一般1小时左右休息1次，1次休息10分钟左右。休息时，可轻轻按摩肘部，在家中还可用热毛巾热敷肘部。

此外，应避免反复过度压腕、翻腕大力扣杀动作。应加强腕、肘、肩部的力量配合，防止单纯用腕力。运动前后在前臂伸肌处及外上髁处按摩，使伸肌放松，肩部温度升高，血液循环加快，防止劳损发生。

思考题

1. 体能的定义是什么？
2. 坐姿类职业体能锻炼有哪几种练习方法？
3. 简述站姿类职业中几种常见的职业性疾病。
4. 变姿类职业体能锻炼有哪几种方法？

第六章 常见运动损伤与处理

学习提要

1. 造成运动损伤的原因及其预防措施。
2. 对常见运动损伤的处置。

第一节　运动损伤基础知识

运动损伤，是指在体育过程中发生的各种损伤。根据高等学校体育活动的特点和主客观方面的原因，在体育运动中发生运动损伤、创伤或运动性疾病是很常见的，它严重影响了高职学生的身体健康、学习、生活和工作，也妨碍了体育活动的正常开展。为此，必须了解常见运动损伤发生的原因及其预防和处理方法，以便掌握运动性损伤发生的规律，最大限度地减少和避免运动损伤，从而更有效地发挥体育锻炼对增强体质、增进健康的作用。

一、造成运动损伤的原因

造成运动损伤的原因是多方面的，既与锻炼者的运动基础、体力水平有关，也与运动项目、技术难度、运动环境等外部因素有关，其主要原因有以下几点。

（1）思想麻痹大意，对预防损伤的意义认识不足，上课精力不集中或争强好胜，是造成运动损伤最主要的原因。

（2）缺乏必要的运动损伤知识。

（3）运动前准备活动不充分。

（4）技术不合理，动作粗野或违反规则。

（5）身体状况不佳，缺乏自我保护能力。

（6）运动环境不好，场地器材不合规格。

（7）组织教法不当，运动量过大或过于激烈。

（8）旧伤未好就过早参加训练或比赛。

二、运动损伤的预防

（1）加强安全意识，提高预防运动损伤的意识，克服麻痹大意思想。

（2）准备活动要有针对性，加强易伤部位的防范措施。

（3）遵循教学规律，特别是对技术较难和容易致伤的环节，应事先做好预防准备，合理安排运动量，区别对待，切忌急于求成。

（4）加强相互保护和帮助，提高自我保护能力，如摔倒时应立即屈肘、低头、团身，以肩背着地，顺势滚动，而不要直臂撑地。

（5）加强医务监督，善于把握自己在运动前后的生理变化，患有慢性病者要定期体检，并在医生和体育老师指导下进行体育锻炼。

（6）重视运动器材、场地的安全和卫生，场地器材应经常检查和维修。锻炼者的服装、鞋子要符合体育卫生的要求。

知识窗

人的一生大概要走20万千米的路，可以绕地球赤道5周。担负如此重任的足部由26块骨头、33个关节、20块肌肉以及100多韧带组成，解剖生理结构比手复杂得多，因此更容易受伤。调查发现，70%的人患有各类脚病，而且随着年龄增长，脚也会不断老化。

第二节　常见运动损伤的处理

体育锻炼可以增进健康，预防疾病。然而，事物的存在和发展必然有其两面性，在体育锻炼中也常有运动损伤和运动性疾病的出现。运动损伤是日常生活和运动锻炼中常遇到的，通常分为急性和慢性损伤，应辨证施治，方能恰到好处，否则会适得其反，造成不良后果，甚至终身不愈。因此，我们需要有科学锻炼的知识和实践，从而达到参与锻炼是为了享受锻炼之目的。

运动损伤分为开放性损伤和闭合性损伤。对于运动损伤的处理，一般分为前期、中期、后期的处理原则。对于急性损伤前期（24小时以内）的处理原则是制动、止血、防肿、镇痛，即减轻炎症。可根据具体情况选用一种处理方法或几种处理方法并用。

一、开放性软组织损伤的处置

常见的开放性软组织损伤有擦伤、切伤、刺伤和撕裂伤，局部皮肤或黏膜破裂，伤口与外界接触，常见组织液渗出或血液自伤口流出。紧急处理的原则是及时止血和处理伤口，预防感染。

（一）擦　伤

擦伤多发生在摔倒时，对于伤口较脏的擦伤，可先用生理盐水洗净伤口，然后再用酒精棉球或碘酒消毒。伤口较浅、面积较小的擦伤无需包扎。

（二）切伤与刺伤

切伤与刺伤的伤口往往较深、较小。如果伤口较脏，除了进行伤口的止血、消炎、包扎外，还要注射破伤风抗菌素。

（三）撕裂伤

撕裂伤中头、面部皮肤伤较多见，如拳击运动中，眉弓被对方肘部碰撞而引起眉际皮肤撕裂等。若撕裂的伤口较小，经消毒处理后，贴上创可贴即可；若撕裂伤口较大，则须止血，缝合伤口；若伤情和污染较重，应注射破伤风抗菌素。

二、闭合性运动损伤的处置

（一）挫　伤

（1）征象：挫伤多发生在头部、胸部、四肢，因为这些地方经常暴露在外，常会遇到碰、跌、撞、打、摔等，受伤后局部红肿、疼痛，皮肤破裂的当时就出血，没有破裂的会出现青紫淤血。

（2）原因：首先是运动前准备活动做得不够，肌肉、关节没有得到充分的活动；其次是活动时用力过猛，超过了肌肉、关节和韧带的负荷限度。

（3）处置：应根据情况及时处理挫伤。如果皮肤出血应立即停止运动，先用酒精或碘酒将伤口消毒，用净布包扎。如果受伤部位红肿、疼痛，可先用冷水或冰进行局部冷敷，抬高受伤部位，必要时加压包扎，防止继续出血。24 小时以后改用热敷，用按摩来活血、消肿、止痛。伤势减轻后再做针对性的活动，使关节、肌肉恢复功能，如做下蹲、弯腰、举腿等，可以避免伤后关节不灵活或发生肌肉萎缩。

（二）肌肉损伤

（1）征象：如果是细微的肌肉损伤，则症状较轻；如果是肌纤维完全断裂，则症状较重。一般表现为伤处疼痛，局部肿胀、压痛，肌肉紧张或抽筋，伤后肌肉功能减弱或丧失。

（2）原因：准备活动不充分，肌肉的生理机能尚未达到剧烈活动所需的状态就参加剧烈活动；体质较弱，运动水平不高，肌肉的弹性、伸展性和力量较差；疲劳过度也可能导致肌肉损伤。

（3）处置：肌肉损伤治疗要根据具体情况而定，少量肌纤维断裂者，应立即采取局部冷敷、加压包扎等措施，并抬高伤肢。对于肌肉大部分或完全断裂者，应在加压包扎后立即送医院进行手术缝合。

（三）关节韧带损伤

（1）征象：关节韧带损伤后，一般表现为压痛、自感疼痛，轻者发生韧带部分纤维的断裂，重者韧带纤维完全断裂，引起关节半脱位或完全脱位，从而出现关节功能障碍。

（2）原因：上肢关节以肩关节、肘关节、腕关节损伤最为常见，如掷标枪引枪后的翻肩动作错误造成肩、肘关节扭伤；下肢关节以髋关节、膝关节、踝关节损伤较多，如从高处跳下，平衡、缓冲不够，使膝、踝关节受伤；做“下桥”练习时，过分提腰造成腰椎损伤等。

（3）处置：如发生关节、韧带扭伤，应当在24小时内采用冷敷，必要时加压包扎，24小时后采用理疗、热敷、按摩、针灸治疗，待疼痛减轻后可增加功能性练习。对急性腰部损伤，如果出现剧烈疼痛，切不可轻易处理，应让患者平卧，并用担架送至医院就诊。

（四）骨　折

（1）征象：骨折分为完全性骨折（骨完全断裂）和不完全性骨折（骨未完全断裂，如裂缝骨折），是运动中一种比较严重的损伤。主要症状表现为肿胀和皮下淤血、功能障碍，出现畸形和假关节，并有压痛和震痛感。

（2）原因：因身体某部位受到直接或间接暴力冲击，或肌肉强烈收缩所致。常见的骨折部位有肱骨、尺（桡）骨、手指、胫（腓）骨和肋骨等。

（3）处置：一旦出现骨折，暂勿随意移动伤肢，而应先用夹板或其他代用品固定伤肢，动作要轻柔、缓慢，不要乱拉乱拽，以免造成错位，影响整复。如果是上肢骨折，可用木板托住伤肢，用绷带扎紧骨折处的上、下两端；如果是下肢骨折，先将伤腿轻轻放好，然后用宽布条或褥单将两条腿缠在一起，慢慢抬到硬板担架上，送往医院救治；如果是头部、颈部或脊椎骨发生骨折，运送时就更要小心，以免损伤脑神经和脊神经而造成肢体瘫痪。搬运时头部用枕头或衣服垫住，防止移动，固定好以后，告知患者不要扭动伤肢。送往医院时要注意做到迅速、平稳。

（五）关节脱位

（1）征象：因受外力作用，关节面失去正常的连接关系，叫做关节脱位，又称脱臼。关节脱位可分为完全脱位和半脱位（或称错位）两种。关节脱位后常出现畸形，与健肢相比不对称，表现为局部疼痛、压痛和关节肿胀，并失去正常活动功能，甚至发生肌肉痉挛等现象。

（2）原因：运动中发生的关节脱位大都是间接外力撞击所致，如摔倒时用手撑地，引起肘关节或肩关节的脱位。

（3）处置：用长度和宽度相称的夹板固定伤肢。如果没有夹板，可将伤肢固定在自己的躯干或健肢上，防止震动，随后及时送医院治疗。必须指出的是，如果没有把握做整复处置，切不可随意做整复手术，以免增加进一步的伤害。

（六）脑震荡

（1）征象：受伤时表现为神志模糊、脉搏徐缓、肌肉松弛、瞳孔稍大但能对称、神经反射减弱或消失；清醒后患者常有头痛、头晕、恶心呕吐感；平时情绪烦躁，注意力不易集中，出现耳鸣、心悸、多汗、失眠、记忆力减退等。

（2）原因：脑震荡是指头部受到外力打击后，大脑管理平衡的膜半规管、椭圆囊、球囊等感应器官机能失调，引起意识和机能的暂时性障碍。体育锻炼时，两人头部相撞、撞击硬物或从高处跌下时头部撞地，都可能造成脑震荡。

（3）处置：立即让患者平卧若呼吸发生障碍，立即进行人工呼吸。同时，救护者应立即将伤者送至医院救治。在运送途中，要让伤者平卧，头部固定，避免颠簸。

思考题

1. 造成运动损伤的原因有哪些？
2. 简述对常见运动损伤的处理。

第七章

小型体育竞赛的组织与编排

学习提要

1. 小型体育竞赛的组织工作。
2. 小型体育竞赛的规程。
3. 体育竞赛的组织工作和编排方法。

第一节　小型体育竞赛的组织工作

首先要制订好竞赛规程，这是组织竞赛工作的依据。竞赛规程在组委会或领导小组通过后，应尽早发给有关单位，以便各队作好赛前准备。竞赛规程的内容一般包括：竞赛的名称，目的任务，主办单位，比赛日期和地点，参赛单位和单位参加人数，组别，运动员比赛资格，竞赛项目，比赛办法，竞赛规则，计分、录取名次和奖励办法，报名方法，领队，抽签的日期和地点，单位标准和其他服装等方面的规定。

在竞赛规程中，科学地制订比赛方法是非常重要的，它关系到参赛者（队和个人）是否在公平的条件下进行竞争，能否充分发挥运动员的技术水平，使比赛始终在和谐、热烈的气氛中进行。

为了使竞赛组织工作严谨并有序，应做好下列各项工作。

（1）印制好各种竞赛表格。有纪录项目的比赛，赛前要印制该项目的全国、省、市、学校的最新纪录。

（2）补充通知有关竞赛规则中未尽规定事项。

（3）赛前应全面检查场地器材，必须符合标准。需要进行维修的，要及时安排，并保证安全。

（4）按竞赛规程规定的报名日期接受报名信息，逾期报名或更改报名单的按竞赛规程规定办理。

（5）按竞赛规程规定，审查运动员资格。

（6）按竞赛规则和规程规定，做好竞赛抽签和编排工作，编印好秩序册。
（7）准备奖品，制订发奖计划。
（8）安排裁判员，选好裁判长，保证裁判员的数量和质量。
（9）及时解决竞赛中出现的弃权、争议、弄虚作假、赛风等方面的问题。
（10）运动员在比赛中达到运动员技术等级标准和打破纪录时，填报登记表，并写成绩证明。
（11）比赛期间，要及时地印发成绩公告。
（12）比赛结束后，核对比赛成绩，编印成绩册，技术资料，及时发给有关单位。

第二节　小型体育竞赛规程

一、竞赛规程的内容

竞赛规程是体育赛事的纲领性文件。竞赛规程由主办单位制订，是竞赛工作的权威和指导，是赛事组织者和参与者都必须遵循的法规。有总规程和单项规程之分。竞赛规程一般包括以下内容：竞赛名称；竞赛时间、地点；竞赛项目；参加单位；运动员参赛资格；参加办法；竞赛办法；兴奋剂检测；录取名次和奖励办法；报名和报到；仲裁委员会和技术官员；未尽事宜和解释权等。

二、竞赛规程的特点

首先，体育竞赛规程根据比赛的目的任务和具体条件来制定，一般由主办单位指定专门人负责起草，经有关人员讨论修改后，送主管比赛的领导机关审批。竞赛结束后，该规程就无效。

其次，体育竞赛规程具有多样性特点。任何一种比赛都有自己的竞赛规程，比赛目的不同，竞赛规程就不同。

再次，体育竞赛规程的制定必须遵守体育法律、法规，否则无效。在缺乏体育法律、法规参照的情况下，可以自己规定本次比赛中对有关问题的处理办法。

竞赛规程范例

2012 全国大学生运动会北京田径选拔赛竞赛规程

一、宗　　旨

为了促进北京大学生田径运动的发展，提高训练水平和技术水平，选拔优秀北京高校大学生田径运动员参加 2012 天津第九届全国大学生运动会，特举办此次田径选拔赛。

二、日期和地点

1. 日期：2012 年 4 月 7、8 日

2. 地点：北京体育大学（英东田径场）

三、竞赛组别与项目

1. 男子甲组（共21项）

100米、200米、400米、800米、1500米、5000米、10000米、3000米障碍、10公里竞走、20公里竞走、110米栏、400米栏、跳高、撑竿跳高、跳远、三级跳远、铅球、铁饼、标枪、链球、十项全能。

2. 女子甲组（共21项）

100米、200米、400米、800米、1500米、5000米、10000米、3000米障碍、5000米竞走、10公里竞走、100米栏、400米栏、跳高、撑竿跳高、跳远、三级跳远、铅球、铁饼、标枪、链球、七项全能。

3. 男子乙组（共21项）

100米、200米、400米、800米、1500米、5000米、10000米、3000米障碍10公里竞走、20公里竞走、110米栏、400米栏、跳高、撑竿跳高、跳远、三级跳远、铅球、铁饼、标枪、链球、十项全能。

4. 女子乙组（共21项）

100米、200米、400米、800米、1500米、5000米、10000米、3000米障碍、5000米竞走、10公里竞走、100米栏、400米栏、跳高、撑竿跳高、跳远、三级跳远、铅球、铁饼、标枪、链球、七项全能。

四、参赛资格及报名手续

1.资　格

（1）凡参赛的运动员必须是具有正式学籍的大学生、研究生。成人教育、短期班等学生不能参加比赛，年龄不能超过28周岁。

（2）甲组（非注册队员或注册后未参加专业比赛），乙组（注册并参加过专业比赛队员）。

（3）各学校参赛运动员，必须在北京市大学生体协办理注册入会手续并具有田径运动员一级水平或接近一级水平，未办理入会手续的运动员不得参加比赛。

（4）凡参赛的运动员须经医生检查确认身体健康，并在报名单上加盖医务章方为有效。

（5）凡被田协禁赛、处罚期间的运动员不得参赛。

（6）报名时每名运动员必须交一寸免冠彩色照片一张，制运动员参赛卡用。

2.报名手续

（1）各单位可报领队、教练1～2人，通过中国大学生田径分会主页下载填写大会统一格式的Excel正式报名单一份（所报项目栏内填写成绩，径赛如：100米成绩应写成10：55；田赛如：跳远应写成7.89），正式报名单加盖医务部门和大学公章，请于2012年3月24日前用快件寄出，过期以弃权论。

（2）运动员号码布及号码顺序由大会统一编排制作。

（3）第一期入选大运会名单的队员免交报名费，未在公布第一期入选名单的队员报到时交报名费每人100元。

五、竞赛办法

（1）男子100米、200米、400米、800米、110米栏和女子100米、200米、400米、800米、100米栏、400米栏报名人数超过8名采取分组预赛，按成绩录取。

（2）10000米及10公里竞走、20公里竞走设立关门时间，关门时间为三级运动员标准。男子分别为：37：00、57：30、2：25：30；女子5000米竞走为：30：00，10公里竞走为1：02：

30，10000 米为 48：00（关门时间执行方法：运动员到达关门时间时还距离终点 400 米以上者即被劝离退出比赛）。

（3）除撑杆跳高比赛运动员要自备撑竿外，其他器材均由大会提供。

（4）竞赛使用最新田径竞赛规则及有关补充规定。

六、录取名次

（1）根据选拔赛成绩经选拔委员会专家组评定，选定大运会第二期集训名单。

（2）各参赛单位和运动员必须遵守本规程各项规定。如违反或不符合规定，弄虚作假者，一经发现，即取消比赛资格并通报批评。

七、运动员比赛当日于北体大英东田径场报到比赛

八、相关信息随后发布

九、其他未尽事宜以主办单位通知为准

主办单位：北京大学生体育协会

承办单位：清华大学体育部

协办单位：北京体育大学田径教研室

2012 年 3 月 5 日

第三节　运动竞赛的组织与竞赛方法

一、体育竞赛的组织工作

竞赛的组织工作是一项十分重要的工作，它对于竞赛任务能否顺利完成起着重要作用。组织规模较大的竞赛工作，通常成立大会组织委员会。组织委员会一般是在主办单位领导下，由各方代表组成，负责组织和领导竞赛的全部工作，组委会下设若干工作机构，负责各项工作。在高职学校中组织学校竞赛，应建立竞赛工作领导小组，可由主管体育工作的院（校）长和校体育部门、团委等各方面的代表组成，按实际工作需要下设若干工作小组，如宣传组、竞赛组、裁判组、场地组等，具体负责各项竞赛工作。

（一）宣传工作

要办好竞赛，必须重视宣传报道工作，每次竞赛应有针对性地提出宣传报道要求。在高职学校中举办运动竞赛，应结合竞赛的目的要求，赛前可利用黑板报、广播、多媒体等形式对学生进行广泛宣传。

（二）组织工作

首先要制订好竞赛的规程，这是组织竞赛工作的依据。竞赛规程在组委会或领导小组通过后，应尽早发给有关单位，以便各队做好赛前准备。竞赛规程的内容一般包括：竞赛的名称，目

的任务，主办单位，比赛日期和地点，参赛单位和单位参加人数，组别，运动员比赛资格，竞赛项目，比赛办法，竞赛规则，计分、录取名次和奖励办法，报名方法，领队会，抽签的日期和地点，单位标准和其他服装等方面的规定。

在竞赛规程中，科学的制订比赛方法是非常重要的，它关系到参赛者（队和个人）是否在公平的条件下进行竞争，能否充分发挥运动员的技术水平，使比赛始终在和谐、热烈的气氛中进行。

（三）裁判工作

比赛能否顺利进行和圆满结束，关键取决于裁判员的政治素质和业务素质的高低。一名优秀的裁判员必须用体育道德规范指导自己的言行，认真学习有关运动项目的基本技术、战术，熟悉规则和裁判法。

（四）后勤保障

1. 意　义

运动竞赛作为一个系统，后勤保障也是赛会顺利进行的重要部分，其意义如下。

（1）做好运动竞赛的后勤服务工作，是竞赛工作得以顺利进行的物质保证。竞赛本身并不是孤立的，从赛会的整体系统而言，必须要求各个子系统（如宣传、竞赛、裁判等）相互衔接、相互配合，取得一个综合效果，而后勤服务工作起着先行官的作用，后勤服务工作搞不好，竞赛等各项工作就会受到影响。

（2）做好运动竞赛的后勤服务工作，向运动员、教练员、裁判员及其他工作人员提供一个良好的比赛条件、工作条件和生活条件，能使他们解除后顾之忧，一心一意地搞好比赛。

（3）做好运动竞赛的后勤服务工作，能提高竞赛的投资效益，使财力、物力得到有效的利用。

2. 工作内容

（1）安排好赛会期间的伙食、住宿、交通、洗澡、医疗等后勤保证工作。安排住宿以有利于保证运动员的休息；切实办好大会伙食；运动员、教练员、工作人员分别按各自的目标就餐；要搞好伙食卫生；赛场应设救护人员。

（2）严格按照竞赛规程规定的参加人数和比赛日期安排好接待工作。对超编、提前报到或逾期不离会的人员，赛会不负责接待。需请赛会协助安排的，经费自理。

（3）遵守财务制度。竞赛经费（包括补助、赞助的经费）的使用应保证竞赛所必需的场地、器材、伙食、交通等方面的需要，不得克扣挪用，不得铺张浪费。

知识窗

申请举办体育竞赛的组织和个人(以下简称为“申办人”)，应当具备下列条件：

（1）能够独立承担民事责任；

（2）拥有与竞赛规模相当的组织机构和管理人员；

（3）已经制定具体的竞赛规程和比赛组织实施方案；

（4）拥有与竞赛规模相适应的经费；

（5）已经确定体育竞赛所需的场地、设施和器材。

二、常见竞赛的编排方法

根据体育竞赛的具体要求、项目特点、参赛队数（人数）、比赛的期限、场地设备条件等因素，可选用不同的比赛方法。

（一）循环制

循环赛包括单循环、双循环、分组循环三种方法。

单循环：所有参赛者（队或个人）在比赛中均能相遇一次，最后按参赛者在全部比赛中胜负场数、得分多少排列名次，这种比赛方法一般在参赛者不多，而竞赛期限又较长时采用。

双循环：所有参赛者（队或个人）在比赛中相遇两次最后按全部比赛中胜负场数、得分多少排列名次。这种比赛方法，一般在参赛者较少，而竞赛期限又较长时采用。

分组循环：把参赛者（队或个人）分为若干组，分别进行单循环比赛。一般在参赛者较多，而竞赛期限又较短时采用。

循环赛的优点是无论参赛者实力强弱，胜负如何，都需与其他参赛队比赛，锻炼机会多，有利于互相学习，能比较准确地反映出参赛者的水平，产生的名次较客观。

在循环赛中，各队或运动员中普遍出场比赛一次，称为“一轮”，每两个队员之间比赛一次称“一场”，每两个队之间比赛一次称为“一次”。

1. 单循环比赛场数和比赛轮次的计算方法

（1）单循环赛场数的计算。

场数=［参加人数×（参加人数-1）］÷2。

例如有6个球队参加篮球联赛，采用单循环赛的方法进行，其比赛场数为：

场数=［参加人数×（参加人数-1）］÷2=［6×（6－1）］÷2=15。

（2）单循环赛轮数的计算。

当队（人）数为偶数时，轮数=队（人）数-1。

如10个队参加比赛，轮数=10-1=9。

当队（人）数为奇数时，轮数=队（人）数。

如5个队参加比赛，需进行5轮。

（3）单循环比赛顺序的确定。

确定单循环比赛顺序的方法很多，经常采用的是“逆时针轮转法”。

例如，有6个队参加比赛，首先用1～6号码，分别代表各队的名称，按以下方法排出各轮次的比赛（表7-3-1），然后抽签将队名填入轮次表，再排定比赛日程。

这种方法是，1号位固定不动，其他号位每轮按逆时针方向轮转一个位置，即可排出全部轮次的比赛顺序。

当队数或人数为单数时用“0”补成双数，然后按逆时针轮转排出各轮比赛的顺序。其中遇到“0”者即为该场轮空。

表 7-3-1　各轮次比赛的安排

第一轮	第二轮	第三轮	第四轮	第五轮
1—6	1—5	1—4	1—3	1—2
2—5	6—4	5—3	4—2	3—6
3—4	2—3	6—2	5—6	4—5

例如，有 5 个队参加比赛，如表 7-3-2 所示。

表 7-3-2　5 个队比赛的安排

第一轮	第二轮	第三轮	第四轮	第五轮
1—0	1—5	1—4	1—3	1—2
2—5	0—4	5—3	4—2	3—0
3—4	2—3	0—2	5—0	4—5

根据需要，还可以把第一轮的三场比赛和其他轮的三场比赛互相调换，或者把第一轮中的三场比赛互相调换。这是在大轮转基础上进行小调动的办法。

（4）单循环赛名次的确定。

单循环比赛中，以获胜次数多者名次在前。如有两个队获胜次数相等，则谁胜谁就名次在前。如有两个以上的队获胜次数相等，则根据他们相互之间比赛的胜负比率，即：胜 ÷ 负或胜 ÷（胜＋负）来决定名次。首先计算次率，其次计算场率，再次计算局率，最后计算分率，直至算出全部名次为止。

2. 双循环比赛轮次表的编排

双循环制比赛轮次表的编排方法与单循环的编排法相同。只是要排出第一循环和第二循环的比赛轮次表。例如，5 个队参加比赛，比赛轮次如表 7-3-3 所示。

表 7-3-3　双循环比赛的安排

第一轮	第一轮	第二轮	第三轮	第四轮	第五轮
第一循环	0—1	0—2	0—3	0—4	0—5
	5—2	1—3	2—4	3—5	4—1
	4—3	5—4	1—5	2—1	3—2
第二循环	0—1	0—2	0—3	0—4	0—5
	5—2	1—3	2—4	3—5	4—1
	4—3	5—4	1—5	2—1	3—2

3. 分组循环的编排

分组循环就是把参加的队分成若干小组，采用两阶段或三阶段的分组循环比赛。例如，15 个参加比赛，分成 3 个小组，每组进行 5×（5-1）/ 2=10 场比赛，3 个小组共进行 30 场比赛，需要的轮数为 5 轮。经过小组循环比赛，排出各小组的名次后，再进行第二阶段的比赛。第二阶段的比赛可采用下列方法。

（1）将各小组第 1 名编一组，进行单循环比赛，决出 1 ～ 3 名；各小组第 2 名编在一组，决出 4 ～ 6 名；各小组第 3 名编在一组，决出 7 ～ 9 名；各小组第 4 名编在一组，决出 10 ～ 12

名；各小组第 5 名编在一组，决出 13 ～ 15 名。

（2）如果比赛期限短，可只将第一阶段各小组的第 1、第 2 名编在一组进行比赛，决出第 1 至第 6 名的名次，其他各队不再参加第二阶段的比赛。

（3）如果第一阶段的预赛是分两个小组进行单循环比赛，那么第二阶段可把小组的前两名编在一组争夺 1 ～ 4 名，小组的第 3、4 名编在一组争夺 5 ～ 8 名，其余类推。

（4）循环制的抽签方法

根据规程规定，在比赛前，由主办单位召集各领队举行公开抽签，排好比赛轮次表，使各队明确比赛的次序、日期、时间和地点，以便做好准备。

· 单循环比赛的抽签。

按参加比赛的队数排好比赛轮次表，备好签号，进行抽签。然后将队名填入比赛轮次表中。

· 分组循环比赛的抽签。

首先在领队会上协商确定种子队。种子队的队数一般等于分组的组数。如果分四个组进行比赛，应设四个种子队。为了做到更合理，也可以多选出几个种子队，但必须是组数的倍数。如分四个组进行比赛，可确定八个种子队，并按下列方法编成小组。

1	2	3	4
|	|	|	|
8	7	6	5

第 1 号种子与第 8 号种子编为一组，第 2 号种子与第 7 号种子编为一组，依次类推。

抽签方法：

首先由种子队先抽签，确定各种子队的组别，然后其他各队再抽签确定组别。例如，20 个队分为 4 个小组，除 8 个种子队外，其余 12 队再抽签。签号分 4 组，每组有相同的三个签，由 12 个队抽签确定组别，然后再把各队按组别填入各组的比赛轮次表中。

（二）淘汰制

单淘汰赛，就是将所有参加比赛的选手（或队）编排成一定的比赛秩序，由相邻的两名选手（或队）进行比赛，败者淘汰，胜者进入下轮比赛，直到淘汰成最后一名选手（或队），这个选手（或队）就是这次淘汰赛的冠军。

淘汰赛比赛方法具有强烈的对抗性，比赛双方没有任何妥协的可能性，也没有受第三方影响或去影响第三方的可能，非胜即败。这种比赛办法，可以在很短的时间内，安排大量的选手（队）进行比赛。而且比赛逐渐走向高潮，并在最高潮的一场比赛——冠亚军决赛后结束整个比赛。就体育竞赛的特点来说，淘汰赛是一种很好的比赛办法。

1. 淘汰赛选择号码位置数

采用单淘汰赛的比赛方法时，应先根据参赛人数灵活选择最接近的较大的 2 的乘方数（即自乘若干次的积数）作为号码位置数。比赛常用的号码位置数是：24=16，25=32，26=64，27=128。

如参赛选手的人数不等于号码位置数时，需要在比赛的第一轮设置一定数量的“轮空”位置，使参加第二轮比赛的运动员人数正好是 2 的乘方数。

轮空数 = 号码位置数－参赛运动员数。

如参赛人数稍大于 2 的乘方数时，再用排轮空的方法则轮空人数太多，这时可用“轮号”的方法来解决。以最接近的较小的 2 的乘方数作为号码位置数，安排一部分运动员进行轮号。轮号就是两名运动员使用一个号码先进行一场比赛。轮号和轮空在性质上是完全相同的。轮号的位置可查轮空位置图。

例如，有 10 名运动员参加比赛，选用 10 个号码位置数，其中有 4 名运动员轮号，如图 7-3-1 所示。

2. 淘汰赛轮数和场数的计算

（1）计算轮数。

单淘汰赛所采用的号码位置数（2 的乘方数）其指数（自乘的次数）即为轮数。2 的几次方即为几轮。

4 个号码位置数=22，即 2 轮。

8 个号码位置数=23，即 3 轮。

16 个号码位置数=24，即 4 轮。

32 个号码位置数=25，即 5 轮。

64 个号码位置数=26，即 6 轮。

例如，14 名运动员参加淘汰赛，则按 16 号码位置数计算，比赛轮次为 4 轮。16 个人单淘汰赛的轮数如图 7-3-2 所示。

（2）计算场数。

场数=参赛人（队）数−1。

例如，16 人参加单淘汰赛，比赛场数为 16−1=15（场）。

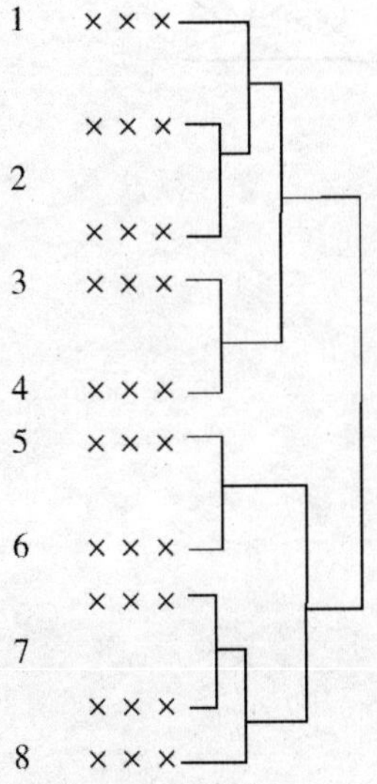

图 7-3-1

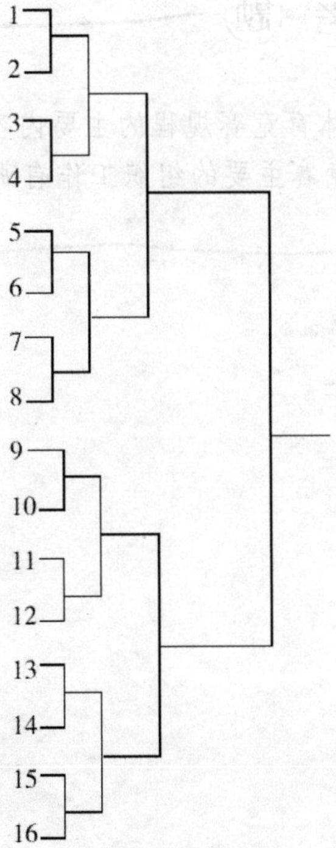

图 7-3-2

3. 淘汰赛

运动员或队按编排的秩序进行比赛，失败两场即被淘汰，最后失败一场者为亚军，不败者为冠军，这种比赛方法称为双淘汰赛。

（1）双淘汰赛轮数和场数的计算。

· 计算轮数。

胜方与负方轮数分别计算。胜方轮数与单淘汰赛计算方法相同，即所选用的号码位置数（2的乘方）其指数（自乘的次数）即为轮数。负方轮数等于胜方轮数加1。

· 计算场数。

场数=2X−3（X为参加人数或队数）。

这个计算公式实际上是胜方比赛场数与负方比赛场数之和。胜方场数为参加人数-1，负方场数为参加人数-2。设X=参加人数（或队数），则淘汰比赛场数=胜方比赛场数+负方比赛场数，即（X−1）+（X−2）=2X−3。

例如：8人参加双淘汰赛。

胜方比赛轮数为2自乘3次即23，需比赛三轮。胜方比赛场数为参加人数−1=8−1=7场。

负方比赛轮数=胜方轮数+1=3+1=4轮，负方比赛场数=参加人数−2=8−2=6场。

故8人参加双淘汰赛共需打7轮，13场比赛。

（2）双淘汰赛比赛秩序表（以8人为例，如图7-3-3所示）。

思考题

1. 小型体育竞赛规程的主要内容有哪些？

2. 体育竞赛主要的组织工作有哪些？

第八章

学生体质健康测试

学习提要

1.《国家学生体质健康标准（2014年修订）》的测试指标与方法。

2.《国家学生体质健康标准（2014年修订）》的评分表。

第一节 《国家学生体质健康标准（2014 年修订）》测试项目及方法

一、单项指标与权重

单项指标与权重如表 8-1-1。

表 8-1-1 单项指标与权重

测试对象	单项指标	权 重
大学各年级	体重指数（BMI）	15%
	肺活量	15%
	50米跑	20%
	坐位体前屈	10%
	立定跳远	10%
	引体向上（男）/1分钟仰卧起坐（女）	10%
	1000米跑（男）/800米跑（女）	20%

注：体重指数（BMI）= 体重（千克）/ 身高 ^{2}（米 ^{2}）。

二、学生体质健康的测试方法

（一）身　高

1. 测试目的

测试学生身高，与体重测试相配合，评定学生的身体匀称度，评价学生生长发育的水平及营养状况。

2. 测试方法

受试者赤足，立正姿势站在身高计的底板上（上肢自然下垂，足跟并拢，足尖分开成60°角）。足跟、骶骨部及两肩胛区与立柱相接触，躯干自然挺直，头部正直，耳屏上缘与眼眶下缘呈水平位（图8-1-1）。测试人员站在受试者右侧，将水平压板轻轻沿立柱下滑，轻压于受试者头顶。测试人员读数时双眼应与压板水平面等高进行读数，记录员复述后进行记录。以厘米为单位，精确到小数点后一位。测试误差不得超过0.5厘米。

图 8-1-1

3. 注意事项

（1）身高计应选择在平坦靠墙的地方放置，立柱的刻度尺应面向光源。

（2）严格掌握“三点靠立柱”“两点呈水平”的测量姿势要求，测试人员读数时两眼一定与压板等高，两眼高于压板时要下蹲，低于压板时应垫高。

（3）水平压板与头部接触时，松紧要适度，头发蓬松者要压实，头顶的发辫、发结要放开，饰物要取下。

（4）读数完毕，立即将水平压板轻轻推向安全高度，以防碰坏。

（5）测量身高前，受试者应避免进行剧烈体育活动和体力劳动。

（二）体　重

1. 测试目的

测试学生的体重，与身高测试相配合，评定学生的身体匀称度，评价学生生长发育的水平及营养状况。

2. 测试方法

测试时，杠杆秤应放在平坦地面上，调整0点至刻度尺水平位。受试者赤足，男性受试者身着短裤；女性受试者身着短裤、短袖衫，站在秤台中央（图8-1-2）。测试人员放置适当砝码并移动游标至刻度尺平衡。读数以千克为单位，精确到小数点后一位。记录员复诵后将读数记录。测试误差不超过0.1千克。

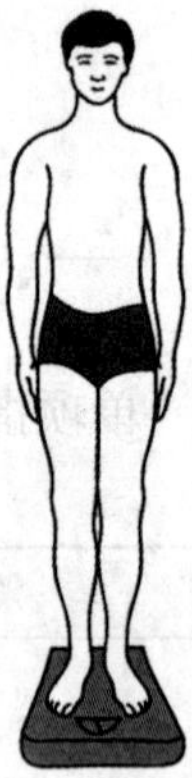
图 8-1-2

3. 注意事项

（1）测量体重前受试者不得进行剧烈体育活动或体力劳动。

（2）受试者站在秤台中央，上下杠杆秤动作要轻。

（三）肺活量

1. 测试目的

测试学生的肺通气功能。

2. 测试方法

房间通风良好；使用干燥的一次性口嘴（非一次性口嘴，则每换测试对象需消毒一次，每测一人时将口嘴下倒出唾液并注意消毒后必须使其干燥）。肺活量计主机放置在平稳桌面上，检查电源线及接口是否牢固，按工作键液晶屏显示“0”即表示机器进入工作状态，预热 5 分钟后测试为佳。

首先告知受试者不必紧张，并且要尽全力，以中等速度和力度吹气效果最好。令被测试者面对肺活量计站立，手持吹气口嘴，测试过程口嘴或鼻处不能漏气，如漏气应调整口嘴和用鼻夹（或自己捏鼻孔）；学会深吸气（避免耸肩提气，应该像闻花似的慢吸气）。受试者进行一两次较平日深一些的呼吸动作后，更深地吸一口气，屏住气向口嘴处慢慢呼出至不能再呼为止，防止此时从口嘴处吸气。测试中不得中途二次吸气。吹气完毕后，液晶屏上最终显示的数字即为肺活量毫升值。以毫升为单位，不保留小数。

3. 注意事项

（1）电子肺活量计的计量部位的通畅和干燥是仪器准确的关键，吹气筒的导管必须在上方，以免口水或杂物堵住气道。

（2）严禁用水、酒精等任何液体冲洗气筒内部。

（3）导气管存放时不能弯折。

（4）定期校对仪器。

（四）50 米跑

1. 测试目的

测试学生速度、灵敏素质及神经系统灵活性的发展水平。

2. 测试方法

受试者至少两人一组测试。站立起跑，受试者听到“跑”的口令后开始起跑。发令员在发出口令同时要摆动发令旗。计时员视旗动开表计时，受试者躯干部到达终点线的垂直面停表。以秒为单位记录测试成绩，精确到小数点后一位，小数点后第二位数按非 0 进 1 原则进位，如 10.11 秒读成 10.2 秒并记录之。

3. 注意事项

（1）受试者测试最好穿运动鞋或平底布鞋，赤足亦可，但不得穿钉鞋、皮鞋、塑料凉鞋。

（2）发现有抢跑者，要当即召回重跑。

（3）如遇风时一律顺风跑。

（五）坐位体前屈

1. 测试目的

测量学生在静止状态下的躯干、腰、髋等关节可能达到的活动幅度，主要反映这些部位的关节、韧带和肌肉的伸展性和弹性及学生身体柔韧素质的发展水平。

2. 测试方法

受试者两腿伸直，两脚平蹬测试纵板坐在平地上，两脚分开 10 ～ 15 厘米，上体前屈，两臂伸直，用两手中指尖逐渐向前推动游标，直到不能前推为止（图 8-1-3）。测试计的脚蹬纵板内沿平面为 0 点，向内为负值，向前为正值。记录以厘米为单位，保留一位小数。测试两次，取最好成绩。

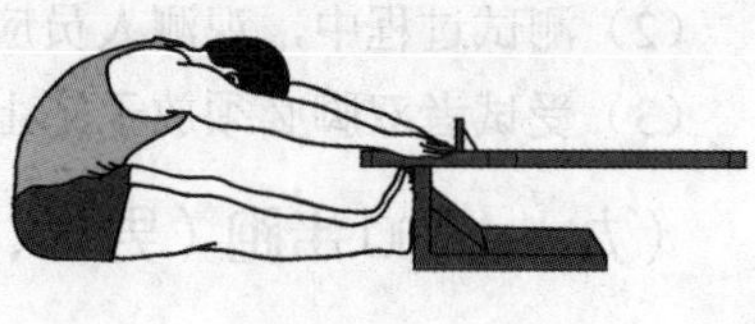

图 8-1-3

3. 注意事项

（1）身体前屈，两臂向前推游标时两腿不能弯曲。

（2）受试者应匀速向前推动游标，不得突然发力。

（六）立定跳远

1. 测试目的

测试学生下肢爆发力及身体协调能力的发展水平。

2. 测试方法

受试者两脚自然分开站立，站在起跳线后，脚尖不得踩线（最好用线绳做起跳线）。两脚原地同时起跳，不得有垫步或连跳动作。丈量起跳线后缘至最近着地点后的垂直距离，以厘米为单位，不计小数。

3. 注意事项

（1）发现犯规时，此次成绩无效。

（2）可以赤足，但不得穿钉鞋、皮鞋、塑料凉鞋参加测试。

（七）引体向上（男）

1. 测试目的

测试学生的上肢肌肉力量的发展水平。

2. 测试方法

受试者跳起双手正握杠，两手与肩同宽成直臂悬垂。静止后，两臂同时用力引体（身体不能有附加动作），上拉到下颌超过横杠上缘为完成一次。记录引体次数。

3. 注意事项

（1）受试者应双手正握单杠，待身体静止后开始测试。

（2）引体向上时，身体不得做大的摆动，也不得借助其他附加动作撑起。

（3）两次引体向上的间隔时间超过 10 秒则停止测试。

（八）1 分钟仰卧起坐（女）

1. 测试目的

测试学生的腹肌耐力。

2. 测试方法

受试者仰卧于垫上，两腿屈膝，小腿与地面呈 45° 角左右，两手轻轻地搭在双耳侧。脚底与地面平行。受试者坐起时两肘触及或超过双膝为完成一次。仰卧时两肩胛必须触垫（图 8-1-4）。

3. 注意事项

（1）如发现受试者借用肘部撑垫或臀部起落的力量起坐时，该次不计数。

（2）测试过程中，观测人员应向受试者报数。

（3）受试者双脚必须放于垫上。

图 8-1-4

（九）1000 米跑（男）、800 米跑（女）

1. 测试目的

测试学生耐力素质的发展水平，特别是心血管呼吸系统的机能及肌肉耐力。

2. 测试方法

受试者至少两人一组进行测试，站立式起跑。当听到“跑”的口令后开始起跑。计时员看到旗动开表计时，当受试者的躯干部到达终点线垂直面时停表。以分、秒为单位记录测试成绩，不计小数。

3. 注意事项

（1）如果在非 400 米标准场地上进行测试，测试人员应向受试者报告剩余圈数，以免跑错距离。

（2）测试人员应告知受试者在跑完后要继续缓慢走动，不要立刻停下，以免发生意外。

（3）受试者不得穿皮鞋、塑料凉鞋、钉鞋参加测试。

（4）对分、秒进行换算时要细心，防止差错。

知 识 窗

《国家学生体质健康标准（2014 年修订）》的内涵是测量学生体质健康状况和锻炼效果的评价标准，是国家对不同年龄段学生体质健康方面的基本要求，是学生体质健康的个体评价标准。健康的概念包括身体健康、心理健康和社会适应。《国家学生体质健康标准（2014 年修订）》涵盖的是与学校体育密切相关的学生身体健康范畴。为了界定它的内涵，又避免与三维的健康概念混淆，故将“体质”作为“健康”的定语以示其内涵。

第二节　《国家学生体质健康标准（2014 年修订）》评分表

各评分表如表 8-2-1 至表 8-2-7。

表 8-2-1　体重指数（BMI）单项评分表　（单位：千克 / 米 ^{2}）

等　级	单项得分	大学男生	大学女生
正　常	100	17.9～23.9	17.2～23.9
低体重	80	≤17.8	≤17.1
超　重		24.0～27.9	24.0～27.9
肥　胖	60	≥28.0	≥28.0

表 8-2-2　大学男生各测试项目评分表　（大一、大二适用）

等　级	单项得分	肺活量（毫升）	50米跑（秒）	坐位体前屈（厘米）	立定跳远（厘米）	引体向上（次）	耐力跑 1000 米 /（分：秒）
优　秀	100	5040	6.7	24.9	273	19	3:17
	95	4920	6.8	23.1	268	18	3:22
	90	4800	6.9	21.3	263	17	3:27
良　好	85	4550	7.0	19.5	256	16	3:34
	80	4300	7.1	17.7	248	15	3:42

续 表

等　级	单项得分	肺活量（毫升）	50米跑（秒）	坐位体前屈（厘米）	立定跳远（厘米）	引体向上（次）	耐力跑 1000 米 /（分：秒）
及　格	78	4180	7.3	16.3	244		3:47
	76	4060	7.5	14.9	240	14	3:52
	74	3940	7.7	13.5	236		3:57
	72	3820	7.9	12.1	232	13	4:02
	70	3700	8.1	10.7	228		4:07
	68	3580	8.3	9.3	224	12	4:12
	66	3460	8.5	7.9	220		4:17
	64	3340	8.7	6.5	216	11	4:22
	62	3220	8.9	5.1	212		4:27
	60	3100	9.1	3.7	208	10	4:32
不及格	50	2940	9.3	2.7	203	9	4:52
	40	2780	9.5	1.7	198	8	5:12
	30	2620	9.7	0.7	193	7	5:32
	20	2460	9.9	−0.3	188	6	5:52
	10	2300	10.1	−1.3	183	5	6:12

表 8-2-3　大学男生各测试项目评分表　（大三、大四适用）

等　级	单项得分	肺活量（毫升）	50米跑（秒）	坐位体前屈（厘米）	立定跳远（厘米）	引体向上（次）	耐力跑 1000 米 /（分：秒）
优　秀	100	5140	6.6	25.1	275	20	3:15
	95	5020	6.7	23.3	270	19	3:20
	90	4900	6.8	21.5	265	18	3:25
良　好	85	4650	6.9	19.9	258	17	3:32
	80	4400	7.0	18.2	250	16	3:40
及　格	78	4280	7.2	16.8	246		3:45
	76	4160	7.4	15.4	242	15	3:50
	74	4040	7.6	14.0	238		3:55
	72	3920	7.8	12.6	234	14	4:00
	70	3800	8.0	11.2	230		4:05
	68	3680	8.2	9.8	226	13	4:10
	66	3560	8.4	8.4	222		4:15
	64	3440	8.6	7.0	218	12	4:20
	62	3320	8.8	5.6	214		4:25
	60	3200	9.0	4.2	210	11	4:30
不及格	50	3030	9.2	3.2	205	10	4:50
	40	2860	9.4	2.2	200	9	5:10
	30	2690	9.6	1.2	195	8	5:30
	20	2520	9.8	0.2	190	7	5:50
	10	2350	10.0	−0.8	185	6	6:10

表 8-2-4　大学女生各测试项目评分表　（大一、大二适用）

等级	单项得分	肺活量（毫升）	50米跑（秒）	坐位体前屈（厘米）	立定跳远（厘米）	1分钟仰卧起坐（次）	耐力跑 800 米 /（分：秒）
优秀	100	3400	7.5	25.8	207	56	3:18
	95	3350	7.6	24.0	201	54	3:24
	90	3300	7.7	22.2	195	52	3:30
良好	85	3150	8.0	20.6	188	49	3:37
	80	3000	8.3	19.0	181	46	3:44
及格	78	2900	8.5	17.7	178	44	3:49
	76	2800	8.7	16.4	175	42	3:54
	74	2700	8.9	15.1	172	40	3:59
	72	2600	9.1	13.8	169	38	4:04
	70	2500	9.3	12.5	166	36	4:09
	68	2400	9.5	11.2	163	34	4:14
	66	2300	9.7	9.9	160	32	4:19
	64	2200	9.9	8.6	157	30	4:24
	62	2100	10.1	7.3	154	28	4:29
	60	2000	10.3	6.0	151	26	4:34
不及格	50	1960	10.5	5.2	146	24	4:44
	40	1920	10.7	4.4	141	22	4:54
	30	1880	10.9	3.6	136	20	5:04
	20	1840	11.1	2.8	131	18	5:14
	10	1800	11.3	2.0	126	16	5:24

表 8-2-5　大学女生各测试项目评分表　（大三、大四适用）

等级	单项得分	肺活量（毫升）	50米跑（秒）	坐位体前屈（厘米）	立定跳远（厘米）	1分钟仰卧起坐（次）	耐力跑 800 米 /（分：秒）
优秀	100	3450	7.4	26.3	208	57	3:16
	95	3400	7.5	24.4	202	55	3:22
	90	3350	7.6	22.4	196	53	3:28
良好	85	3200	7.9	21.0	189	50	3:35
	80	3050	8.2	19.5	182	47	3:42
及格	78	2950	8.4	18.2	179	45	3:47
	76	2850	8.6	16.9	176	43	3:52
	74	2750	8.8	15.6	173	41	3:57
	72	2650	9.0	14.3	170	39	4:02
	70	2550	9.2	13.0	167	37	4:07
	68	2450	9.4	11.7	164	35	4:12
	66	2350	9.6	10.4	161	33	4:17
	64	2250	9.8	9.1	158	31	4:22
	62	2150	10.0	7.8	155	29	4:27
	60	2050	10.2	6.5	152	27	4:32
不及格	50	2010	10.4	5.7	147	25	4:42
	40	1970	10.6	4.9	142	23	4:52
	30	1930	10.8	4.1	137	21	5:02
	20	1890	11.0	3.3	132	19	5:12
	10	1850	11.2	2.5	127	17	5:22

表 8-2-6　大学生加分指标测试项目评分表一　　（单位：次）

加　分	引体向上（男）		1分钟仰卧起坐（女）	
	大一、大二	大三、大四	大一、大二	大三、大四
10	10	10	13	13
9	9	9	12	12
8	8	8	11	11
7	7	7	10	10
6	6	6	9	9
5	5	5	8	8
4	4	4	7	7
3	3	3	6	6
2	2	2	4	4
1	1	1	2	2

注：引体向上（男）、一分钟仰卧起坐（女）均为高优指标，学生成绩超过单项评分 100 分后，以超过的次数所对应的分数进行加分。

表 8-2-7　大学生加分指标测试项目评分表二　　（单位：秒）

加　分	1000米跑（男）		800米跑（女）	
	大一、大二	大三、大四	大一、大二	大三、大四
10	-35	-35	-50	-50
9	-32	-32	-45	-45
8	-29	-29	-40	-40
7	-26	-26	-35	-35
6	-23	-23	-30	-30
5	-20	-20	-25	-25
4	-16	-16	-20	-20
3	-12	-12	-15	-15
2	-8	-8	-10	-10
1	-4	-4	-5	-5

注：1000 米跑（男）、800 米跑（女）均为低优指标，学生成绩低于单项评分 100 分后，以减少的秒数所对应的分数进行加分。

思考题

1. 列举出《国家学生体质健康标准（2014 年修订）》的测试指标。
2.《国家学生体质健康标准（2014 年修订）》的测试方法主要有哪些？

第九章 田 径

学习提要

1. 田径运动的发展及锻炼价值。
2. 径赛和田赛项目的有关规则。
3. 跑的项目和动作分解。
4. 跳的项目和动作分解。
5. 投的项目和动作分解。

第一节 田径运动概述

一、田径运动的起源与发展

田径运动是人类通过长期的社会实践发展起来的，是世界上最为普及的体育运动之一，也是历史最悠久的体育运动。根据国际业余田径联合会章程中对田径运动的解释，把田径运动的定义表述为：“田径运动是由田赛和径赛、公路赛、竞走和越野赛组成的运动项目。”在众多的田径单项比赛中，我们通常把在跑道或公路上举行的以时间计算成绩的比赛项目称为径赛，把在专门的场地上进行的以高度和远度计算成绩的比赛项目称为田赛。而全能运动是由部分跑、跳跃、投掷项目组成的以评分为办法计算成绩的综合比赛项目。

田径运动起源于古时人类的生活、生存方式，人们为了获得生活资料，在和大自然的斗争中，不得不走或跑相当的距离，越过各种障碍，投掷石块和使用各种捕猎工具。在劳动中不断地重复这些动作，便形成了走、跑、跳跃和投掷的各种技能。随着社会的发展，人们有意识地把走、跑、跳跃、投掷作为练习和比赛形式。后来，这些基本技能逐渐发展和提高并日益走向成熟。

据史料记载，公元前776年，在古希腊奥林匹克村举行了第1届古代奥运会，从那时起，田径运动就被列为正式比赛项目之一。1894年在法国人皮埃尔·德·顾拜旦倡议下，在巴黎召开了国际体育代表大会，成立了国际奥林匹克委员会。1896年在希腊雅典召开了第1届现代奥林匹克运动会，并确立了田径为奥运会的第一运动。第1届现代奥运会只有男子田径项目的比赛，直到1928年阿姆斯特丹奥运会才增设了女子田径项目。1912年，国际业余田径联合会在斯德哥尔摩成立。随后拟订了国际统一的田径竞赛项目和竞赛规则。国际业余田径联合会的成立，对于田径运动的发展，起了积极的推动作用。

20世纪初现代田径运动传入中国。1932年洛杉矶奥运会田径选手刘长春成为第一个参加奥运会比赛的中国人。中华人民共和国成立后，田径运动得到迅速普及，技术水平提高很快，使我国田径技术水平和成绩缩短了与国际之间的差距。1957年，女子跳高运动员郑凤荣以1.77米打破了当时1.76米的世界纪录，成为中国运动员打破田径世界纪录的第一人。1983年，在第5届全运会上朱建华以2.38米创造了他自己保持的2.37米的跳高世界纪录。同年，徐永久以45分13秒4的成绩创造了女子10公里竞走世界纪录，成为我国第一个在世界比赛中获得冠军的田径运动员。1992年第25届奥运会上，我国女子竞走运动员陈跃玲获得10公里竞走金牌，实现了我国奥运史上田径项目金牌“零”的突破。此后，我国女子运动员王军霞先后以29分31秒78和8分06秒41的成绩创造了10000米和3000米的世界纪录。曲云霞以3分50秒46的成绩创造了1500米的世界纪录。1996年亚特兰大奥运会上王军霞又获得了5000米的金牌和10000米的银牌。进入21世纪，2000年悉尼奥运会上中国运动员王丽萍获得了20公里竞走的金牌。2004年雅典奥运会上，刘翔以12秒91平世界纪录的成绩获得了男子110米栏金牌。这是中国男运动员在奥运会上夺得的第1枚田径金牌，翻开了中国田径历史新的一页。此次奥运会上，邢慧娜也在女子10000米比赛中获得了金牌。2006年7月在瑞士洛桑田径大奖赛上，刘翔以12秒88的成绩打破了12秒91的110米栏世界纪录，为中国田径运动又竖起了一座新的丰碑。在2015年北京田径世锦赛上，苏炳添创造了百米9秒99的好成绩，成为了历史上第一位进入世锦赛男子100米决赛的中国人。同时，苏炳添带领莫有雪、谢震业和张培萌，两度改写中国和亚洲的历史——先在预赛中以37秒92大幅提高了自己保持的4×100米接力亚洲纪录，接着在决赛中拼下银牌，震惊四座。在2020年东京奥运会上，苏炳添以9秒83的成绩打破亚洲纪录。

二、田径运动的锻炼价值

（一）田径运动的特点

1. 与生活密切相关

走、跑、跳、掷是人类生活的基本技能，是田径运动项目中最基本的运动形式。这些自然动作和技能对学习掌握田径运动各项技术有着十分密切的关系。

2. 具有广泛性

田径运动既具有个体性，又具有广泛的群众性。田径运动除接力跑外，都是以个人为单位参加比赛的运动项目，团体成绩和名次大都是由个人成绩和名次及接力跑成绩的名次的计分相加决定的。田径运动是体育运动中最大的一个项目，是任何大型运动会中比赛项目最多，参赛运动员最多的项目，经常参加田径运动的人也最多。

3. 简易可行

参加田径运动很少受到场地条件限制。男女老少都可以在平原、田野、草地、小道、公路、河滩、沙地、丘陵、上岗、公园等较宽敞安全的地带从事田径运动。

（二）田径运动的作用

进行田径健身运动能提高走、跑、跳跃、投掷等基本活动能力；能促进人体正常的生长发育和各器官、系统机能的发展；提高人体对外界环境的适应能力；能全面发展身体的力量、速度、耐力素质；增强体质、提高健康水平；能培养学生和运动员勇敢、顽强、吃苦耐劳以及较强的组织性、纪律性和竞争意识等优良品质。

走、慢跑等有氧运动不仅可以提高心肺耐力，还可以燃烧脂肪。女子经常进行健身走或慢跑的有氧运动，能够保持健美的体型。

第二节　田径运动基本规则简介

一、径赛主要规则

（一）起跑

（1）400米及400米以下的各个径赛项目，起跑时应使用“各就位”和“预备”口令。

（2）400米以上的各个径赛项目（除了4×200米、异程接力和4×400米），起跑时应使用“各就位”口令。

所有比赛通常应以发令员发令枪朝天鸣放的信号为起跑信号。

（二）起跑犯规

（1）当使用国际田联认证的起跑信息系统时，发令员和（或）指定的召回员应头戴耳机，以便清楚地听见监测系统发出的犯规提示声音信号（也就是，当反应时小于0.100秒）。发令枪响后，当发令员和（或）指定的召回员听到声音信号，应召回本次参赛运动员，并且发令员应立即检查起跑信息系统上的反应时和其他相关信息，以便确认哪位运动员对本次召回负责。

（2）运动员在做好最后起跑姿势之后，只能在接收到发令枪发出的信号之后开始起跑。如果发令员判定运动员在发令枪发出信号之前起跑，应判为起跑犯规。

（3）除全能项目之外，任何对起跑犯规负责的运动员将被发令员取消该项目的比赛资格。

（4）出现起跑犯规的情况后，助理发令员应当：①除全能比赛，应取消对起跑犯规负有责任的一名或多名运动员的比赛资格，并在该运动员面前出示红黑牌（用对角线分为两半）；②在全能比赛中，对第一次起跑犯规负有责任的一名或多名运动员给予警告，并在该运动员面前出示黄黑牌（用对角线分为两半），同时，由一名或多名助理发令员向所有该项比赛的其他运动员出示黄黑牌，以示警告，并告知他们如果任何运动员再次起跑犯规将被取消比赛资格；③如果再次发生起跑犯规，对起跑犯规负有责任的一名或多名运动员将被取消比赛资格，并在该运动员前举起红黑牌，分别在各自分道的道次墩上做出相应的标记。

（5）发令员或任何一位召回员认为本次起跑不公允，将鸣枪召回运动员。

关于起跑不公允的规则不仅仅限于抢跑，这些规则还应用在其他情况下。例如，起跑器打滑以及一名或多名运动员在起跑过程中受到外来物体干扰等。

（三）跨栏跑

运动员应跨越每个栏架，否则将被取消比赛资格。此外，出现下列情况，运动员也将被取消比赛资格：①在过栏瞬间，其脚或腿在栏架两侧以外（任意一边），低于栏顶的水平面；②裁判长认为运动员有意撞倒任一栏架。

（四）障碍赛跑

运动员必须越过或涉过水面，并且跨越每一个栏架，否则将被取消比赛资格。

此外，出现下列情况也将被取消比赛资格：①踏上水池两边的任意一边；②在过栏瞬间，其脚或腿在栏架侧面以外（任意一边），低于栏顶水平面。

（五）接力跑

（1）当接力的全程或第一棒为分道跑时，运动员可在自己分道内用胶布做一个标志，其最大尺寸为 0.05 米×0.40 米，颜色应明显区别于跑道上其他永久性标志。不得使用其他标记。裁判员可以指导相关运动员执行规则或移除不符合规则的标记。如果他们不执行，裁判员将移除这些标记。

（2）接力棒必须在接力区内交接。接力棒的交接从接力棒初次触及接棒运动员开始，到完全由接棒运动员手持才算完成。仅以接力棒的位置决定是否在接力区内完成接力。在接力区外交接棒将被取消比赛资格。在决定接力棒的位置时，要考虑接力棒的整体位置。检查裁判员必须确保他们能够观察到接棒运动员在接力棒进入到接力区前接触到接力棒，特别是在 4×400 米或其他长距离项目上。接棒运动员在接力棒进入到接力区之前接触到接力棒，该运动员所在接力队将被判取消比赛资格。他们还必须确保，在接力棒离开接力区前，接力棒只在接棒运动员手中。

（3）在比赛过程中，任何运动员手持或捡拾其他接力队的接力棒时，该接力队将被取消资格。其他接力队不应受罚，除非从中获得利益。

（4）接力队的每位成员只能参加接力赛的其中一棒。参加接力比赛任何赛次的 4 名运动员，可以是报名参加其他项目比赛的任何运动员。然而，一旦开始比赛，每队只允许有两名替补队员参加比赛。如果违反此规定，将取消该队比赛资格。

（六）竞走

竞走是运动员用双脚与地面保持接触，连续向前迈进的过程，没有（人眼）可见的腾空。前腿从脚触地瞬间至垂直部位必须伸直（即膝关节不得弯曲）。

第三节 跑

一、短 跑

短跑项目包括100米跑、200米跑和400米跑。

（一）100米跑

1. 起 跑

田径竞赛规则规定，短跑比赛运动员必须采用蹲踞式起跑，必须使用起跑器，要按发令员的口令完成起跑动作。起跑器的安装方式主要有普通式和拉长式两种，运动员应根据个人的身高、体型、身体素质和技术水平等情况来选择起跑器的安装方式。

普通式：前起跑器距起跑线一脚半长，后起跑器距前起跑器一脚半长。前后起跑器的抵足板与地面夹角分别约成45° 和75°，两起跑器的左右间隔约15厘米。

拉长式：前起跑器距起跑线两脚长，后起跑器距前起跑器一脚长，起跑器的抵足板与地面的夹角及两起跑器左右间隔与普通式基本相同。

起跑技术包括“各就位”“预备”和鸣枪三个阶段。

听到“各就位”口令后，运动员走到起跑器前，俯身，两手撑地，两脚依次蹬在前后起跑器的抵足板上，脚尖应触及地面，后腿膝关节跪地。接着两臂收回到起跑线后撑地，两臂伸直，两手间距离比肩稍宽，四指并拢与拇指成“八”字形，颈部自然放松，身体重量均匀地落在两手、前腿和后膝之间，注意听“预备”口令。

听到“预备”口令后，逐渐抬起臀部和后膝，臀部要稍高于肩部，身体重心适当向前上方移动，肩部稍超出起跑线，重心落在两臂和前腿上。两脚紧贴起跑器抵足板，集中注意力听枪声。

听到枪声后，两手迅速推离地面，两臂屈肘做积极有力的前后摆动，同时两腿快速用力蹬起跑器，后腿快速蹬离起跑器后迅速屈膝向前上方摆出，前腿快速有力地蹬伸（图9-3-1）。

图9-3-1

2. 起跑后的加速跑

起跑后的加速跑是从蹬离起跑器到途中跑之间的一个跑段，一般为30米左右，其任务是尽快加速达到自己的最高速度。

起跑后第一步约三脚半长，第二步约为四脚至四脚半长，以后逐渐增大，直至途中跑的步长。腿蹬离起跑器后，身体处于较大的前倾姿势，为了不使身体向前摔倒，要积极加快腿的蹬伸与臂的摆动，保持身体的平衡。

最初几步两脚着地点并非在一条直线上，随着速度的加快，两脚内侧着地点逐渐趋于一条直线上。

3. 途中跑

途中跑在整个短跑中是最长的一段距离，其主要的任务是继续发展和保持较长距离的最高速度。其动作特点是前脚掌落在身体重心投影点的稍前面，脚触地后膝关节微屈，足踵下沉，使身体重心很快地移过垂直阶段；接着后腿的髋、膝、踝关节依次迅速伸展，完成快速有力的后蹬。后蹬的角度约为 50°，后蹬方向要正。随着腿的落地动作，摆动腿的大腿迅速前摆，小腿随惯性折叠。蹬地腿蹬地时，大腿积极向前上方摆动，并把同侧髋一起带出。落地前，大腿要迅速积极地下压，这时由于惯性缘故，小腿自然前伸，接着前脚掌迅速和有弹性地向下、向后做“扒地”动作。

途中跑时，头要正对前方，两眼要向前平视，上体保持正直或微向前倾。以肩关节为轴，两臂轻松而有力地向前摆动。前摆时，不超过身体中线和下颌，大小臂之间所成的角度约 90°；后摆时，肘关节要稍微向外。摆臂动作应以自然协调为原则（图 9-3-2）。

图 9-3-2

4. 终点跑

终点跑是全程跑的最后一段，要求运动员在离终点线 15 ～ 20 米处时，尽力加快两臂摆动速度和力量，保持上体前倾角度，当离终点线一步距离时，上体急速前倾，双手后摆，用胸部或肩部冲向终点线，跑过终点后逐渐减速。

（二）200 米跑和 400 米跑

200 米跑和 400 米跑，有一半以上的距离是在弯道上进行的，弯道跑与直道跑的技术有区别。

1. 弯道起跑和起跑后的加速跑

为了便于弯道起跑后能有一段直线距离进行加速跑，应将起跑器安装在弯道跑道的右侧，起跑器对着弯道的切线方向。弯道起跑后，前几步应沿着内侧分道线的切线跑进（图 9-3-3）。加速跑的距离适当缩短，上体抬起较早。在进入弯道时，应尽可能地沿着跑道内侧跑，身体及时向内侧倾斜。

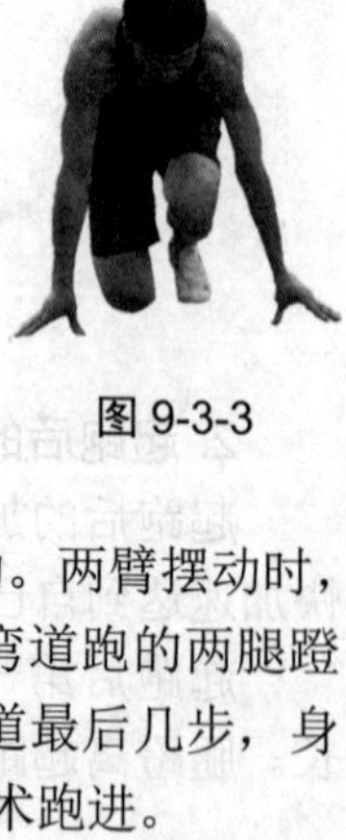

图 9-3-3

2. 弯道跑技术

运动员从直道进入弯道时，身体应有意识地向内倾斜，加大右侧腿和臂的摆动力量和幅度，身体应向圆心方向倾斜。后蹬时，右腿用前脚掌的内侧，左脚用前脚掌外侧蹬地。两腿摆动时，右腿膝关节稍向内摆动，左腿膝关节稍向外摆动。两臂摆动时，右臂前摆稍向左前方，后摆时肘关节稍偏向右后方；左臂稍离躯干做前后摆动。弯道跑的两腿蹬地与摆动方向都应与身体向圆心方向倾斜趋于一致。从弯道跑进直道时，应在弯道最后几步，身体逐渐减小内倾程度，自然跑几步，然后作一个进入直道的调整，按直道途中跑技术跑进。

二、中长跑

中长跑项目包括 800 米跑、1500 米跑和 3000 米跑。

（一）起跑和起跑后的加速跑

中长跑采用站立式起跑，当运动员听到“各就位”的口令后，迅速走到起跑器后，习惯将力量较大的脚放在起跑线后，前后脚距约一脚长，左右脚距约半脚长，后脚掌触地，眼看起跑线 5 ～ 10 米处，两臂一前一后，身体保持稳定，集中注意听枪声。当听到枪声后，两腿迅速用力蹬地，两臂配合腿部动作做快速有力的摆动，使身体迅速向前冲出，在短时间内获得较快的跑速，然后进入匀速有节奏的途中跑。

（二）途中跑

途中跑的距离最长，是中长跑的主要部分。中长跑的强度小于短跑，跑速相对较慢，动作速度和用力程度相对较小，除了战术需要而改变跑的节奏外，一般多采用匀速跑，跑时要做到技术合理、速度均匀、节奏感强、全身动作协调有力。

（三）终点跑

终点跑是运动员在十分疲劳的情况下，竭尽全力进行最后一段距离的冲刺跑。在运动员实力接近的条件下，它将决定比赛的胜负。

什么时候开始终点冲刺，这要根据比赛项目、训练的水平、战术的要求和临场的情况等因素决定。一般情况下，800 米可在最后 200 ～ 300 米，1500 米在最后 300 ～ 400 米，5000 米以上可以在最后 400 米或稍长的距离开始加速，长距离的项目加速距离可更长些。速度占优势的采取紧跟，在进入最后直道时，才开始做最后冲刺超越对手。

（四）中长跑的呼吸

中长跑时，应注意呼吸的节奏。呼吸应自然和有一定的深度，一般是跑两三步一呼气，跑两三步一吸气。随着跑速的提高，呼吸频率也相应加快。中长跑时，由于强度大、竞争激烈，为了提高呼吸效率可采用半张的口与鼻子同时呼吸，以最大限度地满足机体对氧气的需要。

中长跑时，跑一段距离后会不同程度地出现胸部发闷、呼吸困难、动作无力，迫使跑速降低的感觉，这种生理现象叫“极点”。当“极点”出现时，应适当降低跑速，深呼吸，特别是加深呼气，同时要以顽强的意志坚持下去。

第四节 跳

一、跳 高

随着跳高技术的发展，在正式比赛中已经比较普遍采用背越式跳高。背越式跳高技术由助跑、起跳、过杆和落地四个部分组成（图 9-4-1）。

图 9-4-1

（一）助　跑

一般助跑分为前段直线跑和后段弧线跑。助跑开始采用直线助跑，用前脚掌着地，富有弹性的跑；提高重心，步幅均匀，不断加速；进入弧线跑时，前脚掌沿弧线落地，外侧摆动腿有弹性地蹬地，上体逐步加大向弧线内侧倾斜。助跑的节奏要快，特别是助跑最后两步髋关节前送幅度要大，迈步时上体保持较垂直的姿势，摆动腿积极，充分后蹬，起跳腿快速前伸，髋部自然前送。助跑时两臂应积极有力地前后摆动，弧线跑时外侧手臂摆动幅度应大于内侧手臂的摆动幅度。

（二）起　跳

起跳腿以大腿带动小腿积极下压着地，起跳脚脚跟外侧先着地，接着通过脚的外侧滚动至全脚掌，脚尖朝向弧线的切线方向。随着身体由内倾转为垂直，迅速地完成缓冲和蹬伸动作，运动员顺势向上跳起。

摆动腿蹬离地面以后，以髋发力加速向前摆大腿，同时屈膝折叠，当摆动腿摆过起跳腿前方后应向里转，而小腿和脚要稍外展。摆动腿沿着助跑弧线的延续方向加速上摆，直至减速制动。两臂的摆动要与摆动腿的摆动协调配合。

（三）过杆和落地

当起跳腿蹬离地面结束起跳以后，身体应保持伸展的姿势向上腾起，同时在摆动腿和同侧臂的带动下，围绕身体纵轴旋转，使身体转向背对横杆。当头和肩越过横杆以后，及时地仰头、倒肩和展体，并利用身体重心向上的速度，收腿挺髋，形成身体的背弓姿势。这时两腿屈膝稍后收，两臂置于体侧。当身体重心移过横杆时，则应做相反的补偿，即含胸收腹，控制上体继续下旋，同时以髋部发力，带动大腿和小腿加速向后上方甩腿，使整个身体脱离横杆。保持着屈髋伸膝的姿势下落，最后以上背部或背先落于海绵垫上。落在海绵垫后要做好缓冲控制，防止受伤。

二、跳　远

跳远技术由助跑、起跳、腾空和落地四个部分组成。

（一）助　跑

助跑是为了获得理想的水平速度，并为准确踏板和快速有力的起跳做好准备。助跑距离与运动员的年龄、运动水平和发挥速度的能力有关，助跑的距离一般为 28 ～ 50 米。男子助跑为 16 ～ 24 步，女子为 14 ～ 18 步。助跑过程注意身体重心、节奏的把握，最后一步达到助跑最高速度。

（二）起 跳

助跑的倒数第二步摆动腿着地时，膝关节迅速前移，上体正直，起跳腿自然积极地前摆。在起跳腿的大腿前摆时，抬腿要比短跑时低些，并积极主动下压，用全脚掌踏上起跳板，然后，屈膝缓冲，身体重心稍降低，当身体重心移至起跳腿支点的垂直部位时，起跳腿迅速用力蹬伸，使髋、膝、踝三个关节迅速伸直，上体挺起，摆动腿的大腿积极向前上方摆至水平位置，小腿自然下垂，完成起跳动作。

起跳腿蹬伸充分的同侧臂屈肘向前上方摆起，异侧臂屈肘向侧摆起，当双臂肘关节摆至略低于肩或与肩同高时突停，使身体借助于摆臂的惯性提肩、拔腰、挺胸、顶头，帮助身体重心提起，增大起跳效果。

（三）腾 空

起跳腾空后的空中动作主要有挺身式、蹲踞式和走步式，以下介绍挺身式（图 9-4-2）。

起跳腾空后，摆动腿的大腿积极下放，小腿随之向下、向后方摆动，留在体后的起跳腿与摆动腿靠拢。当达到腾空最高点时，身体充分伸展，形成“挺胸展髋”姿势。两臂上举或后摆，然后收腹团身，落地瞬间双腿前伸成落地动作。

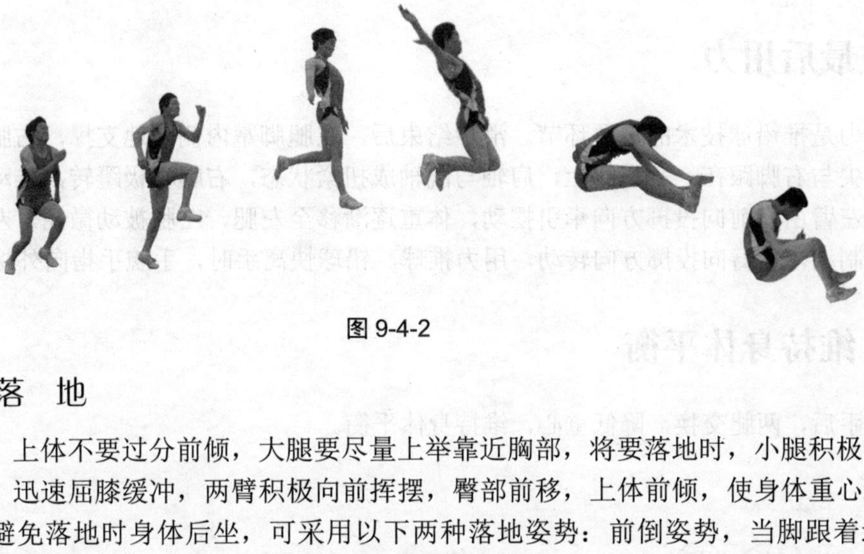

图 9-4-2

（四）落 地

落地前，上体不要过分前倾，大腿要尽量上举靠近胸部，将要落地时，小腿积极前伸，双脚接触沙面后，迅速屈膝缓冲，两臂积极向前挥摆，臀部前移，上体前倾，使身体重心迅速移过支撑面。为了避免落地时身体后坐，可采用以下两种落地姿势：前倒姿势，当脚跟着地后，前脚掌下压，两腿屈膝前跪，身体移过支撑点后继续向前移动，并向前倒下；侧倒姿势，当脚跟着地后，一腿紧张支撑，另一腿放松，身体向放松腿的前侧方倒下。

第五节 投

背向滑步推铅球技术由握持球、预备姿势、滑步、最后用力和维持身体平衡五个部分组成。

一、握球和持球

握球的方法（以右手为例）五指稍微分开，将球放在食、中、无名指指根处，拇指和小指扶在球的两侧，手腕背屈。握好球后，将球放在锁骨窝处，贴于颈部，右臂屈肘向外，掌心向内。

二、预备姿势

持球后，站在投掷圈的后部，背对投掷方向，右脚在前，贴近投掷圈，身体重心落在右脚掌上，左脚在后，以脚尖自然点地。身体从正直姿势开始向前屈体，待身体与地面平行时，屈膝下蹲，形成“团身”动作。

三、滑　步

预备姿势完成后，臀部带动身体重心略向投掷方向移动，使其移离身体的支撑点（右脚），以便于滑步和避免身体重心起伏过大。接着，左腿以大腿带动小腿迅速向抵趾板方向摆出并外旋，右腿积极蹬伸，及时拉收并内旋，两腿摆蹬协调配合，推动身体向投掷方向快速移动。

四、最后用力

最后用力是推铅球技术的重要环节。滑步结束后，左腿脚掌内侧着地支撑，右腿弯曲，支撑体重。左脚尖与右脚跟在一条直线上，肩轴与髋轴成扭紧状态，右腿积极蹬转，推动右髋向投掷方向转动，左臂由胸前向投掷方向牵引摆动，体重逐渐移至左腿，左膝被动微屈。左臂由上向身体左侧靠压制动，右臂向投掷方向转动，用力推球。铅球快离手时，手腕手指向外拨球。

五、维持身体平衡

铅球离手后，两腿交换，降低重心，维持身体平衡。

思考题

1. 简述田径运动的特点。
2. 简述中长跑的技术要领。
3. 简述跳远技术由哪几个部分构成。
4. 背向滑步推铅球由哪几个部分组成？

第十章 篮　球

学习提要

1. 篮球运动的起源、发展及锻炼价值。
2. 篮球的相关规则。
3. 篮球的技术。
4. 篮球的战术。

第一节 篮球运动概述

篮　球

一、篮球运动的起源与发展

现代篮球运动是 1891 年由美国马萨诸塞州斯普林菲尔德市的一位体育教师詹姆斯·奈史密斯发明的，为了解决学生们在寒冷的冬季上体育课的难题而发明的室内集体游戏活动项目。它源于儿童游戏的启示，借鉴当时已有的足球、长柄曲棍球等运动。后来逐渐发展完善成为 3 世界上影响最大的运动项目之一，深受人们的喜爱。由于主要设备是挂在墙上 10 英尺（约 3.05 米）高的篮子（basket）和需要投中篮子的球（ball），所以命名为“篮球”（basketball）。

1904 年，美国青年男子篮球队在第 3 届奥林匹克运动会上进行了篮球表演赛。1908 年美国制定了全国统一的篮球规则，并用多种文字出版，在全世界推广发行。这样，篮球运动逐渐传遍美洲、欧洲和亚洲，成为世界性运动项目。1936 年柏林奥运会将男子篮球列为正式比赛项目，并统一了世界篮球竞赛规则。到 1976 年，蒙特利尔奥运会将女子篮球也列为了正式比赛项目。

篮球运动于 1895 年传入我国，至今已有一百多年。中华人民共和国刚成立时，我国就组成了大学生篮球队参加了国际比赛。以后，国家又采取了一系列措施，极大地促进了篮球运动在我国的普及和提高。1994 年底，我国开始篮球赛制改革，尝试将以前联赛的赛会制改为主客场制，并在 1995 年初试举办了八强主客场赛，取得了巨大的成功。从 1995 年底开始，中国篮球联赛的赛制改为了跨年度的主客场联赛，即中国职业篮球联赛。这一改革举措促使中国的篮球运动又进入了一个新的发展阶段。2001 年底，中国女篮也举办了主客场联赛，即中国女子篮球甲级联赛。随着中国大学生篮球和大学生篮球超级联赛的开展，群众性篮球活动再度蓬勃发展，这无疑给中国篮球事业带来了新的生机和活力，展现了广阔的前景。中国篮球运动即将进入一个崭新的时代。

中国篮球运动竞技水平不断提高。中国国家男子篮球队分别于 1996 年、2004 年、2008 年获得奥运会男子篮球比赛第八名。在 2020 年东京奥运会女子三人篮球比赛决赛中，中国队击败法国队，历史性夺得铜牌。

知 识 窗

最早来我国当篮球教练员的外国人是美国人蔡乐尔和吴达先生。

我国男篮最早获得国际篮球赛的冠军是在 1921 年 5 月上海举行的远东国际运动会上，以 30 ∶ 28 胜日本夺冠。

我国最早的篮球专著《最新篮球术》，作者董守义。

二、篮球运动的价值

（一）强身健体

篮球运动促进力量、速度、耐力、弹跳、灵敏等运动素质的发展，增强心脏、血管、呼吸、消化等器官的功能，促进机体内部系统的工作能力提高。篮球比赛错综复杂，要求运动员具有良好的分配与集中注意力，以及对时间、空间的掌控和定向能力，要有高度精细的本体感觉能力。由于参与者在比赛中经常变换动作，对提高神经中枢的灵活性和中枢协调支配各器官的能力都有良好的作用。

（二）启发智力

篮球运动是一项把变换、结合、转移、持续融为一体的集体攻守对抗项目，要求运动员反应快速、判断正确、随机应变、有勇有谋、机智善断，从而促进大脑功能水平的提高和智力的发展。

（三）教育功能

通过参与篮球运动，使人的个性、自信心、情绪控制、意志力、进取心、自我约束等能力都可以得到良好的发展，并培养人的拼搏精神、文明自律、尊重裁判、尊重对手、尊重观众等高尚的体育道德。

（四）促进心理健康

篮球运动使参加或参观者都能从心理上得到享受和满足，给人一种美的享受，促进人格的培养和个性的完善。篮球运动使参与者自我意识增强，有助于自我改进和自我发展。激励人们不断战胜自我，接受新的挑战，跃上新的高峰。

第二节　篮球基本规则简介

一、比赛定义

篮球比赛由2队参加，每队出场5名队员。每队的目标是进攻对方球篮得分，并阻止对方队得分。被某队进攻的球篮是对方的球篮，由某队防守的球篮是该队的本方球篮。比赛时间结束时比赛得分较多的队，是比赛的胜者。

二、比赛场地

比赛场地应是一块平坦、无障碍物的硬质地面。其尺寸是长28米、宽15米，从界线的内沿丈量。

三、器材

下列器材是必需的：挡件（包括篮板、含有抗压篮圈和篮网的球篮、篮板支 撑构架），篮球，比赛计时钟，记录屏，进攻计时钟，供暂停计时用的计秒表或适宜的（可见的）装置（不是比赛计时钟），2个独立的、显然不同的、非常响亮的声响信号（分别提供给进攻计时员、计时员），记录表，队员犯规标志牌，全队犯规标志牌，交替拥有指示器，比赛地板，比赛场地，足够的照明。

四、球队

（1）当一名球队成员按照竞赛组织部门的规程（包括年龄限制）已被批准为某队参赛时，他是合格参赛的球队成员。当一名球队成员的姓名在比赛开始前已被登记在记录表上，并且他既没有被取消比赛资格，又没有发生5次犯规，是有资格参赛的球队成员。

（2）在比赛时间内，一名球队成员：①当他在比赛场地上，并且有资格参赛时，是一名队员；②当他未在比赛场地上，但他有资格参赛时，是一名替补队员；③当他已发生5次犯规，并且不再有资格参赛时，是一名出局的队员。

（3）在比赛时间内，每队应有5名队员在场上并可被替换。

五、主要竞赛规则

（一）违例

违例是违犯规则。

【罚则】将球判给对方队员从最靠近发生违例的地点掷球入界，但正好在篮板后面的地点除外，除非本规则另有规定。

1. 队员出界和球出界

当队员身体的任何部分接触界线上方、界线上或界线外的除队员以外的地面或任何物体时，即是队员出界。

当球触及了：在界外的队员或任何其他人员时，界线上方、界线上或界线外的地面或任何物体时，篮板支撑架、篮板背面或比赛场地上方的任何物体时，是球出界。

2. 带球走

当队员在场上持着一个活球，其一脚或双脚超出本条款所述的限制，向任一方向非法的运动是带球走。

在场上正持着一个活球的队员用一脚（称为“中枢脚”）始终接触着该脚与地面接触的那个点，而另一只脚向任一方向踏出一次或多次的合法运动是旋转。

一名队员接住球时，双脚站在地面上：一只脚抬起的瞬间，另一只脚成为中枢脚。开始运球时，在球离手前中枢脚不得离开地面。队员可以跳起中枢脚传球或投篮，但在球离手前，任意一只脚不得落回地面。

3.3 秒钟

某队在前场控制活球并且比赛计时钟正在运行时，该队的队员不得在对方队的限制区内停留超过持续的 3 秒。

4.8 秒钟

每当一名在后场的队员获得控制活球时，或在掷球入界中，球触及后场的任何队员或者被后场的任何队员合法触及，掷球入界队员所在队仍拥有在后场的球权时，该队必须在 8 秒内使球进入该队的前场。

（二）犯规

犯规是对规则的违犯，含有与对方队员的非法身体接触和 / 或违反体育运动精神的举止。

1. 侵人犯规

侵人犯规是无论在活球或死球的情况下，攻守双方队员发生的非法身体接触的犯规。队员不应通过伸展手、臂、肘、肩、髋、腿、膝、脚或将身体弯曲成“不正常的姿势”（超出他的圆柱体）去拉、阻挡、推、撞、绊对方队员，或阻止对方队员行进；也不得放纵任何粗野或猛烈的动作去这样做。

【罚则】应登记犯规队员一次侵人犯规。如果对没有做投篮动作的队员发生犯规：由非犯规的队在最靠近违犯的地点掷球入界重新开始比赛；如果犯规的队处于全队犯规处罚状态，则应运用“全队犯规：处罚”的规定。如果对正在做投篮动作的队员发生犯规，应按下列所述判给投篮队员若干罚球：如果出手投篮成功，应计得分并追加一次罚球；如果从 2 分投篮区域的出手投篮不成功，2 次罚球；如果从 3 分投篮区域的出手投篮不成功，3 次罚球。

2. 技术犯规

技术犯规是没有身体接触的犯规，行为种类包括但不限于：无视裁判员的警告；与裁判员、技术代表、记录台人员、对方队或允许坐在球队席的人员讨论和/或交流中没有礼貌；使用很可能冒犯或煽动观众的粗话或手势；戏弄或嘲讽对方队员；在对方队员眼睛附近挥手或手保持不动妨碍其视觉；过分挥肘；在球穿过球篮之后故意地触及球，阻碍迅速地掷球入界或罚球以延误比赛；伪造被犯规；悬吊在篮圈上，致使队员的重量由篮圈支撑，除非扣篮后，队员瞬间抓住篮圈，或者根据裁判员的判断，他正试图防止自己受伤或另一名队员受伤；在最后一次的罚球中防守队员干涉得分，应判给进攻队得 1 分，随后执行登记在该防守队员名下的技术犯规罚则。

【罚则】如果：判罚队员技术犯规，应作为队员的犯规登记在该队员名下，并计入全队犯规中；判罚球队席人员，应登记在主教练名下，并不计入全队犯规次数中。

六、国际篮联三对三篮球规则

第 1 条　球场和比赛用球

比赛应在拥有一个球篮的三对三篮球场地上进行。标准的三对三篮球场地面积应为 15 米（宽）×11 米（长）。场地须具有一个标准篮球场尺寸的区域，包括一条罚球线（5.80 米）、一条 2 分球线（6.75 米），以及球篮正下方的一个“无撞人半圆区”。可以使用传统篮球场的半个比赛场地。所有级别比赛统一使用 6 号球。备注：基层比赛可以在任意场所中进行；如果场地带有标线，则标线应根据场地条件做相应调整。

第 2 条　球　队

每支球队应由 4 名队员组成（其中 3 名为场上队员，1 名为替补队员）。

第 3 条　裁判员

比赛裁判员应由 1 名或 2 名临场裁判员，以及计时员和记录员组成。

第 4 条　比赛的开始

4.1　比赛开始前，双方球队应同时进行热身。

4.2　双方球队以掷硬币的方式决定拥有第 1 次球权。获胜一方可以选择拥有比赛开始时的球权或拥有可能进行的决胜期开始时的球权。

4.3　每队必须有 3 名队员在场上才能开始比赛。

备注：第 4.3 条和第 6.4 条仅适用于国际篮联官方比赛（不强制适用于基层比赛）。国际篮联官方比赛是指奥运会、三对三世界锦标赛（含U18）、地区锦标赛（含U18）、三对三世界巡回大师赛、全明星赛等。

第 5 条　得　分

5.1　每次在圆弧线以内区域出手中篮，计 1 分。

5.2　每次在圆弧线以外区域出手中篮，计 2 分。

5.3　每次罚球出手中篮，计 1 分。

第 6 条　比赛时间/胜者

6.1　一节常规的比赛时间为 10 分钟，在死球状态下和罚球期间应停止计时钟。在双方之间完成一次传递球后，进攻队员获得防守队的传球时，应重新开动计时钟。

6.2　然而，球队如果在常规比赛时间结束之前率先得到 21 分或以上则获胜。该规则仅适用于常规的比赛时间（而不适用于可能发生的决胜期）。

6.3　如果比赛时间结束时比分相等，则应进行决胜期比赛。决胜期开始前，应有 1 分钟的休息时间。决胜期中率先取得 2 分的球队获胜。

6.4　如果在预定的比赛开始时间某球队没有 3 名队员入场准备比赛，则判该队由于弃权使比赛告负。如果比赛因弃权而告负，比赛得分应记录为W-0 或 0-W（“W”代表胜）。

6.5　如果某队在比赛结束前离开场地，或该队所有的队员都受伤了和/或被取消了比赛资格，则判该队因缺少队员使比赛告负。在因缺少队员使比赛告负的情况中，胜队可以选择保留该队的得分或使比赛作对方弃权处理，在任何情况下因缺少 队员使比赛告负的球队，得分应登记为0。

6.6 某队因缺少队员告负或以不正当的方式弃权而告负，将取消该队在整个比赛中的参赛资格。

备注：在没有比赛计时钟的情况下，由组委会决定比赛的时长。国际篮联建议采取与比赛时长一致的得分限制（10 分钟/10 分；15 分钟/15 分；21 分钟/21 分）。

第 7 条　犯规/罚球

7.1 某队全队犯规发生 6 次后，该队处于全队犯规处罚状态。为避免疑义，对应规则第 15 条，队员不因个人犯规的次数被逐出场外。

7.2 对在圆弧线以内做投篮动作的队员犯规，应判给 1 次罚球。对在圆弧线以外做投篮动作的队员犯规，应判给 2 次罚球。

7.3 对在做投篮动作的队员犯规，如果球中篮应计得分，并追加 1 次罚球。

7.4 全队累计第 7、第 8 和第 9 次犯规总是判给对方 2 次罚球。第 10 次及随后的全队犯规同技术犯规和违反体育道德犯规，总是判给对方 2 次罚球和球权。此条款也适用于对投篮动作的队员犯规，但不按照 7.2 和 7.3 判罚。

7.5 所有技术犯规将判罚给对方 1 次罚球以及随后的球权；违反体育道德犯规将判罚给对方 2 次罚球以及随后的球权。完成技术犯规或违反体育道德犯规的罚球后，比赛将以防守队与进攻队员之间在场地顶端圆弧外传递球方式继续进行。

第 8 条　如何打球

8.1 在每一次投篮中篮或最后一次罚球中篮后（不包括第 7.5 条）：

——非得分队的一名队员在场内球篮正下方（而非端线以外）将球运至或传至场地圆弧线外的任意位置重新开始比赛。

——此时，防守队不得在球篮下的“无撞人半圆区”内抢断球。

8.2 在每一次投篮没有中篮或最后一次罚球没有中篮后（不包括第 7.5 条）。

——如果进攻队抢到篮板球，则可以继续投篮，不需要将球转移至圆弧线外。

——如果防守队抢到篮板球，则必须将球转移至圆弧线外（通过运球或传球的方式）。

8.3 如果防守队抢断球或者封盖投篮，获得球后必须将球转移回弧线外发动进攻。(通过传球或运球的方式)。

8.4 死球状态下给予任一队的球权，应以在场地顶端的圆弧外交换球开始。即：一次场地顶端圆弧外（防守队与进攻队队员之间）的传递球。

8.5 若队员的双脚都不在圆弧线内，也没有踩踏圆弧线，则被认为“处于圆弧线外”。

8.6 跳球情况发生时，由当时场上的防守队获得球权。

第 9 条　拖延比赛

9.1 拖延或消极进行比赛（例如不尝试得分）应判违例。

9.2 如果比赛场地装备了进攻计时钟，则进攻队必须在 12 秒之内尝试投篮。一旦进攻队持球（在防守队向进攻队传递球后或在球篮下方得分后），12 秒计时钟应立刻开始计时。

备注：如果比赛场地没有装设进攻计时钟，并且某队消极比赛，裁判员应以最后 5 秒倒计时报数的方式警告该队。

第 10 条 替 换

当球成死球并且防守队与进攻队队员之间完成传递球或执行罚球之前，允许任一队替换球员。替补队员在其队友离开场地并与之发生身体接触后，方可进入场地。替换只能在球篮对侧的端线外进行，替换无需临场裁判员或记录台裁判员发出信号。

第 11 条 暂 停

每队拥有 1 次 30 秒的暂停。队员可以在死球状态下请求暂停。

第 12 条 抗议程序

如果某队认为裁判员的某个宣判或在比赛中发生的任何事件已对该队不利，则必须按照以下程序进行抗议。

（1）在比赛结束后、裁判员签字前，该队队员应立即在记录表上签字。

（2）赛后 30 分钟之内，该队应提交一份抗议的书面确认并且付给竞赛主管 200 美元保证金。如果抗议被采纳，则该笔保证金予以退回。

（3）比赛录像仅用于决定最后一次投篮是否于比赛结束前出手，以及/或者该投篮应该得 1 分或 2 分。

第 13 条 球队的名次排列

下列原则将适用于小组赛和赛事整体的球队名次排列。如果双方在第一步的比较后积分仍然持平，则进行下一步的比较，以此类推。

（1）获胜场次最多（在参赛队数量不同的小组之间比较时可使用胜率）；

（2）相互之间比赛结果（只考虑胜负，仅适用于小组赛排名）；

（3）场均得分最多（不包括因对方弃权而获胜的得分）。

如果经上述 3 个步骤的比较后球队间依旧持平，则具有更高种子队排位的球队排名靠前。

第 14 条 种子队排位规定

种子队排位依据球队相关排名积分确定（参加比赛前该队最好三名队员个人积分总和即为该队排名积分）。如果排名分数相同，种子队排位将比赛开始前随机决定。

第 15 条 取消比赛资格

队员累积两次违反体育道德犯规（不适用于技术犯规），在其被裁判员取消比赛资格的同时也将被比赛组织者取消其在该赛事中的参赛资格。赛事组织者将立即取消一切涉及暴力行为、言语或肢体的攻击行为、不正当影响比赛结果、违反国际篮联反兴奋剂条例（国际篮联内部规章第四卷）或国际篮联的道德准则（国际篮联内部规章第一卷第二章）的队员比赛资格。竞赛组织者有权根据其他球队成员的参与程度（包括对上述举动不作为）而取消全队的参赛资格。国际篮联在赛事管理框架内强制执行纪律处罚的权利、3x3planet.com 官方网站上关于队伍和赛事的要求以及国际篮联内部规章不因第 15 条取消比赛资格而更改。

四、篮球裁判员主要手势

（一）违例手势

违例手势如图 10-2-1 所示。

带球走　非法运球：两次运球　非法运球：携带球　3秒

5秒　8秒　24秒　球回后场

比赛方向　跳球

图 10-2-1

（二）犯规手势

犯规手势如图 8-2-2 所示。

非法用手　阻挡　过分挥肘　拉人　推人或不带球撞人　带球撞人

图 10-2-2

进攻方犯规　双方犯规　技术犯规　违反体育道德犯规　取消比赛资格

图 10-2-2（续）

第三节 篮球基本技术

篮球技术是篮球比赛中运动员为了攻防需要所采用的专门动作方法的总称。按人与球的关系分类，篮球技术主要由有球技术和无球技术组成。

一、无球技术

（一）善于跑、跳使你时刻处于主动

跑、跳、急起、急停等技术属于移动技术，是篮球技术的基础。比赛中，运动员为了争取比赛中的主动，经常要改变位置、方向、速度和争取高度等而运用移动技术；为合理地使用进攻与防守技术进而掌控比赛，也需要移动技术的配合。

1. 起　动

起动是在保持基本站立姿势的基础上，以后脚或异侧脚的前脚掌内侧突然用力蹬地，同时上体迅速前倾或侧转，重心向移动方向移动，手臂协调摆动，两脚交替蹬地，在最短距离内把速度有效提高的技术。

2. 跑

（1）变速跑：加速跑时，要利用两脚突然短促有力的连续蹬地，加快跑的频率，同时上体稍向前倾，手臂相应地加以摆动配合；减速跑时，利用脚前掌用力抵住地面来抵消快跑的前冲力，同时上体尽力保持直立，以保证身体重心的后移，从而降低速度。

（2）变向跑：变向跑时（从右向左变向跑为例），最后一步屈膝着地的同时，脚尖和膝关节指向跑动方向，并以右脚前脚掌内侧用力蹬地，腰部发力迅速带动左脚与身体躯干转向左，快速移动重心，左脚向左前方跨出，右脚迅速随着跨出，两脚交替，继续加速跑动前进（图 10-3-1）。

图 10-3-1

（3）侧身跑：在跑动中头部及上体侧转，而脚尖朝向前进方向，既要保持速度或加速度，又要完成攻守的动作。

3. 跳

（1）双脚起跳：起跳时，两脚开立，快速屈膝下蹲，两臂相应后摆，上体前倾。然后两脚用力蹬地，伸膝、提腰，两臂迅速前上摆，使身体向前上腾起。上体在空中要自然伸展，收腰，下肢放松。落地时，用前脚掌先着地，并屈膝缓冲下落之力，保持身体平衡。

（2）单脚起跳：单脚起跳多在跑动中进行，起跳步一般较小，用脚跟先着地，过渡到前脚掌蹬地，两臂上摆，展体提腰，另一腿屈膝上提，身体达到最高点时，摆动腿自然下放，落地时屈膝缓冲，保持身体平衡。

4. 急　停

（1）跨步急停：队员在快速跑动中急停时，先向前跨出一大步，用脚跟先着地过渡到全脚掌抵住地面，并迅速屈膝，重心后移，然后跨出第二步，第二步用脚内侧抵地，脚尖与膝关节内扣，两膝弯曲，身体稍前倾，重心落于两脚之间，两臂屈肘张开，控制好自身平衡（图 10-3-2）。

（2）跳步急停：队员在中低速移动时，用单脚或双脚起跳（一般离地不高），上体稍后仰，两脚同时平行落地。落地时全脚掌着地，用脚前掌内侧蹬住地面，两膝弯曲，两臂屈肘张开，控制好自身平衡（图 10-3-3）。

图 10-3-2

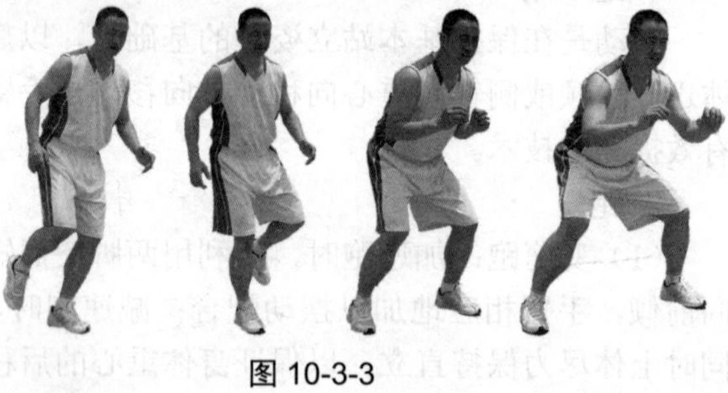

图 10-3-3

5. 转　身

（1）前转身：转身时移动脚向自己身前（中枢脚前）跨出的同时，以中枢脚前脚掌为轴碾地旋转使身体改变方向，转身时要保持身体重心没有起伏（图 10-3-4）。

（2）后转身：移动脚向自己身后（中枢脚后）跨出的同时，以中枢脚前脚掌为轴碾地旋转使身体改变方向，转身时要保持身体重心没有起伏（图 10-3-5）。

图 10-3-4

图 10-3-5

6. 滑　步

（1）侧滑步：两脚平行站立，两膝较深弯曲，上体稍向前倾，两臂侧伸。向左滑步时，右脚前脚掌内侧蹬地，左脚向左（移动方向）跨出，在左脚落地的同时，右脚紧随滑动，向左脚靠近，两脚保持一定距离，左脚继续跨出。在滑步时要保持屈膝、低重心的姿势，身体不要上下起伏，重心始终保持在两脚中间，眼要注视对手（图 10-3-6）。向右侧滑步时脚步动作相反。

图 10-3-6

（2）前（后）滑步：两脚前后站立，向前滑步时，后脚的前脚掌内侧蹬地，前脚向前跨出一小步，着地后，后脚紧随向前滑动，保持前后开立姿势（图 10-3-7）。向后滑步脚步动作相同，方向向后。

在篮球比赛中影响移动动作效果的因素主要有：准备姿势、身体平衡、蹬地用力和协调配合，只有按照要求努力练习，控制好自身重心，充分利用作用力与反作用力，才能正确地、迅速地完成不同移动技术，提高移动的突然性、快速性和灵活性。

图 10-3-7

（二）控制篮板球是获胜的法宝

比赛中双方队员争抢投篮未中，从篮圈或篮板反弹回来的球，称为抢篮板球。在激烈的比赛中，对运动员抢篮板球技术、意识、身体素质及积极拼抢的作风要求更高。掌握抢篮板球的技术，对于控制比赛节奏、决定比赛的胜负能起到至关重要的作用。因此，应当作为教学和训练的重要内容。

1. 抢篮板技术动作方法

抢篮板是一项较复杂的技术，它是由抢占位置、起跳、空中抢球动作和得球后的动作等环节组成。

（1）抢占位置：抢占有利位置是抢篮板技术的关键环节。要根据投篮的方向、距离、弧度来判断未中球反弹的落点，以及观察对手的动向，快速移动抢占有利位置。

（2）起跳：起跳的关键是要准确判断球反弹的方向和落点，及时起跳，这样才能在最高点抢到球。

（3）空中抢球动作：分为双手抢篮板球、单手抢篮板球和点拨球。

（4）得球后的动作：得球后落地要稳，保持身体平衡，注意保护球，然后根据场上情况再接后续动作。

抢篮板球技术一般分为：抢前场篮板球和抢后场篮板球。因抢进攻篮板球和防守抢篮板时，在场上队员所处位置不同，进攻队员抢篮板要突出一个“冲”字；防守队员抢篮板球一般多采用“挡抢”。无论是抢前场还是后场篮板球都需要队员准确判断球的反弹方向和落点。抢前场篮板的关键是绕步或跨步冲抢，及时起跳；抢后场篮板球的关键是抢位挡人，及时起跳，迅速一传。

2. 抢篮板球的练习方法

（1）徒手起跳练习。

方法：原地双脚起跳，向左、右跨步单、双脚起跳，做单、双手抢篮板球的模仿练习。

要求：蹬地用力，手臂上摆，身体伸展。空中保持平衡，落地要稳。

（2）空中抢球练习。

方法一：每人一球，自己向上抛球后起跳，在最高点用单、双手抢球。

方法二：两人一组，一人抛球，另一人练习用单、双脚起跳，单双手抢球练习。

（3）抢占位置练习。

方法：两人一组，一攻一守，对面站立。进攻队员运用假动作设法摆脱防守，防守队员利用跨步、转身设法挡住对手，并起跳模仿抢篮板球动作。每练习一次互换。

二、有球技术

（一）传接球——进攻的纽带

传接球是篮球比赛中队员之间有目的地转移球的方法，是进攻队员在场上相互联系和组织进攻的重要环节，是实现战术配合的具体手段。

1. 接球动作方法

双手接球是最基本的接球方法，也是在比赛中运用最多的动作之一。双手接球时，两眼注视来球，两臂伸出迎球，手指自然分开，两拇指成“八”字形，手指向前上方，两手形成半圆形。当手指触球后，两臂随球后引，缓冲来球的力量，两手持球于胸腹之间。接到球后保持身体平衡，作好传球、投篮或突破的准备（图 10-3-8）。

图 10-3-8

2. 传球动作方法

传球动作方法分双手和单手传球，双手传球以双手胸前传球为基本动作方法，单手传球以单手肩上传球为基本动作方法。

（1）双手胸前传球。

双手持球的方法是两手手指自然张开，拇指相对成“八”字形，用指根以上部位持球，手心中空（图 10-3-9）。两肘自然弯曲于体侧，将球置于胸腹之间的部位，身体成基本站立姿势。传球时，前臂在后脚蹬地、身体重心前移的同时迅速向传球方向伸出，拇指用力下压，手腕前屈，食指、中指用力将球拨出，使球得到一个向后旋转的力后传出（图 10-3-10）。传球结束后迅速调整为基本站立姿势。

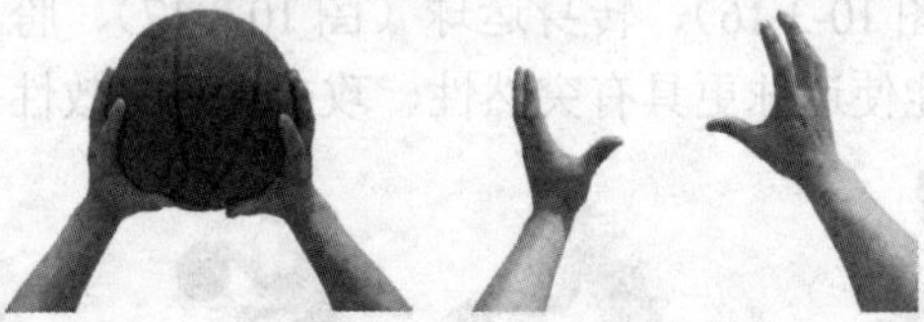

图 10-3-9

图 10-3-10

（2）单手肩上传球。

传球时（以右手传球为例），左脚向传球方向迈出半步同时将球引到右肩上方，肘部外展，大臂与地面保持平行，手腕后仰。右手托球，左肩对着传球方向，重心落在右脚上，右脚蹬地，转体，持球手臂迅速向前挥摆，手腕前屈，通过食指、中指拨球将球传出（图 10-3-11）。传球结束后迅速调整为基本站立姿势。

图 10-3-11

传球的动作方法很多，除以上介绍的两种以外，还有双手低手、双手头上、单手胸前、击地、背后传球等方法，这些方法都是由持球的手法和传球的动作组成的。传球技术的好坏及准确性，关键看是否掌握正确的持球方法和传球动作。初学者应从简单的动作开始学习，先做近距离的传球练习，熟练后再逐渐过渡到快、准、远、妙；提高者传球时视野要广，可以结合移动、运球、投篮、突分等动作练习。接球同样重要，正确的接球方法可以减少传球失误，弥补传球不足，传接球一定要结合练习，做到熟能生巧。

（二）运球体现你的控球能力

持球队员在原地或移动中，用单手连续按拍借助地面反弹起来的球的技术叫运球。运球不仅是进攻队员摆脱防守，创造传球、突破、投篮得分的桥梁，而且是进攻队员发动快攻，组织与调整战术配合，瓦解防守的重要手段。

1. 身体姿势

两膝保持相应的弯曲，上体稍向前倾，抬头，注视场上的情况。

2. 上肢动作

以肩关节为轴，上臂发力，肘部自然放松，五指分开，扩大控制面，用手指指根以上部位以及手掌的外缘接触球，手心中空。拍按球时，手臂应随球上下迎送，尽量延长手掌吸附球的时间，拍按球的部位及力量应随实际需要做出相应调整。

3. 下肢配合

运球时人的移动速度和球的运行速度要保持一致，同时保持合理的动作节奏。手臂动作的变化要与脚步的动作、身体姿势改变同步进行，以使整个运球动作协调的完成。

运球的种类很多，有高运球（图 10-3-12）、低运球（图 10-3-13）、运球急停急起（图 10-3-14）、体前变速变向运球（图 10-3-15）、背后运球（图 10-3-16）、转身运球（图 10-3-17）、胯下运球（图 10-3-18）等动作，运用不同运球动作的交替，能使运球更具有突然性、攻击性和时效性。

图 10-3-12

图 10-3-13

图 10-3-14

图 10-3-15

图 10-3-16

图 10-3-17

图 10-3-18

（三）投篮得分是你的终极目标

持球队员运用各种正确的动作方法，将球从篮圈上方投入对方球篮称为投篮。投篮是篮球比赛中唯一的得分手段，是一切进攻技战术的最终目的和全部攻守矛盾的焦点。投篮的技术种类较多，最常见的有单手肩上投篮、行进间单手投篮、跳起投篮、扣篮等。

1. 原地单手投篮

原地单手投篮是基本的单手投篮方法，其动作方法是（以右手投篮为例）：双脚原地开立，身体重心落于两脚中间，屈肘，手腕后仰，掌心向上，五指自然张开，持球于额头右前上方，左手自然扶在球侧，两膝微屈，上体放松并稍前倾，目视篮圈。投篮时下肢蹬伸，同时依势伸腰展腹，抬肘伸前臂，手腕前屈，以指端拨球，最后通过食、中指柔和用力将球投出，球离手后右臂应有自然跟进动作（图 10-3-19 至图 10-3-21）。

图 10-3-19

图 10-3-20

图 10-3-21

2. 行进间单手投篮

行进间单手投篮动作方法（以左手投篮为例）：当球在空中运行时，左脚向来球方向跨出一大步，同时接球，右脚向前跨出一小步，脚跟先着地，上体稍后仰，然后迅速过渡到前脚掌着地，并用力蹬地起跳，左腿屈膝上提，右脚蹬离地面。同时双手向前上方举球，腾空后，左臂向前上方伸展（图 10-3-22、图 10-3-23）。投篮出手后，两脚同时落地，两腿弯曲，以缓冲落地的力量。

图 10-3-22

图 10-3-23

3. 跳起单手投篮

跳起投篮简称跳投，这里主要是指跳起单手投篮，其出手动作与原地单手投篮基本相同，只是在动作结构上增加了起跳部分，当身体达到最高点时做投篮动作（图 10-3-24），投篮动作要在空中完成。

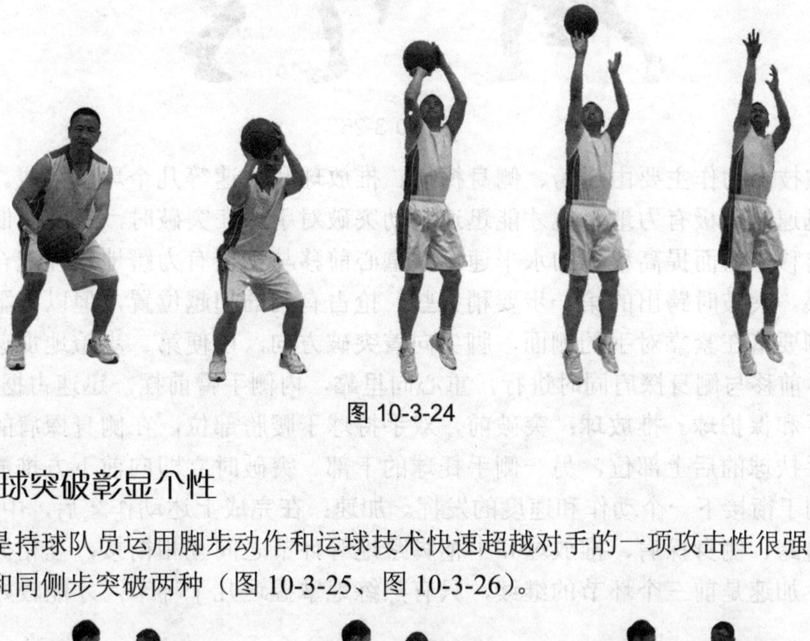

图 10-3-24

（四）持球突破彰显个性

持球突破是持球队员运用脚步动作和运球技术快速超越对手的一项攻击性很强的技术，主要有交叉步突破和同侧步突破两种（图 10-3-25、图 10-3-26）。

图 10-3-25

图 10-3-25（续）

图 10-3-26

持球突破技术动作主要由蹬跨、侧身探肩、推放球和加速等几个环节组成。蹬跨：原地持球队员必须迅速、积极有力地蹬地才能迅速起动突破对手。在突破时，屈膝降低重心并前倾上体，使重心前移，从而提高移动的水平速度。重心前移与积极有力蹬地相互配合，便能达到迅速起动的效果。突破时跨出的第一步要稍大些，抢占有利的超越位置，但以不影响前进速度为宜。跨出的脚要落在紧靠对手的侧面，脚尖向着突破方向，以便第二步蹬地加速突破防守。侧身探肩：上体前移与侧身探肩同时进行，重心向里靠，内侧手臂前摆，迅速占据空间有利位置，便于突破对手和保护球。推放球：突破前，双手持球于腰胯部位，在侧身探肩的同时将球稍向侧移，同侧手扶球的后上部位，另一侧手托球的下部。突破时立即向前下方推放球，要做到球领先人，以利于衔接下一个动作和速度的发挥。加速：在完成上述动作之后，中枢脚迅速蹬地，加速前进。蹬跨、侧身探肩、推放球和中枢脚蹬地等环节之间互相衔接，互相促进，快速连贯地完成突破。加速是前三个环节的继续，只有熟练地掌握这几个环节，才能较好地掌握持球突破技术动作。

第四节　篮球基本战术

篮球战术是篮球运动集体配合行动的统称，是队员之间合理地运用个人技术相互配合的组织形式和方法。

一、进攻基本战术

（一）传切配合

这是进攻队员之间利用传球切入等技术组成的简单配合，它包括一传一切和空切配合。

（1）一传一切。持球队员传球给同伴后立即切向篮下，接同伴回传的球投篮。例如，⑤传球给④后，立即摆脱对手向篮下切入，接④回传来的球投篮（图 10-4-1）。

（2）空切。无球队员根据球的转移情况，从不同方向迎球，或侧向插入篮下接球的进攻配合。例如，在④与⑤互相传球之际，⑥乘对手不备之机，突然空切篮下接同伴的传球，然后投篮（图 10-4-2）。

（3）传切配合要求：首先，切入队员要善于掌握时机，乘机切入或用假动作摆脱防守，突然快速切入篮下。其次，传球队员要先做瞄篮、突破等进攻假动作牵制对方，当切入者摆脱对手后，要及时、准确、隐蔽传球给切入者，做到人到球到。

（二）突分配合

突分配合是持球队员通过突破对手，打乱对方防守部署，给同伴创造无人防守的有利时机，并及时传球给同伴上篮的简单配合。

（1）突分配合的方法：进攻队员⑤从防守者的右侧突破，并吸引右侧防守队员上来和左侧防守队员“关门”防守，进攻队员④及时抢占有利位置接⑤的球投篮或做其他进攻配合（图 10-4-3）。

（2）突分配合的要求：突破队员动作要突然、快速，突破过程中既要做好传球，做好投篮的准备，还要注意场上攻守双方的位置变化。做到突破突然、传球及时和投篮果断。

图 10-4-1

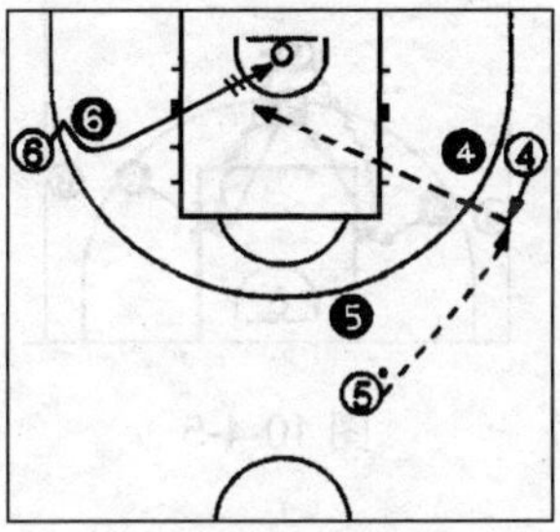

图 10-4-2

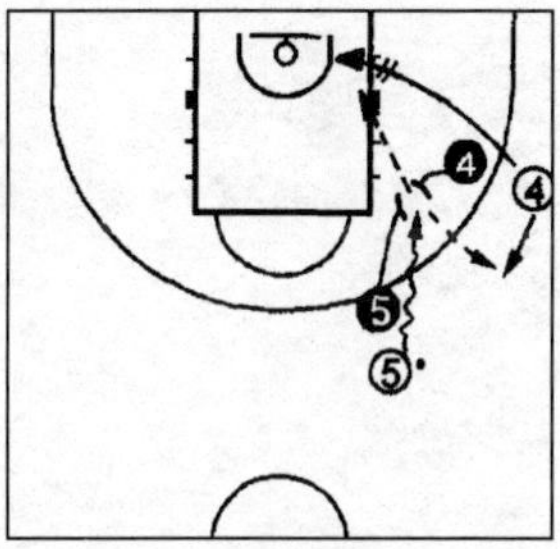

图 10-4-3

（三）掩护配合

掩护配合是采用合理的行动，用自己的身体挡住同伴的防守者的移动路线，使同伴借以摆脱防守的一种配合方法。根据掩护者与被掩护者的身体位置和方向的不同，可采用三种形式的掩护：前掩护、侧掩护和后掩护。

（1）掩护配合方法：无球队员给无球队员做侧掩护时，⑤传给④后，去给⑥做侧掩护，⑥摆脱防守切入篮下，接④的传球投篮（图 10-4-4）。④传球前要用假动作吸引住自己的对手和调整配合时间，⑤掩护后要及时转身跟进。

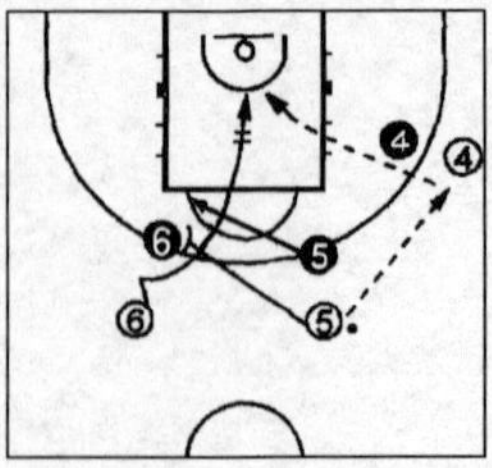

图 10-4-4

（2）掩护配合要求：掩护者要面向或侧向，站到防守者身后做掩护，离他约半步。掩护成功后要及时转身，空切篮下或摆脱防守去接球。

二、防守基本战术

防守战术基础配合包括“关门”、穿过、挤过、绕过、交换防守配合，以及夹击、补防配合等。

（一）“关门”配合

“关门”配合方法是临近的两个防守队员协同防守突破的配合方法。当进攻队员运球突破时，防守突破的队员向侧后方移动，挡住其移动路线。临近突破一侧的防守队员，应及时快速向突破队员的前进方向移动，向防守突破的队员靠拢，像两扇门一样地关起来，堵住突破者的前进路线。例如，攻方从右侧突破时，❹和❺进行“关门”配合；如从左侧突破，❺则❻与进行“关门”配合（图 10-4-5）。

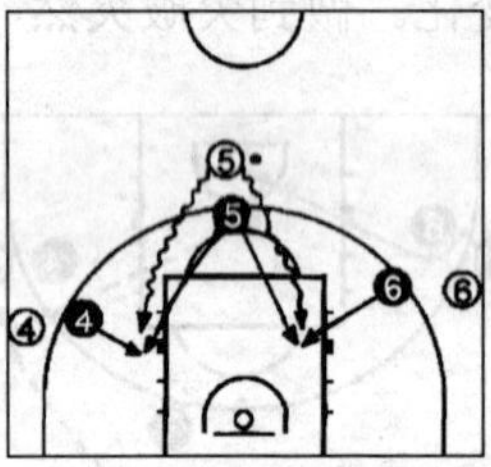

图 10-4-5

（二）穿过配合

一般在对方采用掩护配合时使用。为了避开对方掩护，防守队员从另一同伴之间穿过，继续防住自己的对手。这种方法多为进攻队员无球掩护时使用。

（三）挤过配合

挤过配合方法是一种积极的带有攻击性、打乱对方掩护的防守方法。当对手企图进行掩护时，防守队员上步挤过去，继续防住对手。此法一般在对手接近篮下和投篮较准的情况下使用。

（四）绕过配合

绕过配合方法也是一种破坏对方掩护的防守方法。当对手进行掩护时，防守队员从同伴的身后绕过去，继续防住自己的对手。这种防守方法主要在不便于运用挤过和穿过，而进攻者远离篮下或无球状态下使用，或者在对手的进攻威胁性不大的情况下运用。

（五）交换防守

交换防守又叫换人防守或换防，是防守中最常用的防守配合。在进攻队员采用掩护配合，已经挡住了继续防守的路线，运用挤过、穿过、绕过都来不及的情况下，就要采用与同伴交换防守对象的配合，交换防守后，在适当时候再换回来。一般不轻易交换防守，以免在个人防守力量上的差异和不适应导致失利。

三、篮球高级战术入门

（一）快攻战术

由防守转入进攻时，以最快的速度、最短的时间把球推进到前场，在对方尚未部署好防守之前造成人数上、位置上的优势，果断而合理地进行攻击的一种战术。一般分为长传快攻、短传快攻和结合运球突破快攻三种。

1. 长传快攻

队员在后场获球后，用一次或两次传球，将球传给超越对手快速向对方篮下移动的同伴进行投篮的一种方法。

2. 短传快攻

队员在防守获球后，立即以快速奔跑和短促传接球迫近对方篮下进行攻篮的一种配合。它在速度上比长传快攻慢，参加人数多，但比长传快攻配合灵活且变化多。

3. 结合运球突破快攻

在防守中获球后，在不便传球的情况下，快速运球推进，创造或寻找配合机会，以提高快攻的速度和威力。这是一种个人攻击在快攻中的积极行动。

（二）半场人盯人防守和进攻半场人盯人防守

1. 半场人盯人防守

这是由进攻转入防守时，全队迅速退回后场，以人盯人防守为基础的一种防守战术。基本要求是：以人为主，人球兼顾和“有球紧，无球松”，针对对手情况抢占有利位置，积极移动，抢、堵、控制对手的行动，并及时、合理运用防守配合，破坏对方进攻，有效地控制一定范围。

半场缩小(松动)人盯人防守：半场松动人盯人防守主要是加强内线的防守，对于内线攻击力较强，外线攻击力较弱的队用这种防守效果较好。由于防区缩小，以防内线为主，利于协防、补位等，易于控制防区，并能保护好篮板球及组织快攻反击。

半场扩大（紧逼）人盯人防守：半场紧逼人盯人防守主要对付外线攻击灵活、投篮准，内线攻击相对薄弱的队。由于防区扩大不易协防，运用这种战术时要大胆地抢断和组织夹击，以造成对方违例与失误，同时注意协防，控制篮下限制区，争取防守的主动权。

2. 进攻半场人盯人

进攻半场人盯人防守是针对半场人盯人防守的特点和规律所采用的进攻战术的配合方法，是由各种传切、突分、掩护、策应等基础配合组成的全队进攻战术。

进攻半场人盯人的基本配合要求：合理地组织队形，扬己长，攻彼短，主攻明确。掌握进攻节奏及人、球转移，创造机会，连续进攻，组织争夺篮板球，注意攻守平衡，提高转换速度。

进攻半场人盯人的队形和方法。进攻时应根据本队条件，特别是中锋的特点、站位及所选择的战术方法，来确定本队的进攻阵容。目前常见的阵容有：单中锋策应进攻，中锋在篮下，外线灵活机动，如“2-3”队形、“2-2-1”队形；双中锋站位进攻，如“1-3-1”队形、“1-2-2”队形；无中锋进攻，如“1-2-2”马蹄队形。

（三）区域联防与进攻区域联防

1. 区域联防

区域联防是由攻转守时，防守队员迅速退回后场，按每个队员分工负责防守一定的区域，严密防守进入该区域的球和进攻队员，并与同伴协同防守，用一定的队形，把每个防守区域有机地联系起来，组成的全队防守战术。区域联防的基本要求是：根据区域联防的形式，队员的条件和技术特长，合理分配队员的防守区域，发挥队员在各自防区的作用。由进攻转入防守时，要积极阻止对方的攻势，有组织地快速退守和及早落位布阵防守。防守队员要协同一致，随球积极移动，并张开和挥动双臂，相互照应，形成整体防守。防守持球队员，应按照人盯人防守的要求，积极阻挠对手投篮、传球和运球，严防从底线运球突破。防持球队员，要根据离球的远近去防进攻队员的行动，积极抢位和堵截，不让对手在有威胁的区域内接球，随时准备协同同伴进行“关门”、“补位”等防守的配合。

区域联防的形式有“2-1-2”队形（图 10-4-6）、“2-3”队形（图 10-4-7）、“3-2”队形（图 10-4-8）“1-3-1”队形（图 10-4-9）等。

图 10-4-6

图 10-4-7

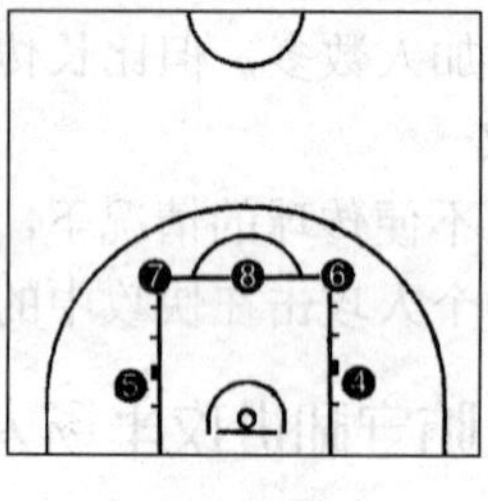

图 10-4-8

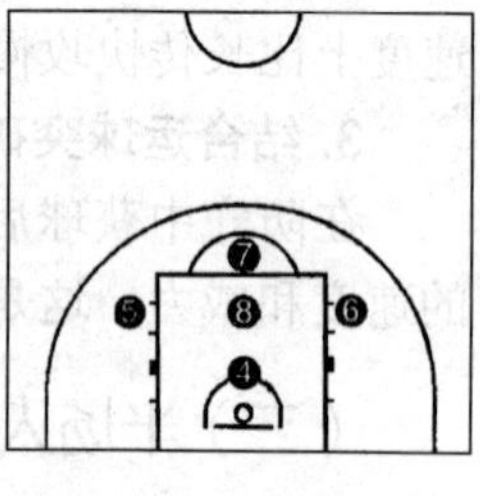

图 10-4-9

区域联防的运用时机有以下几种：在对方外围，远距离投篮不准，而内线威胁较大时；在对方频繁地采用穿插移动和运球突破，而本队个人防守技术较差，犯规较多时；为了使对方不适应，有策略地改变联防战术时；为了加强有组织的抢篮板球和发动快攻时。

2. 进攻区域联防

进攻区域联防是针对区域联防的形式和变化特点所采用的进攻战术。

进攻区域联防的基本要求：由防守转入进攻时，首先要积极发动快攻，打乱对方的战略部署，进攻队应针对防守队队形，采用插空站位的进攻队形组织进攻；其次是组织进攻区域联防战术，耐心地运用快速的传球转移进攻方向和积极穿插移动，调动和牵制防守，创造进攻机会。具体要求是：要用准确的中、远距离投篮，迫使对方扩大防区，以利于内外结合攻击。要在防守薄弱区域内组织进攻，在局部地区以多打少，拼抢篮板球，争取两次投篮机会。还应注意保持攻守平衡，准备退守。

进攻区域联防队形常用的有“1-3-1”队形（图 10-4-10）、“1-2-2”队形（图 10-4-11）、“2-2-1”队形（图 10-4-12）、“2-1-2”队形（图 10-4-13）等几种。

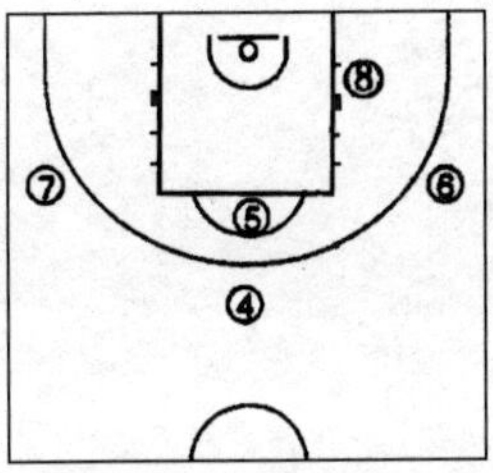

图 10-4-10

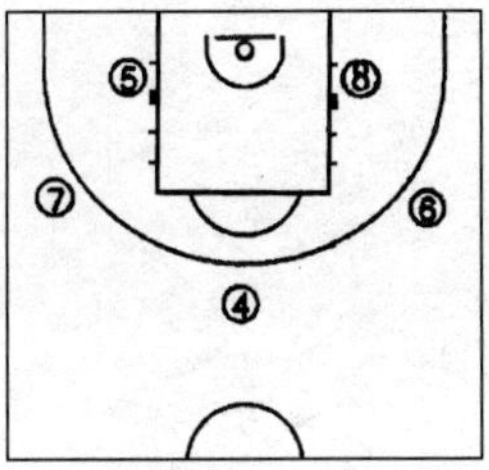

图 10-4-11

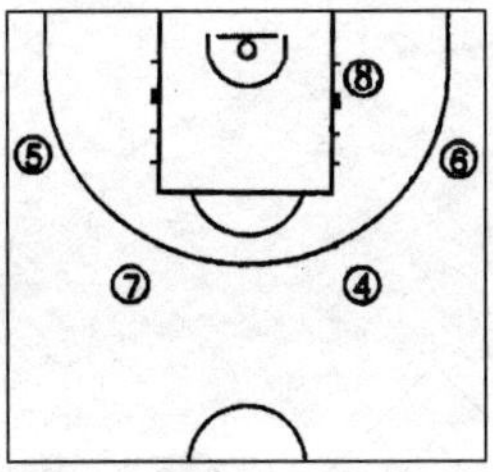

图 10-4-12

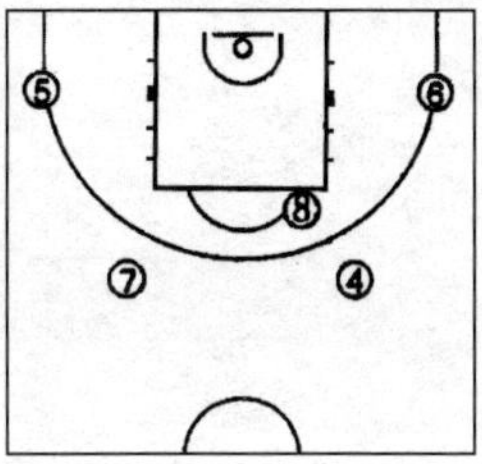

图 10-4-13

思考题

1. 篮球运动有什么价值?
2. 简述篮球的无球技术。
3. 简述篮球的防守基本战术。

第十一章 足 球

学习提要

1. 足球的起源、发展与锻炼价值。
2. 足球的相关规则。
3. 足球的技术。
4. 足球的战术。

第一节 足球运动概述

足 球

一、足球运动的起源与发展

足球运动是一项古老而富有魅力的体育运动，它的历史源远流长。根据历史记载，公元前我国足球称蹴鞠,又称踏鞠，是我国古代一种“足球”游戏，最早记载于《战国策·齐策》。在战国时，蹴鞠已成为重要的娱乐和练兵手段，两汉三国时期，在承袭先秦蹴鞠形式的基础上发展得较快。唐、宋、元、明、清不同朝代继承和发展了蹴鞠运动，它不仅是一种娱乐活动，而且作为军事训练的一项内容。2004 年 7 月 15 日国际足球协会（国际足联）主席宣布，中国是足球故乡，足球最早起源于山东淄博市。2005 年 5 月 21 日布拉特在国际足联总部向淄博临淄颁发了足球起源地认定证。

现代足球诞生在英国，1857 年英国谢菲尔德成立了世界第一个足球俱乐部——谢菲尔德俱乐部。1863 年 10 月 26 日英格兰足球总会的成立，是足球史上最重要的一次集会，标志着现代足球的正式形成，从此欧洲足球得到普及开展。1896 年第 1 届现代奥运会在希腊举行时，足球就被列为正式比赛项目。1928 年奥运会结束后，国际足联召开代表会，一致通过决议决定每四年举办一次世界足球锦标赛——雷米特杯，简称“世界杯”。这对世界足球运动的发展和提高起着积极推动作用。1930 年 7 月 18 日第一届世界杯在乌拉圭首都蒙得维的亚中央体育场开幕，开辟了世界足球新纪元。国际足联（FIFA）是国际足球联合会的简称，1904 年 5 月 21 日成立于巴黎。

20 世纪 50 年代至 60 年代初，我国的足球运动水平有了大幅度的提高，并在亚洲处于领先地位，与欧美强国有了一定的抗衡能力。1976 年，国家体委重新召开了全国足球工作会议，恢复了全国甲乙级联赛制度和青少年联赛制度，使我国的足球运动水平快速回升。特别是 1994 年开始实行中国足球职业联赛，共有 23 支俱乐部球队参加甲A、甲B的联赛，实行升降级制度，使我国的足球运动步入了职业化的道路，更好地与国际足球接轨。在职业化的推动下，2002 年的第 17 届世界杯，中国国家足球队首次打入了世界杯的决赛圈，冲出亚洲，走向了世界。2022 年 2 月 6 日，中国女足在 2022 年女足亚洲杯决赛中击败韩国队，时隔 16 年再夺亚洲杯冠军。

二、足球运动的锻炼价值

（一）有利于良好的心理素质和思想品德的形成

经常参加足球运动，可以培养人的意志力、自制力、责任感及勇敢顽强、机智果断、团结协作、密切合作等思想品德。

（二）有助于增强体质，增进健康

参加足球运动，可以增进人们的健康，提高身体素质，特别是能增强人的心血管系统、呼吸系统等内脏器官的功能。

（三）振奋民族精神，扩大国际交往

现代足球运动涉及和渗透到社会的很多领域，对振奋民族精神、弘扬民族文化和反映国家的综合实力具有深远影响。

（四）促进经济发展，创造社会财富

在市场经济极为活跃的今天，风靡世界的职业化足球同商业化是密不可分的。大力发展的足球产业不仅活跃了市场，增加了国家的财政税收，而且还促进了足球运动的发展，足球已经从过去的事业型向产业型转变。

第二节 足球基本规则简介

一、比赛场地

1. 场地表面

比赛场地必须为全天然草皮。若竞赛规程允许，可使用全人造草皮。此外，如果竞赛规程允许，可使用人造和天然结合材料制成的整体草皮（混合系统）。人造草皮场地的表面必须为绿色。

2. 场地标识

比赛场地形状必须为长方形，且由不具危险性的连续标线标示。不具危险性的人造草皮材料可作为天然草皮场地的标记使用。这些标线作为边界线是其所标示区域的一部分。

二、队员

1. 场上队员人数

一场比赛由两队参加，每队最多可有 11 名上场队员，其中 1 名必须为守门员。如果任何一队场上队员人数少于 7 人，则比赛不得开始或继续。

2. 替换人数

国际足联、各洲际联合会或各国足球协会可决定在其正式赛事中可使用的替补队员人数，但最多不能超过 5 人次替换，涉及顶级联赛球队一队及国家队 A 队的男子、女子赛事最多可进行 3 人次替换。

三、比赛时间

1. 比赛阶段

一场比赛分为两个 45 分钟相同时长的半场。依照竞赛规程，在比赛开始前经裁判员和双方球队同意后，方可缩短各半场比赛时长。

2. 中场休息

队员享有中场休息的权利，休息时间不得超过 15 分钟。加时赛中场阶段可短暂补水（时长不超过一分钟）。竞赛规程必须明确中场休息的时长，在经裁判员许可的情况下方可调整中场休息时长。

3. 对损耗时间的补足

裁判员对每半场所有因如下情况而损耗的比赛时间予以补足：队员替换；对受伤队员的伤情评估和/或将其移出比赛场地；浪费的时间；纪律处罚；竞赛规程允许的医疗暂停，例如“补水”暂停（不超过 1 分钟）和“降温”暂停（90 秒至 3 分钟）；与视频助理裁判员“查看”及“回看分析”有关的延误；任何其他原因，包括任何明显延误比赛恢复的情况（如庆祝进球）。第四官员在每半场最后一分钟结束时展示裁判员决定的最短补时时间。裁判员可增加补时时间，但不得减少。

裁判员不得因上半场计时失误而改变下半场的比赛时长。

4. 罚球点球

如需执行罚球点球或重踢罚球点球，应延长该半场时长直至罚球点球程序完成。

四、比赛进行与停止

1. 比赛停止

当出现如下情况时，比赛即为停止：球的整体从地面或空中越过球门线或边线；裁判员停止了比赛；球接触了比赛官员后仍在比赛场地内，并且，任一队开始了一次有希望的进攻，或直接进入了球门，或控球球队发生了转换。上述情况下，比赛以坠球恢复。

2. 比赛进行

所有其他时间，如果球接触了比赛官员，或从球门柱、横梁、角旗杆弹回并且仍在比赛场地内，均为比赛进行中。

五、确定比赛结果

1. 进球得分

（1）当球的整体从球门柱之间及横梁下方越过球门线，且进球队未犯规或违规时，即为进球得分。

（2）如果守门员手抛球直接进入对方球门，则由对方踢球门球。

2. 获胜队

进球数较多的队伍为获胜队。如果双方球队没有进球或进球数相等，则该场比赛为平局。

六、裁判员

1. 裁判员的职权

每场比赛由一名裁判员掌控。裁判员拥有全部权力去执行与比赛相关的竞赛规则。

2. 裁判员的决定

裁判员依据足球竞赛规则和“足球比赛精神”，尽自身最大能力，在规则框架内酌情考量，做出自己认为最合适的决定。

裁判员根据与比赛相关的事实所做出的决定，包括进球与否以及比赛的结果，都是最终的决定。必须无条件地尊重裁判员及其他所有比赛官员的决定。

3. 裁判员的权力和职责

裁判员：①执行足球竞赛规则；②与其他比赛官员协作管理比赛；③记录比赛时间、比赛成绩、并向相关机构提交比赛报告，报告内容包括赛前、赛中、赛后发生的纪律处罚信息及任何其他事件；④监管和/或示意比赛恢复。

（1）有利。

当犯规或违规情况发生时，未犯规或违规的一队能从有利原则中获益，则允许比赛继续。如果预期的有利没有在那一时刻或随后几秒内出现，则判罚最初的犯规或违规。

（2）纪律措施。①当多种犯规同时发生时，从纪律处罚、比赛恢复方式、身体接触程度和战术影响等方面考量，判罚相对严重的犯规。②对应被警告和罚令出场的队员执行纪律措施。

（3）纪律处罚。①从开赛前进入比赛场地直至比赛结束，包括中场休息、加时赛和罚球点球决胜期间，裁判员都有权出示红黄牌，以及在竞赛规程允许下，将队员暂时罚离。②暂时罚离是指队员在被警告（黄牌）时，受到的即时性“停止参加”接下来一段时间比赛的处罚形式。其理念是通过“即时的处罚”来对犯规队员乃至其球队产生有效的和立即的正面影响。

（4）裁判员的示意信号。

裁判员通过出示黄牌，随后清晰地用双臂指向暂时罚离区（通常是该队员一方的技术区域）的方式示意执行暂时罚离。

（5）暂时罚离区。

暂时罚离的队员，除进行“热身活动”（热身活动的要求与其他替补队员相同）外，应始终留在技术区域（如果有）内，或者与其球队教练员/技术官员处于一处。

（6）暂时罚离过程中的违规。

处于暂时罚离阶段的受罚队员，犯有需警告（黄牌）或罚令出场（红牌）的犯规，将不得再次参与本场比赛，也不能被替换。

知 识 窗

越位规则是在 1874 年的足球规则中正式规定的。不过，那时的越位规则跟现在的越位规则有很大的不同。当时规定：攻方队员攻到前场，前面守方队员如果只有两个人（包括守门员）时，那么这个进攻队员就算越位了。

七、足球裁判主要手势

（一）主裁判主要手势

主裁判主要手势如图 11-2-1 所示。

间接任意球　直接任意球　有　利　黄牌警告　罚令出场

图 11-2-1

（二）助理裁判主要手势

助理裁判主要手势如图 11-2-2 所示。

替　换　界外球　越　位　远端越位　中间越位　近端越位

图 11-2-2

第三节 足球基本技术

足球的基本技术主要包括：踢球、停球、运球、头顶球，抢截球、假动作、守门员技术和掷界外球等。

一、踢 球

（一）脚内侧踢球

用脚的内侧部位（跖趾关节、舟骨和跟骨所构成的三角部位，即脚弓）击球，其特点是脚与球接触面积大，出球平稳、准确。脚内侧踢球多用于短距离传球和射门。

1. 动作要领

踢定位球时，直线助跑，支撑脚踏在球的侧方约 15 厘米处，膝关节微屈，两臂自然张开，在支撑脚着地的同时踢球腿以髋关节为轴由后向前摆动，在前摆过程中屈膝外转，踢球腿的内侧正对出球方向，小腿加速前摆，脚尖稍跷起，脚掌与地面平行，用脚内侧部位击球的后中部。向左（右）侧踢球时，支撑脚踏在球的后方，用右（左）脚脚弓对准出球方向，提起大腿，并用大腿力量带动小腿由右（左）向左（右）横摆，同时身体重心向出球的相反方向移动，以推送动作将球踢出。踢空中球时，大腿在踢球前先屈膝抬起并外转，小腿拖在后面，脚弓对准出球方向，以髋关节为轴，利用小腿摆动平敲球的后部（图 11-3-1）。

图 11-3-1

2. 练习方法

（1）初学者先做踢球腿膝盖外转、前后摆动的模仿动作。

（2）两人一组，距离 10 米左右，踢定位球。

（3）两人一组，行进间传接球。

（4）踢迎面传来的地滚球，近距离射门。

（5）抢球游戏：3 人传 2 人抢、3 人传 1 人抢、5 人传 2 人抢，规定只准用脚内侧踢球，犯规者出来抢球。

（6）脚内侧踢球射门练习。

3. 易犯错误

（1）脚弓和球接触面不正确，影响了击球的准确性。

（2）踢球脚离地过低，踢在球的底部，易成高球。

（3）动作过度紧张，使用力量不及时，特别是脚击球的一刹那，没有用力，只靠腿的摆动力量踢球。

（二）脚背正面踢球

用脚背的正面部位（楔骨和跖骨的末端）踢球，其特点是踢球腿摆幅大、摆速快、踢球力量大。脚背正面踢球多用于长距离传球和射门等。

1. 动作要领

踢定位球时，直线助跑，最后一步稍大并积极着地，支撑脚踩在球的侧方 12 ～ 15 厘米处，脚尖正对出球方向，膝关节微屈，两臂自然张开。踢球腿在支撑脚前跨和助跑的最后一步蹬离地面时，顺势向后摆起，膝弯曲，在支撑的同时以髋关节为轴，大腿带动小腿由后向前摆，当膝盖摆至接近球正上方的一刹那，小腿做爆发式的前摆，脚背绷直，脚趾扣紧，以脚背的正面踢球的后中部，踢球腿随球继续前摆（图 11-3-2）。

图 11-3-2

2. 练习方法

可采用脚内侧踢球的练习方法。

3. 易犯错误

（1）踢球腿膝盖不在球的正上方，脚跟没有提起而将球踢出。

（2）踢球时脚尖没有绷紧，踢球部位不正确，影响了踢球力量。

（3）摆动腿不是前后摆动，而是侧向摆动，容易把球踢偏或踢高。

（三）脚背内侧踢球

用脚背内侧部位几个楔骨、趾骨末端击球，其特点是踢球腿的摆幅大、摆速快、踢球的力量大。由于助跑方向、支撑脚选位灵活性较大，因而出球方向变化幅度较大，因此可踢出平直球、远距离弧线球等，脚背内侧踢球也便于转体踢球。脚背内侧踢球在比赛中多用于中长距离的传球和射门等。

1. 动作要领

踢定位球时，斜线助跑，助跑方向与出球方向成 45° 角。支撑脚以脚掌外沿积极着地，踏在球的侧方向 20 ～ 25 厘米处，屈膝，脚尖指向出球方向，身体稍向支撑脚一侧倾斜。在支撑脚着地的同时，踢球腿以髋关节为轴，由大腿带动由后向前摆，在身体转向出球方向、膝盖摆到接近的支撑腿内侧，球的正上方的瞬间，小腿做爆发式的前摆，脚尖稍外转，脚面绷直，脚趾扣紧，脚尖指向斜下方，以脚背内侧部位击球的后中部（踢高球时，击球的中下部），踢球脚继续前摆（图 11-3-3）。

图 11-3-3

2. 练习方法

（1）两人一组，相距 10 ～ 15 米对踢，要求踢球力量不要过大，着重体会用脚背内侧踢球的感觉。

（2）两人一组，加大距离做长传球，要求传球准确。

（3）自己运球到罚球区附近射门，速度由慢到快。

（4）做传球射门练习，即一人做向前传球运动，踢球者快速上前踢球射门。

3. 易犯错误

（1）踢球时上体后仰，易把球踢高。

（2）脚尖外转太多，踢球部位不正确，易把球踢偏。

（3）踢球时，踝关节松弛，往往踢在脚尖或脚内侧上，击球无力。

（四）脚背外侧踢球

与脚背正面踢球的动作基本相同，而改为用脚背的外侧触球。在触球的一刹那，脚背要绷直，脚趾用力下扣，脚尖内转，踢球的后中部（图 11-3-4）。

图 11-3-4

二、停 球

停球是指运动员有目的地用身体的合理部位把运行中的球停挡在所需要的控制范围内。

（一）脚内侧停球

脚内侧停球的特点是脚接触球的面积大，易将球停稳，并且便于改变方向和结合下一个动作。脚内侧停球多用来停地滚球、反弹球和空中球。

1. 停地滚球

支撑脚正对来球，膝关节微屈，停球腿屈膝外转并前迎，脚尖稍跷起，在脚与球接触前的一刹那开始后撤，在后撤过程中用脚内侧接触球，缓冲来球力量，把球控制在衔接下一动作所需要的位置上（图 11-3-5）。

2. 停反弹球

支撑脚踏在球的落点的侧前方，膝关节弯曲，上体稍向前倾并向停球方向微转，同时停球腿提起，踝关节放松，用脚内侧对准来球的反弹路线，当球落地反弹，刚离开地面时，用脚内侧推球的中上部。

3. 停空中球

停空中球的方法有两种：一种是根据来球的高度，将停球脚抬起前迎，脚内侧对准来球路线，在脚与球接触前的一刹那开始后撤。在后撤过程中用脚内侧触球，缓冲来球力量，把球控制在所需要的位置上。另一种是将脚提起到稍高于选择的停球点，在脚与球接触的一刹那开始下切，在下切过程中用脚内侧切球的侧上部，将球停在地上。接空中球时，先提大腿，使脚弓正对来球。触球时，小腿放松下撤。

4. 练习方法

（1）两人一组，互踢停球，力量由轻到重。

（2）两人一组，一人踢地滚球，另一人跑上停球。

（3）两人一组，互踢停球，要求停球后快速传球。

5. 易犯错误

停球脚的肌肉太紧张，当球与脚弓接触时未做后撤动作，使球停不到脚下。

（二）脚底停球

脚底停球时，脚底接触球面积大，易将球停稳。脚底停球在比赛中多用于停正面来的地滚球和反弹球。

1. 停地滚球

支撑脚站在球的侧后方，膝关节微屈。停球脚提起，膝关节自然弯曲，脚尖跷起高过脚跟（脚跟离地面稍低于球高），踝关节放松，用前脚掌触球的中上部（图 11-3-6）。

图 11-3-5

图 11-3-6

2. 停反弹球

支撑脚踏在球落点的侧后方。当球着地的一刹那，用前脚掌对准球的反弹路线，触球的后上部。

3. 练习方法

两人一组，互抛互停。

4. 易犯错误

判断球的落点不准确，停球脚提起过高。

（三）脚背正面停球

脚背正面停球适用于接空中下落的球。

1. 动作要领

身体正对来球，接球腿屈膝提起，以脚背对准来球。当球与脚接触的一刹那，小腿和脚腕放松下撤，以缓冲来球力量，使球落在身前。另一种接法是接球腿稍抬起，在球接近地面时，用正脚背触球，随球下撤落地。

2. 练习方法

（1）自抛自停，体会要领。

（2）两人一组，互抛互停。

3. 易犯错误

停球脚接触球时，下撤过早或过晚。

（四）胸部停球

胸部停球面积大、有弹性、位置高，适用于停高球和平直球。胸部停球有挺胸停球和收胸停球两种方法。

1. 挺胸停球

挺胸停球一般用于停高于胸部的下落球。动作要领是身体正对来球，两臂前后开立，重心落在两腿之间，两膝微屈，两臂自然张开，上体稍后仰，收下颌。在球与胸部接触前的一刹那，脚跟提起，向上挺胸，使球弹起，然后落于体前（图 11-3-7a）。

2. 收胸停球

收胸停球一般用来停接近胸部高度的水平球。动作要领是身体正对来球，两脚前后开立，两臂自然张开，挺胸迎球，当球与胸部接触的一刹那迅速收胸、收腹，以缓冲来球力量，把球停在身前（图 11-3-7b）。

a　　　　b

图 11-3-7

3. 练习方法

（1）两人一组，约距 10 米，互抛互停。

（2）两人一组，约距 10 米，加大来球速度，互抛互停。

4. 易犯错误

缩胸过早或过晚，不能缓和来球力量，易将球弹出。

（五）大腿停球

1. 动作要领

停球时，大腿抬起迎球。在与球接触的一刹那即随球下撤，使球落在体前（图 11-3-8）。也可用大腿上抬垫球，使球平稳弹落。如做转体接球时，以支撑腿为轴向左（右）转体，在身体左侧（或右侧）接球。

图 11-3-8

2. 练习方法

（1）两人一组，约距 10 米，互抛互停。

（2）自抛自停。

3. 易犯错误

不能正对来球，不能缓冲来球力量（或缓冲过早），不能将球停在自己控制的范围内。

（六）腹部停球

身体正对来球，两脚平行站立。当球从地上弹起时，两臂张开，上体前倾，提气、收腹，缓冲来球力量，以在身前接球。

三、运　球

运球是运动员在跑动中用脚连续推拨球，使球处于自己控制范围内的动作，是完成个人突破与战术配合必不可少的技术。运球的几种常见方式如图 11-3-9 所示。

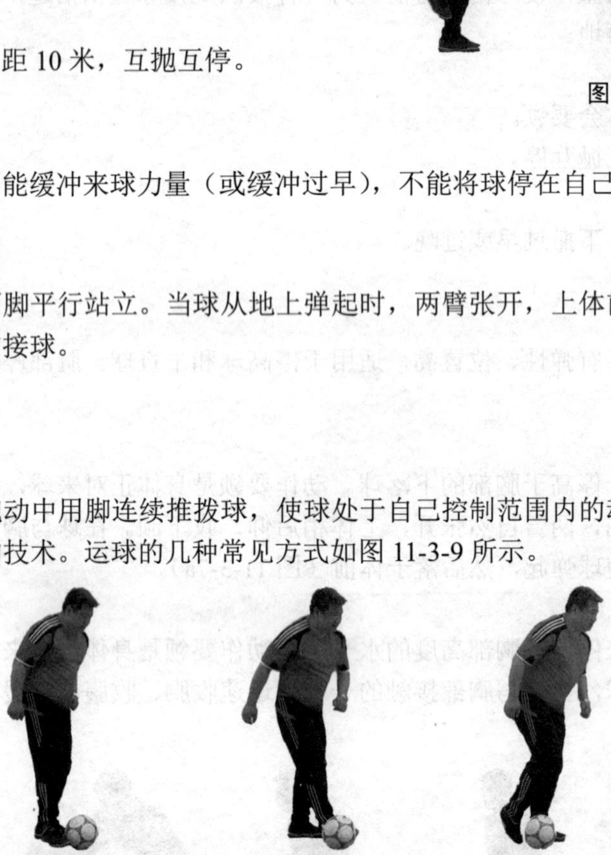

脚内侧运球　　脚外侧运球　　脚背正面运球

图 11-3-9

（一）动作要领

跑动时身体自然放松，上体前倾，步幅可大可小。脚背外侧运球时，运球脚提起，脚尖稍内转，以脚背外侧推球前进。脚背内侧运球时，运球脚提起，脚尖稍向外摆，以脚背内侧推球前进。

（二）练习方法

（1）练习时步子要小，轻松自然，两臂自然摆动。

（2）在走步或慢跑中练习运球，由单脚到双脚，用脚背内、外侧运球。

（3）绕 6 根标枪曲线运球（相距 2 米），要求由慢到快（定距测量时间）。

（4）直线运球或绕杆曲线运球，要求少看球，多巡视四周情况。

（三）易犯错误

（1）只是低头看球，而不是随时观察场上情况，以致不能及时完成传球或射门动作。

（2）运球时不是推拨球而是踢球，以致球离人过远而失去控制。

四、头顶球

头顶球是运动员在比赛中为了争取时间和取得空中优势，用头部的前额部位击球的动作，常用来传球、抢截球和射门，是进攻和防守中不可缺少的重要技术之一。头顶球分为前额正面顶球和前额侧面顶球，这两个部位都可以做原地顶球、跑动中顶球、跳起顶球和鱼跃顶球等动作。

（一）原地前额正面顶球

身体正对来球，两脚前后开立，膝关节微屈，两臂自然张开，上体稍向后仰，眼睛注视来球。当球运行到身体垂直部位前的一刹那，后脚用力蹬地，身体重心由后脚移向前脚的同时，迅速向前摆体，颈部保持紧张状态，快速摆头，用前额正面顶球的后中部，接着上体随球继续前摆（图 11-3-10）。

图 11-3-10

（二）原地前额侧面顶球

两脚前后开立，出球方向的同侧脚在前，两膝微屈，上体和头部稍向出球的相反方向侧屈，身体重心放在后脚上，两臂自然张开，两眼注视来球。在球运行到出球方向的同侧肩上方的一刹那，双脚用力蹬地，上体迅速向出球方向扭摆，同时颈部摆头，以前额侧面顶球的后中部。

（三）练习方法

（1）徒手做头顶球模仿练习。

（2）自抛自顶，体会顶球部位。

（3）两人一组，相距 5 ～ 7 米，一人抛球，另一人原地将球顶成高、平、低球。

（四）易犯错误

（1）顶球时没有后仰，没有充分利用腰腹力量。

（2）没有摆头的动作。

（3）顶球时不用眼看球或刻意低头。

五、抢截球

抢截球是防守中的主动行动，是转守为攻的积极手段。抢截球包括抢球和截球两个内容。

（一）正面跨步抢球

面向对手，两脚前后开立，两膝微屈，在对手运球脚触球后即将着地或刚着地时，支撑脚立即用力后蹬，抢球脚以脚内侧对着球跨出，膝关节弯曲，上体前倾，将身体重心移至抢球脚上，另一脚立即前跨。如双方脚同时触球，则要顺势向上提拉，使球从对方脚背滚过，同时身体重心要迅速跟上，把球控制住。如离球稍远可用脚尖捅抢截。

（二）侧面冲撞抢截

当与对方平行跑动争球时，身体重心要降低，两臂紧贴身体，当对方近侧脚着地时，可用肩和上臂做合理冲撞动作，使对方失去平衡，从而截获其球。侧面冲撞抢截用于抢截者和运球者平行跑动时。

（三）侧后铲球

防守人追到距运球人侧后 1 米左右，可用脚掌或脚背外侧进行铲球。当运球人将拨动球时，先蹬腿，抢球腿跨出，以脚掌或脚掌外侧在地面滑行而将球踢出，小腿、大腿、臀部、上体依次着地。侧后铲球适用于对手运球刚越过防守者时。

（四）练习方法

（1）在两人并肩走步中练习冲撞，慢跑和快跑中进行冲撞，体会合理冲撞的方法。

（2）一人在慢跑中运球，另一人练习侧面并肩冲撞抢球。

（3）一对一抢截，正面抢截后相互交换，以抢到球为准。

（4）一对一抢截，正面、侧面抢截，以触到球为准，相互交换练习。

（5）原地练习铲球，一人站在固定球的后面佯做停球，一人从侧后方上来练习铲球倒地动作。

（6）助跑练习铲球，一人带球前进，一人在带球人身后，待球推出时铲球。

（五）易犯错误

（1）抢球时犹豫不决，判断不准，盲目乱跑。

（2）抢球时支撑脚重心不稳，轻易移动，重心落在抢球脚上，容易被撞倒。

六、假动作

假动作必须在距对方适当的距离范围时使用，假动作慢，真动作快、突然，真假动作的衔接要快速、适当，做到真真假假，使对方防不胜防。

（一）踢球假动作

传球前可假做向左（右）方踢球动作，诱使对方向该方向堵截，待对方重心移动后，突然向右（左）方踢球或运球突破。

（二）接球假动作

接球前，如对方上步抢截，可假做向左（右）接球，诱使对方向左（右）侧堵截，然后突然改为向右（左）接球。

（三）运球假动作

对方迎面抢截球时，可采用身体虚晃动作，使对方迷惑，从而越过对手。当对手侧面抢截时，可先快速带球前进，诱使对手追赶，这时带球人可突然降低速度或做假停球，使对手也放慢速度，然后带球人再突然加速甩开对手，带球切进。

七、守门员技术

守门员技术的高低、反应速度的快慢、竞争意识的强弱直接影响全队的士气和最后一道门户的牢固。守门员的有球技术可分为接球、扑接球、拳击球、托球、掷球和抛踢球。

（一）接 球

1. 接地滚球

接地滚球分直立接球和单膝跪立接球两种。

直立接球时，两脚要自然并拢不留空隙，脚尖对准来球，上体前屈，两臂自然下垂，手指自然张开，手心向前，两手接球底部，接球后两臂同时弯曲，并互相靠拢，将球提至胸前紧抱。

单膝跪立接球时，两腿向侧前方开立，前腿弯曲，后腿跪立，膝关节接触地面，并靠近前脚跟，不留中空，上体前倾，两臂下垂，掌心对准来球方向，两手接球底部，接球后将球抱至胸前。

2. 接高球

两手自然张开，拇指相对，食指与拇指呈“桃形”，当手触球时，手腕和手指适当用力将球接住，同时屈肘、回缩并下引，顺势翻掌将球抱于胸前。要求守门员要准确判断球路与落点，跑动、起跳要及时。

3. 接平球

接球前两臂屈肘置于胸前两侧，在球接触胸前的瞬间，两臂夹紧，收缩两手抱住球的侧上部，迅速置于胸前。

（二）扑接球

扑接球分为侧地、鱼跃扑接地滚球和扑接平高球。这里主要介绍侧地扑接球。

侧地扑接低球时，守门员须先向来球跨一步，接着身体的一侧小腿、大腿臀部、上体和小臂依次着地，同时两臂向前伸出，同侧手掌对准来球，另一侧手在球的上方对准来球，触球后手指、手腕用力，屈肘把球收到胸前，然后站立。

（三）拳击球

拳击球可分为单拳击球和双拳击球。单拳击球时，屈肘、握拳于胸前，跳起快速冲拳，以拳面将球击出。双拳击球时，双臂屈肘、握拳于胸前，两拳靠拢，当跳起到最高点时，双拳同时快速冲击，以拳面将球击出。

（四）托 球

托球时，起跳后身体成背弓，单臂快速上伸，手掌前部和手指用力将球向后上托出。

（五）掷球和抛踢球

掷球有单手、低手和肩上掷球，抛踢球有自抛踢下落球和踢反弹球。

八、掷界外球

掷界外球时要充分发挥蹬地、腰腹和手腕力量，整个动作过程要连贯。

（一）原地掷界外球

手指自然张开，持球的后半部，两脚前后或左右站立，膝微屈，将球举在头后，上体后仰，掷球时两脚蹬地，收腹屈体，两臂快速前摆将球掷出。

（二）助跑掷界外球

助跑时将球持于胸前，在迈到最后一步时将球举至头后，蹬地、收腹、向前快速摆臂，并用扣腕力量将球掷出。

第四节　足球基本战术

足球运动是一项对抗性的运动项目，它是由进攻和防守这对矛盾所组成的，足球战术是指比赛双方为了充分发挥个人与集体的特长，进攻对方弱点，取得比赛胜利所采用的手段和方法。根据攻防的基本特点，足球战术可分为比赛阵型、进攻战术、防守战术三大部分。在进攻和防守战术中，又分别包括个人、集体与全队的攻防战术。

一、比赛阵型

（一）阵形的发展和演变

为了适应攻守战术的需要，全队队员在场上的位置排列和职责分工，称为比赛阵型。各阵形的名称是按队员排列的型状而定，自 19 世纪中期世界上有了第一个足球比赛阵形至今日的“四三三”“三五二”“四二四”等，以及某些国家所采用的“水泥式”“锁链式”等，都是沿着这一个客观规律演变和发展的。

（二）各个位置的职责

（1）边后卫的职责：边后卫主要是要防守对方的边锋以及其他进攻队员在边路的活动，破坏对方由边路发动的进攻。同时还可利用插上助攻式运球来直接威胁对方球门。

（2）中后卫的职责：中后位有突前中后卫和拖后中后卫之分。前者主要任务是盯守对方突前的最有威胁的中锋，因而又被称之为盯人中后卫；后者则主要担负整个防线的指挥任务，其站位经常处于其他防守队员后面，一般称他为自由中卫。

（3）前卫的职责：前卫通常称之为中场队员。中场是一个非常重要的区域，控制了中场也就是得到了比赛的主动权，因此比赛各队往往都在中场投入较大力量。

二、进攻战术

（一）局部进攻战术

集体战术是指两个或两个以上队员在比赛中为了完成全队攻防任务而采用的局部协同作战的配合方法，它包括“二过一”战术配合、“三过二”战术配合和反切配合等进攻战术。

1.“二过一”战术配合

顾名思义，“二过一”是两个进攻队员，通过传球配合突破一个防守队员。“二过一”是集体配合的基础，可以在任何场区、任何位置上运用这种方法来摆脱对方的抢截或突破防线。要求传球平稳及时，一般多用脚内侧、脚外侧等脚法，传地平球为主，传球的位置尽可能是接球人脚下或前面二、三步远的地方。根据传球和跑位配合路线，“二过一”配合的形式有：斜传直插二过一、直传斜插二过一、踢墙式二过一、回传反切二过一等（图 11-4-1 ～图 11-4-4）。

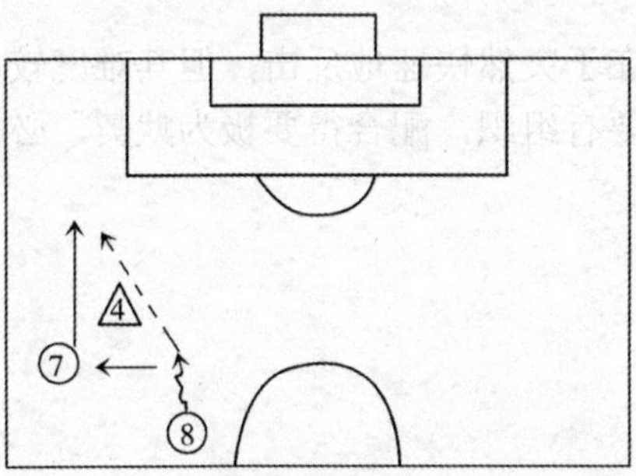

图 11-4-1

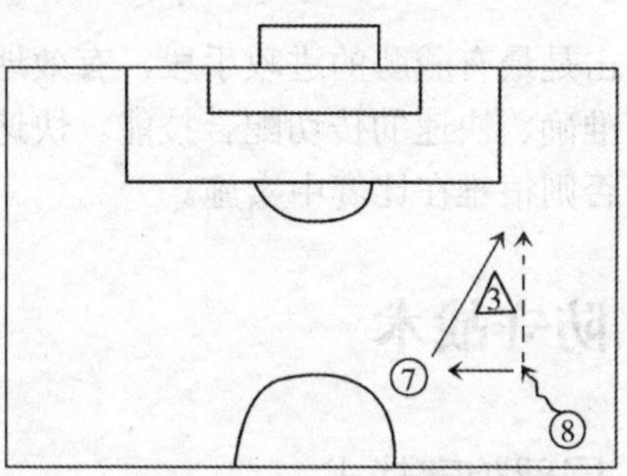

图 11-4-2

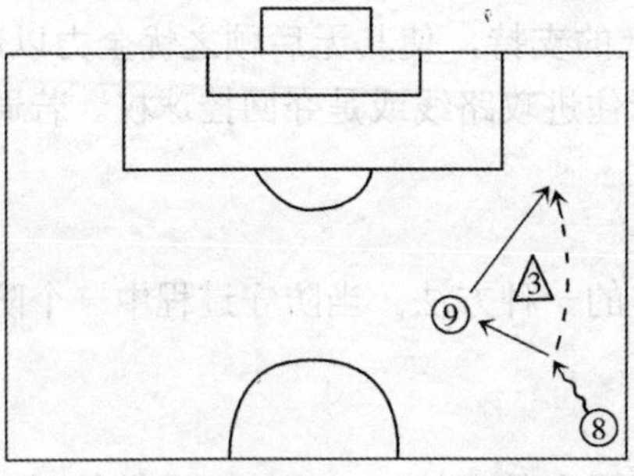

图 11-4-3

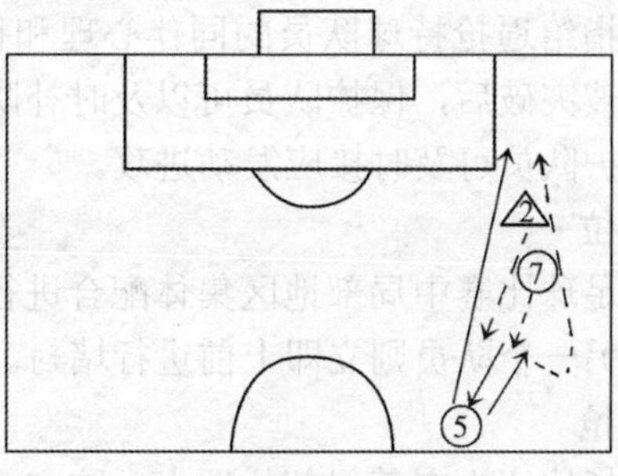

图 11-4-4

2.“三过二”战术配合

“三过二”是在比赛中局部地区 3 个进攻队员通过连续配合突破两个防守者的防守。由于这种配合有两个同队队员可以同时接应传球，因此使持球人传球路线更多，且进攻面扩大。

（二）整体进攻战术

全队进攻战术是指比赛中一方获得球后，通过队员之间的传递配合达到射门的目的而采用的配合方法。与局部进攻战术相比较，全队进攻战术的进攻面比较广，参加进攻和快速反击等。

1. 边路进攻

利用球场两侧地区发起进攻的方法叫边路进攻。边路进攻是全队进攻战术的主要形式之一，其主要特点是有利于发挥进攻速度，打破对方防线制造缺口。

2. 中路进攻

中路进攻是利用球场中间区域组织的进攻，这种进攻虽能直接射门，但难度最大，因中路防守最为严密，前的攻击手必须是反应极其敏锐、意识强、技术高、敢于冒险、速度快和善于路位策应的队员。

3. 转移进攻

转移进攻是指由一个区域迅速转移至另一个区域的进攻配合方法。一般是由中路进攻转向边路组织进攻，或边路进攻转向中路组织进攻，或一侧边路进攻转向另一侧边路组织进攻。转移进攻可充分利用场地空间，及时转移进攻点，迫使对方防线横向扯动，出现空当，从而突破防线。

4. 快速反击

比赛中当攻方进攻时，后卫线往往压至中场附近，防守人数也由于插上进攻和助攻而相对减少，此时如能抓住对方防区空隙较大和回防较慢的机会，乘其失球发动快速反击，往往能取得良好的效果。

快速反击是最有威胁的进攻手段，有效地进攻在于突然快速地反击，但其难度较大，即要冒险，又要有准确、快速的传切配合技能。快速反击要有组织，配合得要极为默契，必须进行专门性的训练，否则很难在比赛中实施。

三、防守战术

（一）局部防守战术

1. 保　护

保护是指给逼抢持球队员的同伴心理和行动上的支持，使其无后顾之忧全力以赴紧逼对手。若逼抢队员被突破后，保护队员可以及时补防，堵住进攻路线或是夺回控球权。若逼抢队员夺得控球权，保护队员可及时接应发动进攻。

2. 补　位

补位是足球比赛中局部地区集体配合进行防守的一种方法。当防守过程中一个防守队员被对手突破时，另一个队员则立即上前进行堵封。

3. 围　抢

围抢是指比赛中在某局部位置上，防守一方利用人数上的相对优势（通常是两三个队员）同时围堵对方的持球队员，以求在短暂时间内达到抢断或破坏对方的目的。

4. 造越位战术

造越位战术是利用规则而设计的一种防守战术。是一种以巧制胜的省力打法，因而成为一种重要的防守手段。但由于其配合难度较大，搞不好会适得其反，让对手钻空子，因此战术往往是为水平较高的球队所采纳，但在一场比赛中也不是多次运用。

（二）全队防守战术

全队防守战术可分为两种基本类型：盯人紧逼防守（人盯人防守），即在规定的范围内盯人紧逼，不交换看守；区域紧逼防守（盯人和区域相结合），即现今流行的综合防守，紧逼和保护相结合，在个人的防区内紧逼，作交替看守。盯人防守即各自都有明确的防守对象，如对方左边锋大幅度地斜插至右路，则右后卫紧跟盯防，不交替看守。

防守打法可分为向前逼迫式打法，即失去控球权后立即对球和空间进行逼压，降低对方进攻速度或夺回控球权；层层回撤式打法，即分层次、有步骤、有组织地布防；快速密集式打法，即缩小防守区域、集中防守力量于门前危险地带，仅留 1、2 名防守队员在中场附近的防守打法。

防守最根本的原则是紧逼和保护。只有紧逼才能有效地主动断抢，压制对方技术的优势而获取主动权；保护是为了更好地紧逼和控制空当。

思考题

1. 简述足球运动的锻炼价值。
2. 足球运动比赛的基本规则有哪几个部分？
4. 足球运动的基本技术有哪些？
5. 简述足球的进攻技术。

第十二章 排球

学习提要

1. 排球运动的起源、发展及锻炼价值。
2. 排球的相关规则。
3. 排球的技术。
4. 排球的战术。

第一节 排球运动概述

排球

一、排球运动的起源与发展

排球（volleyball）原义是击“空中球”，因排球比赛中参加比赛的队员的站位成排，所以我国称为排球。1895 年，美国马萨诸塞州霍利约克市春田学院的威廉·莫根，在工作中发现，篮球运动对于常坐办公室和年龄较大的人来说过于剧烈，他们需要一项新的运动来放松身心又不至于太累。根据这一需要，他用网挂在篮球场中间把双方队员隔开，双方队员把球拍来击去，不让球掉在本方场地，击球不能出对方场地。排球运动就这样从嬉戏篮球的游戏中发展起来了。

排球运动融趣味性、娱乐性、攻防竞技性、体育教育性于一体，很快就在世界各国盛行，成为世界性体育项目。排球运动于 1905 年传入我国，最先是 16 人制，后来演变为 12 人制、9 人制。1918 年，国际上出现 6 人制排球赛（每队 6 人上场），并沿用至今。1947 年国际排球联合会成立。1964 年，奥运会将排球列为正式比赛项目。中国女排近几十年一直名列世界前茅，截至 2016 年已获三次奥运会冠军、多次世界大赛第一，其拼搏精神振奋华夏民族。排球运动在中国逐步得到发展和普及，运动技术水平不断提高。中国国家女子排球队（简称“中国女排”）曾在 1981 年和 1985 年的世界杯排球赛、1982 年和 1986 年的世界排球锦标赛、1984 年洛杉矶奥运会排球比赛上夺得冠军，成为世界上第一支获得“五连冠”的女子排球队伍。此后，中国女排又在2003年世界杯排球赛、2004年雅典奥运会排球比赛、2015年世界杯排球赛、2016年里约热内卢奥运会排球比赛、2019年世界杯排球赛上五度夺冠，极大地振奋了中国人的精神。中国女排所体现出来的顽强奋斗、勇敢拼搏的精神激励着一代代中国人不断前行。2021年9月，党中央批准了中央宣传部梳理的第一批纳入中国共产党人精神谱系的伟大精神，其中就包括“女排精神”。目前，女排强国还有巴西、美国、意大利、古巴、日本、荷兰等；男排强国有巴西、俄罗斯、美国、保加利亚、波兰、意大利、德国等。

二、排球运动的锻炼价值

（一）对人体生理健康的价值

经常参加排球运动，可以发展人体的速度、力量、耐力、灵敏性和柔韧性等身体素质，提高体能；可以促进身体各器官系统的正常发育，改善机能状况，使身体健康地发展。

（二）对人体心理健康的价值

参与排球运动，可降低人的焦虑和抑郁症状，对于不良情绪有良好的调节作用。经常参与排球运动，可以增强控制自己情绪的能力，同时可以培养坚忍不拔、吃苦耐劳的顽强意志，以及不怕困难、顽强拼搏的精神。

（三）对培养社会适应能力的价值

排球运动可以很好地培养人们的应变能力和适应能力。排球运动作为非周期性的运动项目，不仅能培养人们沉着、果断等良好的心理品质，而且通过应对多种多样、变化无常的来球，提高人们的注意力、判断力、分析能力和应变能力。排球运动如果没有两人或两人以上的密切配合，将无法发挥个人的技战术作用。因此，排球运动对参与者调节自身情绪和正确处理与他人的关系、培养协作意识和集体主义精神等都具有积极意义。

知　识　窗

1995年，北京体育大学排球教研室引进软式排球。同年5月举行了北京体育大学教职工软式排球比赛。这是我国举行的首次软式排球比赛。1996年，国家体委正式颁布了中国软式排球比赛规则。1999年10月，中国排球管理中心成立软式排球推广领导小组，加强了对推广工作的领导力度。

第二节 排球基本规则简介

一、器材与设备

（一）比赛场地

比赛场地为对称的长方形，包括比赛场区和无障碍区。比赛场区为 18 米×9 米的长方形。其四周至少有 3 米宽的无障碍区。比赛场区上空的无障碍空间从地面量起至少高 7 米，其间不得有任何障碍物。国际排联、世界和正式比赛，比赛场区边线外的无障碍区宽应 5 米，端线外的无障碍区宽应 6.5 米。比赛场地上空的无障碍空间至少高 12.5 米。

（二）球网与网柱

（1）球网高度。

球网架设在中线上空，高度为男子 2.43 米，女子 2.24 米。球网的高度应从场地中间丈量，球网两端（边线上空）的高度必须相等，并不得超过规定网高 2 厘米。

（2）构造。

球网为黑色，宽 1 米，长 9.50 ～ 10 米（每边标志带外 25 ～ 50 厘米），网眼直径 10 厘米。球网上沿的全长缝有 7 厘米宽的双层白帆布带。帆布带的两端留有孔，用绳索系在网柱上使网上沿拉紧。用一根柔韧的绳索穿过帆布带，拉紧球网上沿固定在网柱上。球网下沿的全长缝有另外一条构造与球网上沿相同的 5 厘米宽帆布带，用绳索系在网柱上使网下沿拉紧。

（3）标志带。

两条宽 5 厘米、长 1 米的白色带子为标志带，分别系在球网的两端，垂直于边线。标志带被认为是球网的一部分。

（4）标志杆。

标志杆是有韧性的两根杆子，长 1.8 米，直径 10 毫米，由玻璃纤维或类似的材料制成。两根标志杆分别设置在标志带外沿球网的不同侧面。标志杆高出球网 80 厘米。高出部分每 10 厘米应涂有明显对比的颜色，最好为红白相间。标志杆被认为是球网的一部分，并视为过网区的边界。

（5）网柱。

两根网柱分别架设在两条边线外 0.5 ～ 1 米处，高 2.55 米，最好可以调节高度。国际排联、世界和正式比赛，网柱应架设在边线外 1 米处，其外部必须进行柔软包裹。网柱应为光滑的圆形，并无拉链。一切危险设施和障碍物都必须清除。

二、队的组成

（1）一个队最多有 12 名队员，另加：1 名教练员，最多两名助理教练员；1 名理疗师和 1 名医生。只有登记在记录表上的运动队成员才可以进入比赛控制区，参加赛前的正式准备活动和比赛。

（2）除自由防守队员外的 1 名队员担任队长，队长在记录表上被注明。

（3）只有登记在记录表上的队员才可以进入场地和参加比赛。教练员和队长在记录表上签字以后，已登记在记录表（和电子记录表）上的队员名单不得更改。

三、得 1 分

（一）得分

某队得一分：球成功落地在对方场区；对方犯规；对方受到判罚。

（二）犯规

当队员的比赛行为违背规则（或其他方式的犯规）时，裁判员按以下规则做出判定：如果两个或更多的犯规先后发生，只判罚第 1 个犯规；如果双方队员同时犯规，判为“双方犯规”，该球重新比赛。

四、犯规

队员在球网附近的犯规

（1）对方进攻性击球前或击球时，在对方空间触及球或对方队员。

（2）从网下穿越进入对方空间并干扰对方比赛。

（3）队员的双脚（单脚）全部越过中线进入对方场区。

（4）队员干扰比赛有下列情况（但不限于）：击球行为触及标志杆及标志杆以内球网任何部分；利用球网进行支撑或稳定身体；造成了对本方有利；妨碍了对方合法的击球试图；拉网/抓网。

任何运动员靠近球击球或准备击球，不管是他/她能否击到球都是击球行为。但是，队员身体触及标志杆以外的球网，不算犯规（另有规则除外）。

五、发球时的犯规

（一）发球犯规

下列犯规应判为发球犯规，即使对方位置错误。发球队：发球次序错误；没有遵守“发球的执行”的规定。

（二）发球击球后的犯规

球被发出后出现以下情况仍为发球犯规（除非位置错误）：球触及发球队队员或球的整体没有从过网区通过球网垂直平面；界外球；球越过发球掩护。

六、击球时的犯规

（1）4 次击球：一个队连续击球 4 次。
（2）借助击球：队员在比赛场地内借助于同伴或任何物体的支持进行击球。
（3）持球：球被接住和/或抛出，而不是被弹击出。
（4）连击：一名队员连续击球两次，或球连续触及身体不同部位。

七、进攻性击球的犯规

（1）在对方空间击球。
（2）击球出界。
（3）后排队员在前场区完成进攻性击球，并且击球时球的整体高于球网上沿。
（4）在前场区内对高于球网上沿的对方发球完成进攻性击球。
（5）自由防守队员对高于球网上沿的球完成进攻性击球。
（6）队员在高于球网处，对同队自由防守队员在前场区用上手传出的球完成进攻性击球。

八、拦网犯规

（1）在对方进攻性击球前或击球的同时，在对方空间完成拦网。
（2）后排队员或自由防守队员完成拦网或参加了完成拦网的集体。
（3）拦对方的发球。
（4）拦网出界。
（5）从标志杆以外伸入对方空间拦网。
（6）自由防守队员试图进行个人或参加集体拦网。

九、排球裁判员主要手势

排球裁判员主要手势如图 12-2-1 所示。

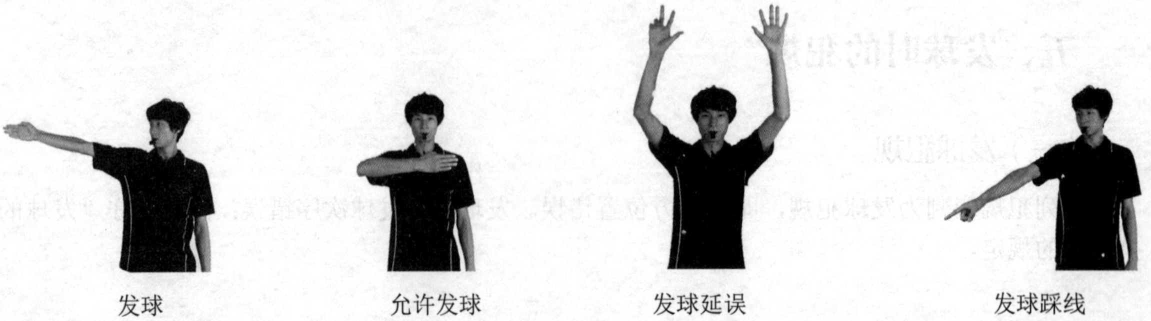

发球　　允许发球　　发球延误　　发球踩线

图 12-2-1

发球未过
界内球
界外球
持球
连击
四次击球
触网
过网击球
后排违例
过中线
拦网犯规
触手出界
暂停
换人
比赛结束
交换场地

图 12-2-1（续）

第三节　排球基本技术

一、传　球

传球是排球运动的基本技术，是进行比赛与组织战术的基础，主要用于衔接防守和进攻。

（一）正面双手上手传球

正面双手上手传球是传球中最基本的方法，也是掌握和运用其他传球技术的基础（图 12-3-1）。

（1）准备姿势：两脚开立，约与肩同宽，一脚稍前，另一脚脚后跟略抬起，两膝微屈，重心落于两脚之间，上体稍前倾或直立，两肩放松，抬头注视来球，两臂屈肘抬起，手的高度在脸前，两肘自然下垂，手腕稍后仰，两手手指屈，呈半球状。

（2）迎球或击球：当来球接近额前时，开始蹬地、伸膝、伸臂、两手微张从脸前向前上方迎球。击球点在额前上方约一球距离处。

（3）手形：两拇指相对，接近“一”字形，两手间要有一定距离（不超过球的直径）。用拇指内侧、食指全部、中指的二三指节接触球，无名指和小指在球的两侧辅助控制传球方向。

（4）用力：正面传球主要靠伸臂的力量，配合蹬地的力量，通过球压在手上使手腕所产生的反弹力将球传出。

图 12-3-1

运用正面双手传球，可以传正面一般拉开球、传正面集中球（包括传小夹角球、传大夹角球、传平冲来球、传近网高球、传低球）。

（二）背　传

二传队员背对传球目标的传球方法叫背传，此方法主要用于组织进攻。

动作要领：传球前背对传球目标，上体保持正直或稍后仰，击球点比正面传球要高。迎球时，微仰头挺胸，在下肢蹬地的同时，上体向后上方伸展，击球时手腕适当后仰，掌心向后上方击球的底部，利用抬臂、送肘的动作使手指、手腕主动向后上方传出。

运用背传可以传拉开球，也可以传近体快球和短平快球。

（三）侧　传

二传队员侧对传球目标，并将球向体侧方向传出的方法叫侧传。

传球前的准备姿势、手形与正面传球相同。迎球时，通过下肢蹬地使身体重心向上伸展，但上体和手臂应向侧上方用力，触球下方，传球方向异侧手臂的动作幅度和用力的距离要大于同侧手臂。

侧传具有隐蔽性的特点，可以传各种快球以增强进攻的效果。

（四）其他姿势的传球

如调整二传和倒地二传，这两种姿势的传球是针对一传不到位而采取的传球办法。晃传、二传伴扣后转移传球主要是传快球，以增大网上的进攻面。

二、垫 球

垫球主要用于接发球、接扣球和接拦网球，有时也用来组织进攻。

（一）正面双手垫球

（1）准备姿势：根据球的落点，迅速移动并成半蹲姿势站立。

（2）手形：当球接近腹前时，两手掌根紧靠，两手手指重叠后合掌互握，两拇指平行，手腕下压，两臂外翻形成一个平面（图 12-3-2）。

（3）击球：当球距腹前一臂距离时，两臂夹紧前伸、插到球下，向前上方蹬地，抬臂垫击球的后下部。身体重心随击球的动作前移。

（4）用力：主要靠手臂上抬力量增加球的反弹力，同时配合蹬地、跟腰动作，使重心向前上方移动。两个手臂要适当放松，便于灵活控制垫球的方向和力量。

（5）垫球部位：保持腹前击球，触球时用前臂腕关节以上 10 厘米左右桡骨内侧平面为宜。

（6）手臂角度：根据来球的角度和要垫出的方向，运用入射角与反射角相等的原理，调整手臂与地面的角度和转动左右手臂平面来控制垫球方向。

（二）体侧垫球

球向体侧飞来，队员来不及移动去对正来球时，可用双臂体侧垫击。如球向左侧飞来，右脚前脚掌内侧蹬地，左脚向左跨出一步，重心移至左脚上，左臂弯曲夹紧向左侧伸出，右肩微向下倾斜，用向后转腰收腹的动作配合两臂自左后方向前截住球飞行的路线，用两前臂垫击来球的后下部。切忌随球向左侧摆臂击球，这样会导致球飞向侧方（图 12-3-3）。

（三）滚翻垫球

做滚翻垫球时应快速向来球方向移动，最后跨出一大步，重心下降并落在跨出脚上，上体前倾，使胸部贴近大腿，双臂或单臂伸向来球方向，同时两脚继续用力蹬地，使身体向来球的落点方向腾出，用小臂、虎口或手腕部分击球的下部，击球后脚尖内转，以大腿外侧、臂部侧面、背部以及跨出腿的异侧肩部依次着地，然后顺势低头、收腹、团身做单肩后滚翻成半蹲姿势。

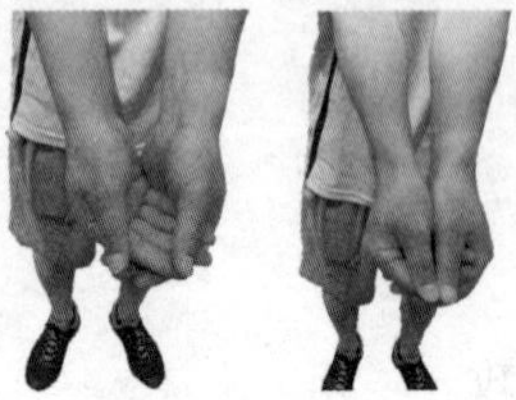

图 12-3-2

图 12-3-3

三、扣　球

现代排球运动的扣球技术，已打破位置分工的限制，更多地运用各种变步、变向的助跑起跳，充分利用网长和纵深，采用立体进攻。

（一）正面扣球

（1）准备姿势：采用稍蹲姿势，两臂自然下垂，观察来球，做好向各个方向助跑起跳的准备。

（2）助跑：助跑的步数要视球的远近和个人习惯采用一步、二步或三步等不同的步法。扣球助跑可采用并步法起跳和跨跳法起跳（图 12-3-4）。

图 12-3-4

现以两步助跑右手扣球为例。助跑时左脚先向前迈出一步，接着右脚再迅速跨出一大步，左脚及时并上踏在右脚之前，脚尖稍向右转。第一步小，第二步大，脚跟先着地过渡到全脚掌着地，两腿从弯曲制动的最低点猛力蹬地向上起跳，两臂也配合起跳有力地向上摆动。

（3）空中击球：起跳后挺胸展腹，上体稍向右转，右臂向后上方摆起，身体成反弓形。挥臂时以迅速转体和收腹动作发力，依次带动肩、肘、腕各关节成鞭甩动作向前上方挥击。击球时，五指微成勺形，并保持紧张，以全手掌包住球，掌心为击球中心击球的后中部，同时主动用力屈腕，五指向前推压，使扣出的球加速上旋。击球点在起跳的最高点和伸直手臂最高点的前上方。

（4）落地：前脚掌先着地，再过渡到全脚掌着地，顺势屈膝、收腹。

（二）近体快球

近体快球是在二传队员体前或体侧约 50 厘米处扣的快球。扣球队员要在二传传球的同时助跑到网前起跳，助跑角度一般与网成 45° 角左右。当二传队员传球时，扣球队员应在二传队员前近网处迅速起跳开在空中等球。紧接着快速挥臂，将刚刚传出网口的球扣过网去。击球时，利用含胸、收腹动作带动前臂和手腕迅速甩挥，以全手掌击球的后上部。

四、发 球

（一）侧面下手发球

这种发球法比较省力，能利用身体的力量，适于初学女生，但攻击性不强。

动作要领：左肩对网，两脚左右开立，与肩同宽。两膝微屈，上体稍前倾，重心落在两脚之间，左手持球于腹前。左手将球平稳抛至胸前约一臂距离，离手约 30 厘米高。在抛球的同时，右臂摆至右侧下方，接着利用右脚蹬地向左转体的力量，带动右臂向前上方摆动，在腹前用全掌击球的后下方。击球后，立即进场比赛（图 12-3-5）。

图 12-3-5

（二）正面上手发球

这种发球便于观察对方，发球的准确性大，易控制落点。发球时能利用屈体动作，加大发球的力量和速度，适用于初级水平的练习者。

动作要领：两脚自然开立，左脚在前，左手托球于身前。用抬臂和手掌的平托上送将球平稳地垂直抛于右肩的前上方，高度应适中。在左手抛球的同时，右臂抬起，屈肘后引，肘与肩平，上体稍向右侧转动。挥击时利用蹬地使上体向左转动，同时收腹带动手臂挥动。在右侧肩上方伸直手臂，用全手掌击球的中下部，击球时手指自然伸平与球吻合，手腕要迅速主动做推压动作，使击出的球呈上旋飞行。击球后随着重心前移，迅速进场比赛（图 12-3-6）。

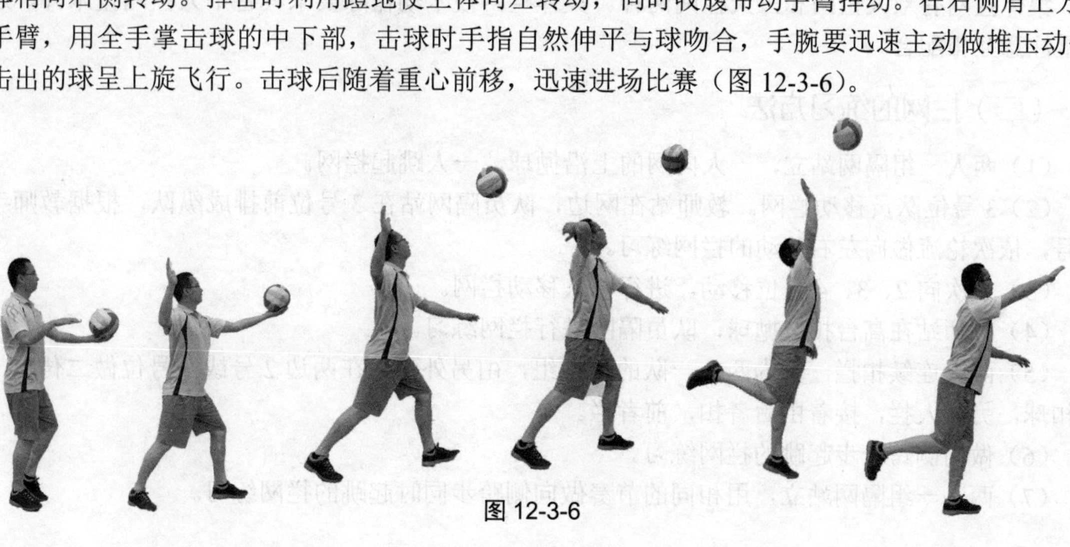

图 12-3-6

（三）正面下手发球

动作要领：发球前面对球网，两脚前后开立，左脚在前，右脚在后，两膝微屈，上体前倾，左手持球置于腹前，右臂自然下垂，两眼注视球。发球时左手将球在体前右侧抛起约20～30厘米。在抛球的同时要做好右臂的后摆动作。击球时，右脚踏地，身体重心前移，右臂伸直，以肩为轴由后向前摆动到腹前，用虎口、掌根或手掌击球的后下部。随之重心前移，迅速入场（图12-3-7）。

图12-3-7

五、拦　网

（一）拦网技术

1. 单人拦网

（1）准备姿势：队员面对球网，两脚平行站立，约与肩同宽，距网30厘米，两膝稍屈，两臂在胸前，自然屈肘。

（2）移动：运用并步、交叉点步或跑步移动。

（3）起跳：起跳时重心降低，两膝弯曲，用力蹬地，使身体垂直起跳，起跳技术要与助跑技术相结合。

（4）空中击球：拦网时，两臂尽力过网伸向对方上空，两手自然张开，屈指、屈腕呈勺形。当手触球时，两手要突然紧张，手腕用力下压盖住球的前上方。

（5）落地：如已将球拦回，可面对对方，屈膝缓冲，双脚落地。如未拦到球，则在下落时就要随球转头，转身面对后场，做下一个动作的准备。

2. 集体拦网

集体拦网有双人拦网和三人拦网两种。集体拦网技术动作除要求具备个人拦网技术外，还应着重注意互相配合。

（二）拦网的练习方法

（1）两人一组隔网站立，一人向网的上沿抛球，一人跳起拦网。

（2）3号位队员移动拦网。教师站在网边，队员隔网站在3号位前排成纵队，根据教师手臂信号，依次轮流做向左右移动的拦网练习。

（3）依次向2、3、4号位移动，进行单人移动拦网。

（4）教师站在高台扣自抛球，队员隔网进行拦网练习。

（5）两人连续扣拦，分为两人一队的扣拦组，由另外两人在两边2号或3号位做二传，一人先扣球，另一人拦，接着由后者扣，前者拦。

（6）做向侧跨一步起跳的拦网练习。

（7）两人一组隔网站立，用相同的节奏做向侧跨步同时起跳的拦网练习。

（三）拦网易犯错误及纠正方法

（1）起跳过早。

纠正方法：运用节奏控制和加强信号刺激判断起跳时间。

（2）双手前扑、触网。

纠正方法：徒手模仿或结合矮网原地拦；运用提肩屈腕方法把球拦下。

（3）过中线或碰网。

纠正方法：练习原地起跳，含胸、微收腹。

（4）看扣球动作，盲目起跳伸臂。

纠正方法：① 徒手轻跳拦固定球；② 判断扣球人的路线，快速移动对正慢跳；③ 原地徒手和结合球的扣球练习。

第四节 排球基本战术

一、个人战术

（一）发球的个人战术

（1）攻击性发球：尽量准确地发出弧度平、速度快、力量狠、旋转性强或飘度大的攻击性球，以破坏对方一传并争取直接得分。

（2）准确性发球：可将球准确地发到对方两个队员之间的连接区、前区、后区死角、三角地带或对方交换位置活动区，以破坏对方一传。

（3）发给一传差、信心不足、连续失误、情绪不稳、精力分散的队员。

（二）扣球的个人战术

1. 扣球时避开拦网队员的手

（1）扣球时运用路线的变化，灵活采用扣直线球、斜线球和小斜线球等。

（2）运用转体、转腕的扣球技术，达到突然改变扣球线路的目的。

（3）运用扣球或吊球技术，从拦网队员手的上方进行突破。

（4）运用时间差扣球使对方达不到拦网的目的。

2. 扣球时利用拦网队员的手

（1）利用打手出界来破坏对方严密拦网。

（2）运用轻扣拦网队员的手，造成球随拦网队员一起落下。

3. 根据临场情况采用的扣球战术

（1）运用二次球扣球，或佯传突转扣使对方来不及拦网。

（2）找人、找点扣球，找对方技术差者或空当进行扣球。

（三）一传的个人战术

本队集体战术成功的基础就是一传，因而多变的集体战术要求有多变的一传个人战术，常见的战术如下。

（1）组织快攻战术时，如本方快攻队员来得及进行快攻，一传的弧度要低平，速度稍快，以加强进攻的节奏；如果来不及（防守后快速反击），则应提高一传弧度。

（2）在组织强攻战术时，一传的弧度略高些，为二传队员创造便利的传球条件。

（3）前排队员一传时，力量不宜过大，弧度应稍高，如来球力量不大，可用上手传球，后排队员则相反。

（4）当对方第三次传、垫球过网时，一传可用上手传球，以便更准确地组织快速反击或传给网前队员进行二次进攻。

（5）如发现对方场区有较大的空当，或对方队员无准备时，一传可直接用传、垫、挡等动作把球击向对方。

（四）二传的个人战术

二传队员是组织全队战术的核心，二传个人战术主要利用时间差、位置差、空间差和动作的变化为进攻创造有利的形势。

（1）二传队员可根据本队的特长利用集中与拉开，近网、中网与远网，弧度高与弧度低等传球技术组织进攻战术。

（2）可根据对方拦网部署，选择拦网薄弱环节组织强攻。

（3）掌握对方心理特点，利用多种战术变化，打乱对方的防守步骤。

（4）根据临场情况处理球或调整球。

（五）拦网的个人战术

拦网是被动技术，要变被动为主动，关键在于隐蔽，造成对方扣球队员判断错误而使己方拦网成功。

（1）拦网队员可站直拦斜、站斜拦直或正拦侧堵、侧堵正拦，并可运用取位和空中变化的假动作迷惑对方。

（2）有时可制造假象，使对方受骗。如假装露出中路空当，引诱对方队员扣中路，待对方扣中路之后突然拦关门球。

（3）如发现扣球队员要打手出界或平扣时，可在空中及时将手撤回而造成对方扣球出界。

（4）在估计到对手扣球威力不大时要防止对方吊球、轻扣等。

二、接发球及其进攻战术

接发球进攻，简称一攻，一般由一传、二传、扣球三部分组成。接发球进攻战术有如下三种形式。

（一）“中一二”进攻战术

这是进攻战术中最简单、最基本的战术形式。由 3 号位队员作二传手把球传给 2 号位或 4 号位队员扣球。

1.“中一二”进攻战术的特点

“中一二”进攻战术的特点是战术容易形成，但变化少，只能有两点进攻。战术意图易被对方识破，其突然性和攻击性弱。

2.“中一二”战术的应用

（1）集中与拉开：二传队员根据临场情况向 2 号位或 4 号位队员用忽而集中、忽而拉开的传球方式迷惑对方拦网。

（2）跑动掩护进攻：为了增加战术的突然性，可以通过主、副攻手的跑动、换位和相互掩护，变定点进攻为活点进攻，设法摆脱对方的集体拦网，造成一对一的局面。

（二）“边一二”进攻战术

接发球时，把球垫给前排 2 号位队员，由 2 号位队员传给 3、4 号位队员扣球。

1.“边一二”进攻战术的特点

“边一二”进攻战术的特点是两个进攻队员可以互相配合，起一定掩护作用，而且可以有较多的战术配合变化，它的攻击性比“中一二”战术强。

2.“边一二”进攻战术的应用

“边一二”进攻战术形式除去组织两人定位、定点扣以外，还可以组织“快球掩护拉开”“前交叉”“围绕”“快球掩护夹塞”“重叠”“短平快掩护拉开”等战术变化，特别是 3 号位队员的进攻面大、路线多。

（1）“快球掩护拉开”战术：3 号位队员上前扣快球，或作佯攻，掩护 4 号位队员打拉开球。

（2）“前交叉”战术：4 号位队员扣快球，3 号位队员从 4 号位身后交叉扣一般低球。

（3）“围绕”战术：4 号位队员扣拉开球，3 号位队员绕到 2 号位二传队员的身后进攻。运用“围绕”战术时，2 号位的二传队员稍靠 3 号区站位，做背传球不宜拉开太大。

（4）“掩护夹塞”战术：3 号位队员扣短平快球，或佯作进攻，掩护 4 号位主攻队员向内直插起跳，扣半高球（俗称夹塞）。

（5）“重叠”进攻战术：3 号位队员扣球或佯装进攻，掩护 4 号位队员跑到 3 号位队员身后扣半快球；或 4 号位队员佯扣，3 号位队员扣半快球。

（6）“短平快掩护拉开”进攻战术：4 号位队员扣短平快球或作佯扣快球掩护，3 号位队员掩护；或 4 号位队员掩护，3 号位队员扣球。

（三）“插上”进攻战术

“插上”进攻战术是指己方一个后排队员在对方发球时，迅速跑到前排担任二传，使前排成为三个人进攻的形式。

1.“插上”进攻战术特点

它的特点是可组成多种快速多变的战术配合，使对方拦网判断困难。

2.“插上”进攻战术的应用

“插上”战术形式中的几种战术变化如下。

（1）中间快球、两边拉开：3 号位队员打快球，或快球掩护 2、4 号位队员两边拉开进攻，这是“插上”进攻的最基本打法，在实战中运用较多。这种打法能充分利用球网的全长组织进攻，可以破坏对方集体拦网，但对方可以组成人盯人的单人拦网。两边拉开进攻时，4 号位可运用一般拉开或平拉开快球，2 号位可运用背快球或背平快球。

（2）交叉进攻：这是在快球掩护的基础上形成的战术变化。①“前交叉”进攻战术：4 号位队员内切快球掩护，3 号位队员与 4 号位队员交叉跑动扣球，完成战术配合后自然换位，成死球后各返原位；②“后交叉”进攻战术：3 号位队员快球掩护，2 号位队员与 3 号位队员交叉跑动，绕至二传队员前扣半快球或半高球。

（3）梯次进攻：这也是在快球掩护的基础上形成的一种战术。梯次进攻时利用 3 号位队员扣快球或作掩护，另一队员在 3 号位队员的背后起跳扣球。① 由 4 号位队员跑动至二传队员面前扣快球，或运用快球掩护造成对方拦网队员起跳，而二传队员改传为平高球，供给跟上来的 3 号位队员进攻；② 由 3 号位队员佯跑快球，2 号位队员在其身后扣梯次战术的半高球。

思考题

1. 排球运动的锻炼价值有哪些？
2. 简述排球运动比赛中的犯规。
3. 简述排球运动的基本技术。
4. 简述排球运动的接发球及其进攻战术。

第十三章

乒乓球

学习提要

1. 乒乓球运动的起源、发展及锻炼价值。
2. 乒乓球的相关规则。
3. 乒乓球的技术。
4. 乒乓球的战术。

第一节　乒乓球运动概述

乒乓球

一、乒乓球运动的起源与发展

乒乓球运动的起源是 19 世纪末起源于英国，由网球运动派生而来。在 19 世纪末的一天，两个英国上流社会贵族青年看过温布尔顿网球赛后，到一家上等饭馆的单间去吃饭。先是用雪茄烟的木盒盖当扇子，继而讨论网球技战术，捡起香槟酒的软木酒瓶塞当球，以大餐桌当球台，中间拉一细绳为网，用烟盒盖当作球拍打球。侍者在一旁喝彩，闻声赶来的女店主见此情景，不禁脱口喊出“table tennis”，这一声将乒乓球命名为“桌上网球”。后来，乒乓球的球拍演变为柄长、两面贴有羊皮纸、中间是空洞的形式，用这种球拍打赛璐珞球时发出“乒”的声音、落台时发出“乓”的声音，由此，乒乓的名字诞生了。

中国乒乓球运动被世界公认为是中国的“国球”。1952 年，在北京大学举行了第一次全国比赛。赛后，国家乒乓球队开始集中训练。同年，中华全国体育总会乒乓球部加入了国际乒联，后改称为中国乒乓球协会。1959 年 4 月 5 日，在第 25 届世界乒乓球锦标赛中，容国团为我国夺取了第一个男子单打世界冠军。1961 年 4 月，中国乒乓球协会在北京承办了中国历史上第一个世界锦标赛——第 26 届世界乒乓球锦标赛。从第一个世界冠军至今，中国乒乓球队近 50 年来在世界三大赛中共为祖国夺取了 100 多个世界冠军，并且囊括了 4 次世锦赛、3 次奥运会的全部金牌，创造了世界体坛罕见的长盛不衰的历史。

中国国家乒乓球队是中国体育军团的王牌之师。在 2020 年东京奥运会上，中国乒乓球队取得 4 枚金牌、3 枚银牌的好成绩。2021 年世界乒乓球锦标赛，中国队获得男单、女单、混双、女双 4 枚金牌，中国男乒实现世乒赛男单项目上的 9 连冠。

知 识 窗

郭沫若对中国乒乓球队曾有一首赞美诗：英雄巾帼亦英雄，不让须眉独冠军。这首诗用在中国乒乓球女运动员邱钟惠身上再恰当不过了。她就是第 26 届乒乓球锦标赛女子单打冠军，也是第一个获得女子世界冠军的中国运动员。

二、乒乓球运动的锻炼价值

乒乓球运动的特点是球小、速度快、变化多、设备简易。另外，它不受年龄、性别、身体条件的限制，所以能广泛地开展。在我国，乒乓球运动开展得较好。它运动量适中，具有较强的娱乐性、竞争性，经常参加比赛还有利于促进人际间的交流与合作，可以有效地调节紧张的情绪，缓解工作、学习所带来的精神压力，是广大群众尤其是青少年喜爱的体育运动项目。经常参加乒乓球运动可以发展人的灵敏性和协调性，提高动作速度和上下肢的活动能力，改善心血管系统的机能，增强体质，还有助于培养勇敢顽强、机智果断、沉着冷静、敢于拼搏等优良品质。

第二节　乒乓球基本规则简介

一、球台

球台的上层表面叫作比赛台面，应为与水平面平行的长方形，长 2.74 米，宽 1.525 米，离地面高 76 厘米。比赛台面应呈均匀的暗色，无光泽。沿每个 2.74 米的比赛台面边缘各有一条 2 厘米宽的白色边线，沿每个 1.525 米的比赛台面边缘各有一条 2 厘米宽的白色端线。

二、定义

（1）“回合”：球处于比赛状态的一段时间。

（2）“球处于比赛状态”：从发球时球被有意向上抛起前静止在不执拍手掌上的最后一瞬间开始，直到该回合被判得分或重发球。

（3）“重发球”：不予判分的回合。

（4）“一分”：判分的回合。

（5）“执拍手”：正握着球拍的手。

（6）“不执拍手”：未握着球拍的手。不执拍手臂：不执拍手的手臂。

（7）“击球”：用握在手中的球拍或执拍手手腕以下部分触及处于比赛状态的球。

（8）“阻挡”：当球处于比赛状态时，对方击球后，在比赛台面上方或向比赛台面方向运动的球，尚未触及本方台区，即触及本方运动员或其穿戴（带）的任何物品，即为阻挡。

（9）“发球员”：在一个回合中首先击球的运动员。

（10）“接发球员”：在一个回合中第二个击球的运动员。

（11）“裁判员”：被指定管理一场比赛的人。

（12）“副裁判员”：被指定在某些方面协助裁判员工作的人。

（13）运动员“穿或戴（带）”的任何物品，包括其在一个回合开始时穿或戴（带）的任何物品，但不包括比赛用球。

（14）球台的“端线”，包括端线两端的无限延长线。

三、发球

（1）发球开始时，球自然地置于不持拍手的手掌上，手掌张开，保持静止。

（2）随后发球员须将球几乎垂直地向上抛起，不得使球旋转，并使球在离开不执拍手的手掌之后上升不少于 16 厘米，球下降到被击出前不能碰到任何物体。

（3）当球从抛起的最高点下降时，发球员方可击球，使球首先触及本方台区，然后直接触及接发球员台区。在双打中，球应先后触及发球员和接发球员的右半区。

（4）从发球开始，到球被击出，球要始终在比赛台面的水平面以上和发球员的端线以外；而且从接发球方看，球不能被发球员或其双打同伴的身体或他（她）们所穿戴（带）的任何物品挡住。

（5）球一旦被抛起，发球员的不执拍手及其手臂应立即从球和球网之间的空间移开。球和球网之间的空间由球和球网及其向上的无限延伸来界定。

（6）运动员发球时，有责任让裁判员或副裁判员确信他（她）的发球符合规则的要求，且裁判员或副裁判员均可判定发球不合法。如果裁判员或副裁判员对发球的合法性不确定，在一场比赛中第一次出现时，可以中断比赛并警告发球方。但此后如该运动员或其双打同伴的发球不是明显合法，将被判发球违例。

四、发球、接发球和方位的次序

（1）选择发球、接发球和方位的权力应由抽签来决定。中签者可以选择先发球或先接发球，或选择先在某一方位。

（2）当一方运动员选择了先发球或先接发球，或选择了先在某一方位后，另一方运动员必须有另一个选择。

（3）在获得每 2 分之后，接发球方即成为发球方，依此类推，直至该局比赛结束，或者直至双方比分都达到 10 分或实行轮换发球法，这时，发球和接发球次序仍然不变，但每人只轮发 1 分球。

（4）双打的第一局比赛，先由有发球权的一方确定第一发球员，再由接发球方确定第一接发球员；以后的每局比赛，由先发球的一方确定第一发球员，第一接发球员则是前一局发球给他（她）的运动员。

第三节　乒乓球基本技术

一、握拍方法

乒乓球握拍方法分直拍握法和横拍握法两种，不同的握法各有其优缺点，从而产生各种不同的打法。初学者可以根据各自的习惯和爱好，选择适合自己的握拍方法。

（一）直拍握法

直拍握法根据不同的技术动作分为近台快攻型握拍法、弧圈球型握拍法、直拍削球型握拍法等。无论哪一种握法，其基本的手指动作大致相似：拍前，以食指第二指节和拇指第一指节扣拍；拍后，其余三指弯曲贴于拍的 1/3 上端。这种握法又称为中钳式握法（图 13-3-1）。

直拍握法的特点是正反手都用球拍的同一拍面击球，出手快，正手攻球快速有力，攻斜、直线球时，拍面变化不大，对手难以判断。

（二）横拍握法

虎口贴拍，拇指在拍前，食指在拍后，此握法又称为八字式。正手攻球时食指向上移动；反手攻球时拇指向上移动（图 13-3-2）。

图 13-3-1

图 13-3-2

横拍握法的特点是正、反手攻球力量大，攻削球时握法变化小，反手攻球容易发力也便于拉弧圈球，但正反手交替击球时，需变换击球拍面，攻斜、直线时调节拍形的幅度大，容易被对方识破。

二、发球与接发球技术

发球是乒乓球的基本技术之一，在比赛中占有很重要的地位。发球多变并且质量好，不仅能使对方回接球失误，己方直接得分，而且可以为进攻创造良好的机会。发球是比赛开局的第一板球，它不受对方的干扰，可以任意在各种方位（双打除外）按自己的战术意图将球发到对方的任何位置，先发制人，争取主动。

（一）发　球

1. 正反手平击球

发球时右脚在前，左脚在后，身体稍向左转。左手掌心托球，置于身体左侧，右手持拍于体前。抛球后，球拍开始后撤，待球将回落时，小臂从身体左后方向前挥击球的中上部，整个过程是“抛 — 拉 — 打”。

如果在球拍触球的刹那间，球拍前倾，小臂加快挥拍速度，手腕配合外展，使球拍正对左角，则成为反手斜线急球；同样，如果手腕向左扭动，使球拍正对右角，就成反手直线急球。

发轻球时，随着小臂向上方摆动而使球拍后仰，击球的中下部，顺着摆臂的惯性，轻轻地将球送出。发急球主要依靠小臂横摆的力量来加快球速，球拍与球台约成 60° 角，击球点比网低 8 ～ 10 厘米，将球击在本台近端线 10 厘米处。发轻球（近网球）应以小臂由后向前送，球拍保持后仰，拍触球时用力要轻而缓和，击球点稍高于球网，球被击在球台的中段附近。

2. 上旋球

球拍用力向前上方移动，摩擦球的中上部。球拍接触点应比网稍高或等高。

3. 下旋球

球拍用力向前下方切削，摩擦球的中下部，球拍接触点应比网高。在发近网下旋球时，用力下切动作要快，落点距网较近；发远网下旋球时，除用力下切外，还应略加向前的力量。

4. 左右侧旋球

发左侧旋球时，将拍面稍向左倾斜，用力向身体左方发力，擦击球的中部；发右侧旋球时，将拍面向右倾斜，用力向身体右方发力，擦击球的中部。

5. 左侧上下旋球

左侧上旋球和左侧下旋球混合交替的发球，主要利用十分近似的发球手法，使对手不易判断。发左侧上旋球时（正手），身体站于球台左角，稍向右侧。将球抛起后，球拍由右上方向左下方摆动。然后，小臂和手腕同时发力，在离台面约 15 厘米处触球。拍面触球点从球的中部到中上部，小臂需做后旋动作，手腕协助使球拍向内、向左上方勾球，将球击出。发左侧下旋球时，手臂则从右后上方向左前下方直接做擦击动作，触球的中下部（图 13-3-3）。

图 13-3-3

6. 右侧上下旋球

右侧上旋球又称“奔球”。将球抛起后，持拍手向后引拍，小臂放松，使球拍高度顺势下降，好像把球拍在体侧做一次向后的小绕环动作。在球下降离台面约 15 厘米时，整个手臂迅速向左前方用力，同时拇指用力扣拍，使拍面沿着球的曲线向右侧上部摩擦。球击在离本台底线 20 厘米处，弹向对方右角，偏斜前进。右侧下旋球的挥拍弧线是由左后上方向右前下方，而球拍则由球的中下部向右侧下部移动（图 13-3-4）。

图 13-3-4

7. 急球和轻球

急球和轻球主要是依靠控制速度和落点来使对方失误，因此，发急球时动作要快、角度要大或者追身，使对方忙于左右照应，顾此失彼。在发急球时，头脑要冷静、灵活，间隔插发些近网轻球，迫使对方近台拉球，伺机进行抽杀。

（二）接发球

在一局比赛中，接发球的机会和发球相同。如果接发球能力较差，不仅给对方以较多的进攻机会，而且在处理关键球时会贻误战机，影响全局。

接发球常用推、搓、削、拉、抽等方法回击。推、搓、削是用旋转和落点变化去抑制对方的攻势，并带有一定的防御性质。拉球和抢攻可以直接破坏对方的攻势，打法上较积极主动。所以，在接发球时应根据不同的情况做到时搓时拉，忽攻忽守，只有这样才能充分掌握比赛的主动权。

接发球首先应根据对方发球时的位置来决定站位。如对方在左后方正手发球，接发球者的站位应为中间靠右；对方在左面反手发球，己方站位则应中间靠左。接发球时还要密切注意对方发球的挥拍动作、球拍移动方向以及触球瞬间用力的大小，以正确判断对方发球的性质和落点，及时用相应的、正确的方法回击。例如，在接上旋球时，用快速推挡或加力快抽来击球的中上部；接下旋球时，球拍后仰，搓击或拉抽球的中下部；而接左、右侧旋球时，则必须将球回击到对方球拍移动的相反方向。如对方向左挥拍，己方就应击向右方；对方向右挥拍，就击向左方。回接侧上、下旋球时，对左侧上旋球应将球拍向左前下方击球；对左侧下旋球则应用提拉动作向左前上方击球。

三、基本击球技术

（一）推挡球

推挡球以反手推挡球为主，其中又分高压推挡球（大力推挡）、下旋推挡球、侧上旋推挡球等。反手推挡时，离台 30 ～ 50 厘米站立，左脚稍前，右脚在后，小臂与地面基本平行，肘部与大臂贴右侧身旁，大小臂夹角成 100° 左右，小臂靠近腹前，球拍与桌面成 90° 角。当来球入台将近上升期时，小臂内收，球拍迎向来球方向，向前、向下发力，推击来球的中上部，食指同时微微用力使球拍前倾，盖住来球，大臂随小臂前摆。击球后，球拍按半圆弧形路线还原。

1. 快　推

快推的特点是借力还击，回球速度快，有斜直线的变化。对付弧圈球时还能推侧旋、推大角度，以干扰和破坏对手的进攻。在对攻和相持阶段又常用来推两大角或突袭对方空当，使对方因应接不暇而失误或处于被动，为进攻创造有利条件。

动作要领：左脚稍前或两脚平行，屈膝、提踵，两脚之间的距离略宽于肩，身体离球台约40厘米。击球前，持拍手臂和肘关节内收，前臂略向外翻，球拍柄呈横状。击球时，小臂向前推击的同时，手腕外旋，食指压拍，拇指虽放松但要紧贴拍柄，使拍前倾。在上升期时击球的中上部，把球快推过去。除此之外，还有一种加力推，就是在球来之前先向后拉球拍，球来之际猛由后向前迎击球，由于加大了力量，对球产生更大的撞击力，所以推过去的球力量大、速度快，往往能压住对方的攻势，也能为自己侧身抢攻创造有利条件，推完球后要迅速还原（图13-3-5）。

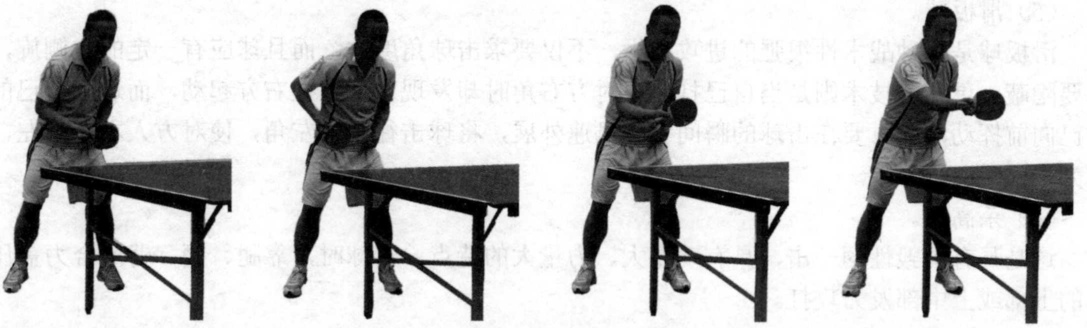

图 13-3-5

2. 减力挡

首先在概念上明确，这种技术是既不加力推也不加速推的一种击球技术。减力挡的目的是使球弧线低、落点低、力量轻。在对攻的相持中，当对方离球台远时，可用减力挡吊对方一个近网球，迫使其前后奔跑，然后伺机用正手抢攻。这项技术更常用于对付弧圈球选手，用大角度或近网的小球干扰和破坏对方的进攻。

动作要领：准备姿势和推挡动作相同，球拍要前倾，当球由台面刚弹起后，球拍贴近来球并高于来球，这时前臂不仅不往前发力，相反还要随着来球的方向迅速向后撤，以缓冲球的反弹力，使球落于近网。

（二）攻 球

攻球是最重要的一项基本击球技术，是最具有威慑力的得分手段。攻球可分为正手攻球技术、反手攻球和正手发力抽球技术。常用攻球技术有以下几种：

1. 正手近台攻球

站位靠近球台，出手快、动作小，从速度上夺取优势，为扣杀创造有利的条件。击球之前引拍至身体右侧，当球由台面弹起时，手臂向左前上方迅速回击来球。击球时食指稍放松，拇指压住球拍，使拍面前倾，形成合理的击球角度，结合手腕内旋动作，在球的上升期击球的中上部。

（1）正手拉球。

这是回击下旋球的主要做法，能为发力攻击创造条件。提拉时在球的回落期击球，用大臂和小臂由右后方向左前上方挥击，击球时小臂迅速向内收，配合手腕内旋动作，用球拍摩擦球的中上部。

（2）正手扣球。

击球的动作幅度大、力量重，是得分的主要手段。击球时，由小臂带动大臂由右后方向左前方加速挥击，击球前用右脚蹬地，配合转腰力量形成一股合力在来球的高点期击球；如遇到上旋球时，拍面稍前倾，击球中上部；击下旋球时，球拍略低于来球，击球的中上部。

（3）侧身正手攻球。

首先要移动脚步，左脚在前、右脚在后，使身体位于球台左侧，上肢收于腹前，上体略前倾。根据来球特点酌情拉或扣杀。

（4）正手攻弧圈球。

回击弧圈球的时机极为重要，所以首先要判断清楚来球的落点、旋转，捕捉好击球的战机。攻打加转弧圈球时，先拉开手臂，球刚弹起时尽快挥拍向前下方迎击，拍形要前倾，与台面成约60°的夹角，击球的中上部。回击前冲弧圈球时，球刚刚弹起就要立即回击，拍一触球前臂立即内收，击球时拍与台面约成70°夹角，击球的中上部。

（5）滑板球。

滑板球是一种战术性很强的进攻技术，不仅要求击球角度大，而且球应有一定的左侧旋，动作要隐蔽。更高的技术则是当自己打算攻对方右角时却发现对手正往右方起动，而这时自己的手臂已向前挥动，此时要在击球的瞬间手腕迅速外展，将球击往对方左角，使对方人右而球左，也称为“出手改线”。

（6）杀高球。

这是具有摧毁性的一击，具有动作大、力量大的特点。击球时，靠腿、腰、臂的合力盖压住球的上部或上中部发力攻打。

2. 反手攻球

直拍反手攻球是中国的独特击球技术，其特点是：动作小、出手快、能抢先上手、争得主动而为正手大力扣杀创造机会。如对方想盯住左方而控制攻势时，反手挥拍一击，常使对方感到意外而猝不及防，能达到一种控制局面的效果。

动作要领：右脚稍前，膝盖微屈，前脚掌着地，收腹弯腰。击球前腰略向左转，球拍后引，来球后球拍迅速向前迎击球的中上部。根据来球的不同性质，用大小臂和手腕相对应地做出不同动作，形成中、近台攻球和拉、扣、拨等技术。

（三）搓　球

搓球是一种近似削球手法的台内短打技术，又称小削板，是一种可以解除削球逼角威胁的手段。对方的发球性质来不及判断时，用搓球回接比较稳当。

1. 反手搓球

搓球前两脚平行站立，离台50厘米左右。当来球将达台面时，大臂开始向胸前右侧贴近，略下垂。拍柄与小臂成直线，球拍后仰与球台成100°角，置于腹前右方。大小臂之间夹角为100°～200°。小臂引拍，由后向前下方发力，做铲击动作（半圆弧动作）。球拍触球的一刹那，手腕配合小臂向前下方抖动球拍，擦击球的中下部，将球送出（图13-3-6）。

图13-3-6

2. 正手搓球

站位与反手搓球相同。大臂引向身体右侧，与身体成45°角。小臂持拍外伸，迎向来球方向。球拍与球台成100°角，大、小臂夹角为90°～120°。等来球从台面反弹至最高点时，小臂向前、向内收缩发力，同时手腕配合由外向内扭动，球拍由右上方向左前下方削击来球。触球时，手腕协助加快球拍的擦击速度，摩擦球体，将球送出。

（四）削　球

削球是一种积极性的防御技术，它以旋转和落点的变化为主要特色，站位离台较远，击球时间晚，控制球的稳定性相对比较好。现介绍一般使用最普遍的正、反手削球。练习者可以这两者为基础，结合球的旋转原理，在实践中不断琢磨，提高和丰富削球的技术内容。

1. 正手削球

（1）正手远削。

削球时，左脚与左肩靠近球台右角，右脚后退一步。身体与球台成75°角并稍向前倾，两腿稍屈，重心先放在右脚上。手臂自然弯曲伸出，球拍略高于来球弹起高度，拍柄向下。当球飞到身前，手臂即向前、下、左方向挥动，球拍在右腰前35厘米的地方触及球的中下部（或下部）。然后，手臂加速发力，小臂与地面接近平行，身体重心逐渐由右脚移至左脚。球削出后，手臂肌肉立刻放松，球拍因惯性仍往前向左下方摆动，上体转向球台，准备继续削球。

（2）正手近削。

近削动作要求是离台50厘米，身体与球台成45°倾斜角，在来球将要回落时擦击球的中下部。手腕用力要比远削大，使球的旋转较快。

2. 反手削球

（1）反手远削。

在进行反手削球时（横拍），右脚应伸出于球台的左边，左脚在后，重心落在右脚上，背斜对球台。小臂弯曲，把球拍举起与头齐高，拍柄向下，拍面正对对方左角。手臂从上向前、下、右方摆动。当球拍触球的一刹那，小臂与手腕加速发力挥拍，将球勾救到对方台内。球削出后，手臂肌肉立刻放松，上体顺势向右移动，球拍也摆向身体右侧，重心由右脚移到左脚上。右脚后退一步，恢复成准备姿势。

（2）反手近削。

反手近削时由于大臂受身体阻碍，所以削球动作主要靠小臂和手腕来完成，动作也比正手削球快些。

（五）弧圈球

1. 加转弧圈球

击球前，左脚在前，右脚稍后，身体向右倾斜与球台约成45°角，两膝微屈，球拍贴近臀部，右肩略低于左肩，手臂自然下垂，手指紧握球拍，手腕比较紧张地保持球拍角度，身体重心在两脚之间。当来球从桌面弹起时，小臂先向前迎球，然后大臂和小臂同时由下向上垂直挥动擦击球的中部，腰部由右后方急剧向上扭转。球拍与桌面约成80°角，拍面与球的擦击间隙愈小愈好。在触球的一刹那，加速用力，使球呈较高弧线飞出。球拍顺势挥动至额前，然后放松还原。

2. 前冲弧圈球

屈体与桌面成75°角。球拍拉至身后，约与桌面齐高，手指握拍同前。当来球着台后，手臂向前上方迅速挥出，手腕使球拍前倾，与桌面成50° 角，擦击球的上部。腰部向前上方扭转，协助球拍加速摆动，使球沿低弧线落于对方台面，球拍顺势前摆至面部为止，然后放松还原。

3. 回击弧圈球的方法

弧圈球的来势，多数是飞快入台，并带有强烈的上旋，球拍碰到这种球时稍微不慎球就会飞出界外。因此，对付弧圈球，攻球者多用近台快抽或快速推挡盖球的中上部，压低球的弧线，控制落点的方法，将球回击过去。在来球上旋力特别强时，可将球拍盖住球的上部，以防止碰板飞出。回击弧圈球的关键在于思想上要有准备，不紧张。回球时拍前倾，盖球及时，动作迅速利落。

削球时，多采用调整拍形快挡或近台快削的方法回击，自上而下快速将球削出。球拍后仰角度一般是 110° ～135° ，从后上方向前下方削出，动作要短。

4. 弧圈球的练习要点

（1）练习弧圈球时，肩部、腰部的活动量较大，因此事先应加强肩关节和腰部的肌肉活动，避免拉伤肌肉。

（2）练习弧圈球时，最好在一定的正、反手攻球技术基础上进行。有了一定的基础才容易体会动作，避免走弯路。

（3）击球时，手指要握紧球拍，固定球拍角度，不要随便转动。

（4）球拍触球的一刹那，拍面擦击球的切面愈薄愈好，并注意迅速加力挥击，充分发挥腰部的助力。

（5）拉弧圈球和杀回击过来的高球时，要密切配合，拉、杀要协调。拉球后，手臂要迅速放松，还原及时，以提高拉后扣杀的命中率。

加转弧圈球和前冲弧圈球是基本的弧圈球打法，如果在击球部位、握拍方法、擦击部位、发力动作等方面稍加变化，就不难打出更多种类的弧圈球。

第四节　乒乓球基本战术

一、攻对攻的战术

以攻为主的战术运用主要是以力量为基础，结合速度、落点和旋转的变化制胜。打对攻时，往往为争夺一分而有几个来回。所以，最主要的是要根据不同情况采取不同策略，灵活使用战术以争取主动权，取得胜利。

（一）两面攻对左推右攻

因对方是左推右攻的打法，球速较快，所以一般应采用以猛制快、力争主动的策略来对付。在战术上以狠、变为主，结合快、准的打法。

（1）发下旋的端线长球至对方左边，破坏对方的第一板推挡；或发上旋底线长球，使对方不能挡成近网短球。

（2）以反手猛攻对方左边，再伺机突击中路。

（3）猛攻左边后，突击右方空位。

（4）正反手交替攻对方左、右角，伺机扣杀空当。

（5）猛攻左边，使对方回高球至中央或左角时，侧身扣杀右角。

左推右攻的主要弱点在左边，所以各种战术都应以压住对方左边为重点，同时谨防对方侧身抢攻。

（二）左推右攻对两面攻

因对方攻球技术比较全面，不宜采用稳扎稳打的办法，而应充分发挥推挡球中“快”的特长压制对方。通常采取以快打慢、以近制远、调动对方、力争主动的策略。战术的具体运用是以快速多变为主，结合狠、准。

（1）一般发追身的中间急球，迫使对方后退，接着回近网轻球，引其上前；或者发中间靠右角轻球，引其上前，然后猛攻左边。

（2）通过快而有力的推挡球，压住对方中间或打出追身急球，破坏对方两面起板的节奏。

（3）快速推挡，配合长短球，扰乱对方步法，使其不能发挥有力的正、反手攻球特点，伺机快速侧身攻球，争取主动。

（4）快推对方中路或追身，侧身猛攻左边。

（5）快速推挡，突然变线（直线），引对方回斜线以后，以正手抽杀对方中间或左边。

两边攻对两边攻，左推右攻对左推右攻等，因为双方打法相同，故应预先分析彼此之长短，根据对手的不同情况制订策略，以己之长攻彼之短，争取主动。

二、攻对削的战术

（一）拉两角，突击中间

先左、右做试探性进攻，然后拉两角突击中间。

（二）拉两角，突击左或右方直线

打法与“拉两角，突击中间”相同。

（三）拉中间，突击两角，结合短球

用大角度球把对方逼离台面后，突然放短球，致使对方来不及上步而出现接球失误。

（四）拉两角，突击追身

反复拉两角，伺机突击追身。

（五）拉搓结合的战术

当对方削球加转或回短球难于实行进攻时，可用搓球过渡。此种战术还可以迫使对方在近台还击，因其步法在调动之中或回球速度较慢，可用突击取得扣杀的机会。

三、削对攻的战术

（一）紧逼一角，突袭空当

（1）先用加转球逼住对方左角，在对方重心位置逐渐左移时，突然直线送球至右方。

（2）当对方往左移动时，突然使用一连串削球紧逼对方右角，当对方跑右角时，又回左角。

（3）用相反球路交叉逼角，逢斜变直，逢直变斜。在逼角中，使对方在移步不及回击高球时，伺机扣杀。

（二）用转与不转的削球变化来扰乱对方，伺机反攻

（1）加转中突然送不转球过去，使对方拉球过高或抽球出界，伺机扣杀。

（2）稳削中突然加转，使对方回球落网。

（三）以轻重不同力量和落点控制对方攻势，伺机反攻

（1）先送底线长球，逼对方后退拉球，再突然削近台短球，引对方上台。

（2）先长后短，先短后长，交叉使用，迫使对方忙于移动不易加力扣杀，在对方移步不及时，就能伺机反攻。

（四）挡、削兼施，伺机反攻

（1）削球中突然挡右角空当，使对方措手不及，对方回球过高时起板反击。

（2）在削球中突然轻挡一板，变化回球旋转性质，致使对方判断不准，自己伺机反击。

四、削对削的战术

削球双方相遇，主要以双方进攻能力的强弱来决定自己的打法：如攻球技术强，又会使用弧圈球，就可以用发球抢攻结合弧圈球的打法；如削球基础较好，则可采用先守后攻，看准机会突然起板的打法。

除先用发球抢攻战术力争主动外，一般多数用搓攻结合、搓中突击或搓拉结合的打法。

思考题

1. 乒乓球运动的锻炼价值有哪些？
2. 简述乒乓球的基本击球技术。
3. 简述乒乓球运动中攻对削的战术。

第十四章

羽毛球

学习提要

1. 羽毛球运动的起源、发展及锻炼价值。
2. 羽毛球的相关规则。
3. 羽毛球的技术。
4. 羽毛球的战术。

第一节　羽毛球运动概述

羽毛球

一、羽毛球运动的起源与发展

羽毛球运动的雏形出现在 19 世纪中叶。当时印度有一种类似羽毛球的游戏开展得十分普遍。它用圆形硬纸板或以绒线编织成球形插上羽毛，练习者手持木拍，将球在空中轮流击出。现代羽毛球运动起源于 1873 年。1873 年在英国伯明顿镇，有一位鲍费特公爵在他的庄园里组织了一次游艺活动。应邀来宾建议进行“浦那”游戏。当时室内场地呈葫芦状，他们在场地中间拉了一根绳子代替球网，每局比赛只能有两人参加，有一定的分数限制，大家打得非常热闹。于是，羽毛球作为一种娱乐性活动迅速传遍英国。为了纪念此项运动的诞生地，伯明顿（badminton）成为羽毛球的英文名字而流传于世。

1875 年，世界上第一部羽毛球比赛规则出现于印度的浦那。1893 年，世界上最早的羽毛球协会——英国羽毛球协会成立，并于 1899 年举办了全英羽毛球锦标赛。1934 年，加拿大、丹麦、英国、法国、爱尔兰、荷兰、新西兰、苏格兰和威尔士等国家和地区发起了国际羽毛球联合会，总部设在伦敦。从此，羽毛球国际比赛日渐增多。1978 年 2 月，世界羽毛球联合会于中国香港成立。1981 年 5 月，国际羽毛球联合会和世界羽毛球联合会正式合并。

羽毛球运动传入我国后，很快成为我国体育运动的重点项目之一。在 1986 年、1988 年，我国连续两次获得世界男子羽毛球团体锦标赛和世界女子羽毛球团体锦标赛的双冠军。1987 年的世界羽毛球锦标赛和 1988 年的世界杯羽毛球赛的 5 项冠军都被我国健儿囊括，创造了一国羽毛球队连续囊括世界级比赛 5 个单项冠军的纪录。2015 年 5 月 17 日，在第 14 届世界羽毛球混合团体锦标赛（苏迪曼杯赛）决赛中，中国国家羽毛球队成功卫冕，实现六连冠。在 2020 年东京奥运会上，中国国家羽毛球队获得 2 金 4 银的好成绩。

知识窗

世界重大羽毛球赛事有：① 汤姆斯杯赛即世界男子团体羽毛球锦标赛；② 尤伯杯赛即世界女子团体羽毛球锦标赛；③ 世界羽毛球锦标赛即世界羽毛球单项锦标赛；④ 苏迪曼杯即世界羽毛球混合团体比赛；⑤ 世界杯羽毛球赛；⑥ 全英羽毛球锦标赛；⑦ 国际系列大奖赛。

二、羽毛球运动的锻炼价值

羽毛球运动是一项为广大群众喜爱的体育运动项目，它具有球小、速度快、变化多，运动器材设备比较简单，在室内外都可以进行等特点。羽毛球运动量可大可小，不同年龄、性别和身体条件的人都可以参加。因此，这项运动易于开展和普及。经常参加羽毛球运动不仅可以发展人的灵敏性和协调性，提高动作的速度和上下肢活动的能力，改善心血管系统机能，而且有助于培养人的勇敢顽强、机智果断等品质。

第二节　羽毛球基本规则简介

一、羽毛球场地

场地应是一个长方形，用宽 40 毫米的线画出，从场地地面起，场地中心点处网高 1.524 米，双打边线中心点处网高 1.55 米。

二、挑边

比赛开始前应挑边，赢方应在①或②选项中做出选择：①先发球或先接发球；②在一个场区或另一个场区开始比赛。输方在余下的一项中选择。

三、计分方法

（1）除非另有规定，一场比赛应以三局两胜定胜负。

（2）除（4）和（5）的情况外，先得 21 分的一方胜一局。

（3）一方“违例”或球触及该方场区内的地面成“死球”，则另一方胜这一回合并得一分。

（4）20 平后，领先 2 分的一方胜该局。

（5）29 平后，先得 30 分的一方胜该局。

（6）一局的胜方在下一局首先发球。

四、交换场区

以下情况，运动员应交换场区：第一局结束；第二局结束（如果有第三局）；在第三局比赛中，一方先得 11 分时。

五、发球

（1）一旦发球员和接发球员做好准备，任何一方不得延误开始发球。

（2）发球员球拍头的向后摆动一旦停止，任何对发球开始的迟延都是延误。

（3）发球员和接发球员，应站在斜对角的发球区界线以内，脚不得触及发球区和接发球区的界线。

（4）从发球开始，至发球结束，发球员和接发球员的两脚都必须有一部分与场地的地面接触，不得移动。

（5）发球员的球拍，应首先击中球托。

（6）发球员的球拍击中球的瞬间，整个球应低于距场地地面高度 1.15 米。

（7）自发球开始，发球员挥拍必须连贯向前，直至将球发出。

（8）发出的球应向上飞行过网，如果未被拦截，球应落在规定的接发球区内（即落在界线上或界线内）。

（9）发球员发球时，应击中球。

一旦运动员站好位置准备发球，发球员的球拍头开始向前挥动，即为发球开始。一旦发球开始，发球员的球拍击中或未能击中球，均为发球结束。发球员应在接发球员准备好后才能发球，如果接发球员已试图接发球，即视为已做好准备。双打比赛发球时，发球员和接发球员的同伴应在各自的场区内。其站位不限，但不得阻挡对方发球员或接发球员的视线。

六、单打

（1）发球区和接发球区。一局中，发球员的分数为 0 或双数时，双方运动员均应在各自的右发球区发球或接发球；一局中，发球员的分数为单数时，双方运动员均应在各自的左发球区发球或接发球。

（2）击球顺序和位置。一回合中，球应由发球员和接发球员交替从各自场区的任何位置击出，直至成“死球”为止。

（3）得分和发球。发球员胜一回合则得一分，随后发球员再从另一发球区发球；接发球员胜一回合则得一分，随后接发球员成为新发球员。

七、双打

（一）发球区和接发球区

（1）一局中，发球方的分数为 0 或双数时，发球方均应从右发球区发球。

（2）一局中，发球方的分数为单数时，发球方均应从左发球区发球。

（3）接发球方按其上次发球时的位置站位。

（4）接发球员应是站在发球员斜对角发球区的运动员。

（5）发球方每得一分，原发球员则变换发球区再发球。

（6）除发球区错误的情况外，球都应从与发球方得分相对应的发球区发出。

（二）击球顺序和位置

每一回合发球被回击后，由发球方的任何一人和接球方的任何一人，交替在各自场区的任何位置击球，如此往返直至“死球”。

（三）得分和发球

（1）发球方胜一回合则得一分，随后发球员继续发球。

（2）接发球方胜一回合则得一分，随后接发球方成为新发球方。

（四）发球顺序

每局比赛的发球权必须如下传递：先由首先发球员从右发球区发球；其次由首先接发球员的同伴从左发球区发球；然后是首先发球员的同伴；接着是首先接发球员；再接着是首先发球员，依此传递。

运动员在比赛中不应有发球、接发球顺序错误或在一局比赛中连续两次接发球（发球区错误的情况除外）。

（五）发球区错误

以下情况为发球区错误：发球或接发球顺序错误；在错误的发球区发球或接发球。如果发现发球区错误，应在“死球”后予以纠正，已得比分有效。

第三节　羽毛球基本技术

一、握拍方法

（一）正手握拍法

正确的握拍方式与握手姿势非常相似。虎口对着拍柄内侧的小棱边，拇指和食指贴在拍柄的两个宽面上，中指、无名指和小指并拢握住拍柄，掌心不要紧贴，拍柄末端与小鱼际肌相平，拍面与地面基本垂直。

（二）反手握拍法

在正手握拍的基础上，拇指和食指将拍柄稍向外转，食指稍向中指收拢，拇指第二指节顶贴在拍柄内侧的宽面上，中指、无名指和小指并拢握住拍柄，柄端靠紧小指根部，使手心留有空隙。

二、发球与接发球技术

（一）发球技术

发球有正手发球和反手发球两种。根据球在空中飞行的弧线，可分高远球、平高球、平快球和网前球等。现介绍正手发高远球，正反手发网前球技术。

1. 正手发高远球

高远球站位应靠近中线一侧，离前发球线约 1 米的位置处。左脚在前，右脚在后，身体稍侧对网，两脚与肩同宽，身体重心放在右脚上。发球时，右臂后引，由上而下向右前方挥拍，同时左手放球。挥拍过程中，重心由右脚转到左脚。当球拍挥至右侧稍前下方时（击球点），右前臂加速，握紧球拍，手腕由后伸经前臂稍内旋到屈收，急速向前上方闪动击球。击球后，球拍随势向左上方减速收回至胸前（图 14-3-1）。

图 14-3-1

2. 正手发网前球

发网前球的基本动作与发高远球相仿，但站位稍靠前。由于网前发球飞行距离短、弧线低、用力轻，前臂挥动的幅度和手腕后伸的程度要比发高球小；球拍触球时，拍面从右向左推送击球，使球刚好越网而过，落在对方前发球线附近（图 14-3-2）。

图 14-3-2

3. 反手发网前球

站位靠近前发球线，左脚或右脚在前均可，身体重心在前脚，上体前倾，后脚跟提起。右手反握在拍柄稍前部位，肘关节提起，手腕稍前屈，球拍置于低于腰部和肘关节的位置，斜放在小腹前；左手持球在球拍面前方。发球时，球拍由后向前推送击球，使球的最高弧线略高于网顶，球过网而下落在对方前发球线附近（图 14-3-3）。

发球的练习方法：

（1）徒手做发球前的准备姿势，模仿发球的动作练习。

（2）在场上两人对练发球或在空地上用多球做发球练习。

（3）先练习发直线球，后练习斜线球；先练发定点球，后练发不定点球。

（4）综合练习各种发球方式。

图 14-3-3

（二）接发球技术

1. 单打站位

通常单打站位是在离前发球线约 1.5 米、靠近中线的位置。左脚在前，右脚在后，双膝微屈，身体重心放在前脚上。后脚跟稍抬起，身体半侧向球网，球拍举在身前，两眼注视对方。

2. 双打站位

由于双打发球区较单打发球区短，发高远球易出界和被对方扣杀。所以，双打发球多以发网前球为主，接发球时应站在靠近前发球线的地方。双打接发球的准备姿势同单打基本相同，略有区别之处是身体前倾较大，球拍高举，当球在网上的最高点时击球。

接发球的练习方法：

（1）开始练习接发球时，最好采用固定的一种基本技术去接对方的单一发球（可用多球）。

（2）练习接球时应在对方球拍触球的瞬间观察球的飞行方向以提高判断能力。

（3）在上述基础上，还要进一步研究如何控制回球落点，以避免在接球后给对方较多的攻击机会。

三、基本击球技术

羽毛球的基本打法一般分为：后场高空击球技术、网前上手击球技术、下手击球技术等。

（一）后场高空击球技术

后场高空击球技术是打好羽毛球的主要手法之一。根据其技术性质特点的不同，通常可分为高球、吊球和杀球（扣杀）。

1. 高　球

高球分为高远球和平高球。高远球是指将球击得高而远，球飞至对方底线上空垂直落到有效场区内。平高球是从高远球发展来的，它的飞行速度比高远球快，弧线比高远球低，是后场进攻的有效技术之一。

（1）正手击直线高球和对角高球。

在右后场区击球的位置上，左脚在前，右脚在后，稍屈膝。侧身对网，重心在右脚前掌上，左手自然上举，头抬起注视来球，右手持拍于身体右侧。击球前，重心下降准备起跳。起跳的同时右臂后引，胸舒展。当球将落至额前上方击球点时，上臂往右上方抬起，肘部领先，前臂自然后摆，手腕尽量后伸，前臂急速内旋往前上方挥动，手腕向前闪动发力（手指由松突然握紧球拍）击球托，球即朝直线方向飞去。若手腕控制拍面击球托的右侧下部，球则向对角方向飞行。击球后，手臂顺势自然收至胸前。

（2）头顶击直线高球和对角高球。

由于来球飞往左后场区，所以击球点应选择靠近头顶的位置。

头顶击直线高球和对角高球的准备姿势和动作要领基本与正手击高球相似，但击球前要求上体稍弓身后仰，以便更好地发力。右上臂往右后上抬，球拍由右后绕过头顶，前臂向前上方经内旋带动手腕突然屈收闪动发力，击球托，球即飞往直线方向。头顶击对角高球，握拍稍有改动，即用拇指和食指向内捻动拍柄，使虎口对准拍柄靠外的小棱边，球拍仍由右后绕过头顶，前臂向右前方内旋带动手腕屈收闪动发力，击球托的左部。击球后，由于前臂内旋明显，惯性作用大，所以手臂自然往前摆动。回收球拍时，前臂稍外旋，将拍置于胸前。

（3）正手头顶击平高球。

正手头顶击平高球的准备姿势与动作要领与正手击高远球相似，主要区别在于击球点较击高远球稍前，拍形稍前倾（图 14-3-4）。

图 14-3-4

高球的练习方法：

① 徒手练习击高球的模仿动作，体会动作要领。

②“一点打一点”，即固定直线或斜线对打。

③“一点打两点”。

2. 吊 球

把对方击来的高球，从后场轻击、轻切或拦吊到对方的网前区，叫吊球。吊球按飞行的弧线和击球动作的不同主要分为劈吊、轻吊和拦截（都有正手、头顶和反手之分）等。

（1）正手劈吊直线球和对角线球。

直线劈吊，击球前动作和击直线高球、杀球相似。击球时用力较轻，带有劈切动作，落点一般离网较远。不同点是击球瞬间前臂突然加速，用手腕的闪动向前下方切击球托的右侧下部，使球越网下坠。击球后，手臂随势自然回收至胸前。对角线劈吊，击球前的动作同正手击对角高球，不同点是击球瞬间加速把球向对角方向切击。击球后，球拍随势回收胸前。

（2）正手轻吊直线球和对角线球。

轻吊击球前动作和劈吊动作相似，不同点是落点离网较近。击球时拍面正对来球，在接触的瞬间，轻切来球，使球一过网即下坠（图 14-3-5）。

图 14-3-5

图 14-3-5（续）

吊球的练习方法：

① 按动作要领进行模仿练习，体会动作要领。

② 通过击定点球练习，体会“切击”动作，即“挑一点、吊一点”。

③ 做变方向的吊球练习，即“挑一点、吊两点”。

3. 杀球（扣杀）

杀球是把高球用力向前下方重压、重切或重“点”击球，球飞行的弧线较直，落地快，对对方的威胁较大。杀球从手法上可分为正手扣杀、头顶扣杀和反手扣杀。从力量上又可分重杀（杀球力量较大）、轻杀（杀球力量较小）和点杀（力量不大，但速度较快，落点靠近前场），还有长杀（近底线）和劈杀（切劈）等。

（1）正手扣杀直线球（侧身起跳）和对角线球（侧身起跳）。

正手扣杀直线球的准备姿势和动作要领与正手击高球技术大体相同。不同点是右脚起跳后，身体后仰呈反弓后收腹用力。前臂带动手腕用力下压，球拍正面击球托，击球点较击高球稍前，无切击，使球沿直线向前下方飞行。击球后立即回动，右脚向前跨步要大。正手扣杀对角线球的准备姿势和动作要领与正手扣杀直线球相同。不同点是起跳后身体向左前方转动用力，协助手臂向对角方向击球。

（2）头顶扣杀直线球和对角线球。

头顶扣杀直线球和对角线球的准备姿势和动作要领与头顶击高球相同。不同点是挥拍击球时，要集中全力往直线方向或对角方向下压。球拍面和击球方向水平面夹角要小于 90°。

杀球的练习方法：

① 按动作要领进行模仿挥拍练习，体会动作要领。

② 通过向前下方用力投掷羽毛球（或垒球），体会鞭打动作。

③ 做定位扣杀练习，即“杀一点或两点”的固定练习（或用多球进行固定杀球练习），并注意准确性。

（二）网前上手击球技术

1. 放　网

放网是指运用网前放小球技术将球回击到对方网前区域的击球，通常可分为正手、反手放网前球两种。

（1）正手放网前球。

侧身对右边网前，右脚跨前成弓箭步，重心在右脚上。右手持拍于右侧体前约与肩高，拍面右边稍高斜对网。左臂自然后伸，起平衡作用。击球前前臂稍外旋，手腕外展引拍至身体右侧前方。击球时手腕稍内收，食指和拇指控制拍面和用力大小，轻切球托把球轻送过网。击球后，在身体重心复原的同时，收拍至胸前。

（2）反手放网前球。

侧身对左边网前，右脚跨前成弓箭步，重心在右脚上。右手反手握拍，持拍于体侧前约同肩高，拍面左边稍高斜对网，左臂自然后伸。击球前前臂稍内旋，手腕外展引拍。击球时手腕内收，拇指和食指分别贴在拍柄内、外侧的小棱边上，用拇指的推力轻托球，把球送过网。击球后，随重心复原收拍至胸前。

放网的练习方法：

① 徒手挥拍模仿放网动作，体会动作要点。

② 利用多球进行正反手两个部位的放网练习。

③ 在本场区的中心位置进行上网放网练习。

2. 网前搓球

搓球是用网前搓球技术使球带旋转或翻滚而越网至对方前场近网区域内的击球。通常可分为正反手搓球。

（1）正手网前搓球。

正手网前搓球的准备姿势同正手放网。击球前，前臂外旋，手腕外展引拍至右侧。击球时在正手放网动作的基础上，加快挥拍速度，切搓球托底部或侧部，使球旋转翻滚过网。

（2）反手网前搓球。

反手网前搓球的准备姿势同反手放网。击球前，前臂稍往上举，手腕前屈，手背约与网同高，拍面低于网顶。击球时，手腕和手指控制拍面角度，用肘关节和腕关节前伸稍下降及前臂稍外旋的合力，搓切球托的侧底部。另外也可在反手放网前球动作的基础上，前臂稍伸直，手腕由外展到内收，带动球拍向前切送，击球托的后底部。

网前搓球的练习方法：

① 徒手挥拍模仿搓球动作，体会动作要领。

② 利用多球进行正、反手两个部位的搓球练习。

③ 一对一站在网前，做送球、搓球或对搓练习。

④ 在本场区中心位置进行不定点的上网搓球练习。

3. 网前挑球

挑球是将对方击来的网前球、吊球、杀球（轻杀）等挑高过网回击至对方后场底线附近区域的击球。它是网前挑球技术的泛称，通常可分为正、反手挑球两种。

（1）正手网前挑球。

正手网前挑球准备姿势同正手放网。击球前，前臂充分外旋，手腕尽量后伸。击球时，从右下向右前方至左上方挥拍击球。在此基础上，若拍向右前上方挥动，挑出的是直线高球；若球拍向左前方挥动，挑出的则是对角高球。

（2）反手网前挑球。

反手网前挑球的准备姿势同反手放网。击球前，右臂往左后拉抬后引拍。击球时，前臂充分内旋，手腕由屈至后伸闪动挥拍击球。若球拍由左下向左前上方挥动，则球向直线方向飞行；若球拍由左下向右前上方挥动，则球向对角线方向飞行。

网前挑球的练习方法：

① 徒手挥拍模仿挑球动作，体会动作要领。
② 利用多球进行正反手挑球练习。
③ 进行固定线路的吊球、挑球练习。

（三）下手击球技术

下手击球技术属于防守性技术。下手击球技术通常可分为接杀球、接吊球两种。

1. 接杀球技术

接杀球技术是指己方利用接杀球技术将对方扣杀过来的球回击至对方场区内的接球技术，通常可分为正手、反手接杀球技术。如这种技术在不同的位置上利用有关技术，配合相应的步法和手法，可打出不同的球，即挡、勾、挑、抽球等。

2. 接吊球技术

接吊球技术是指己方利用接吊球技术将对方吊过来的球回击至对方场区内的接球技术，通常可分为正手、反手接吊球技术。如在利用这种技术的同时，在不同的位置上利用有关技术，配合相应的步法和手法，可打出不同的球，即放、挑、勾球等。

接杀球、接吊球的练习方法：

（1）按照动作要领进行正、反手接杀球、接吊球的放网、挡、挑等技术的模仿练习。
（2）利用多球进行练习。
（3）定位“一攻一守”的练习（先左或右半场，后再到全场）。
（4）进行不定位的全场攻守练习。

第四节 羽毛球基本战术

羽毛球战术目的都是为了把球击到对方场区内，落在地上或触到对方的身体，不让对方接到，或造成对方击球失误。羽毛球战术非常多，按参与的人数可分为单打战术、双打战术；按发球、接发球可分为发球战术、接发球战术；按球路可分为拉开战术、四方球战术、重复球战术、下压战术、追身球战术等等，这里从羽毛球的单打、双打来介绍战术。

一、单打战术

（一）控制后场，高球压底

这种打法主要是力量和后场的高、吊、杀技术的较量。从发球开始运用高远球或进攻性的平高球压对方后场底线，迫使对方后退，当对回球不够后时，以扣杀球制胜；当对方疏于前场防守时，以轻吊、搓球等在网前轻取。轻吊必须在若干次高远球大力压住后场，对方又不能及时回到前场的基础上进行。

（二）打四角球，高短结合

这种打法要有较强的控制球落点的能力和灵活快速的步法。在后场，以高远球、平高球和吊球为主，在前场则以放网前球、推球和挑球准确地攻击对方场区前后左右四个角落，调动对方前后左右奔跑，向空当部位进攻制胜。

（三）下压为主，控制网前

这种打法是进攻型打法，能够快速上网高点控制网前，速度耐力和力量耐力也要求较高。先发制人，然后快速上网以搓、推、扑、勾等技术控制网前，通常也称“杀上网”。体力消耗较大，体力就往往成为成败的关键因素。

（四）快拉快吊，前后结合

一种积极主动、快速进攻的打法。需要身体素质好，速度耐力好，技术熟练，具备突击进攻的特长。以平高球快压对方后场两底线，配合快吊网前两角（或运用劈杀）引对方上网，当对方被动回击网前球时，迅速控制网前，以网前搓、勾球结合推后场底线两角，迫使对方疲于应付，为前场扑杀和中、后场大力扣杀创造机会，突然进攻。

（五）守中反攻，攻守兼备

一种以攻中有守、守中有攻的打法。以平高球和快吊球击向对方前后左右四个角，以快速灵活的步法、多变的球路调动对方，诱使对方在进攻中匆忙移动，勉强扣杀；或当对方回球质量较差时，抓住有利战机，并奋起反击。需要具备优良的速度耐力、灵活的步法、准确快速的反应和判断应变能力、顽强拼搏精神和良好的心理素质，才能在逆境中保持沉着冷静，反败为胜。

二、双打战术

（一）前后站位打法

前后站位打法是发球方处于发球时所采用。充分运用快攻压网前搓、吊、推、扑技术，寻找空隙，一举打乱对方站位；当发球员发球后立即举拍封堵前场区，另一名队员负责中场或后场的各种来球。通过后攻前扑，后场连续大力扣杀，前场积极封堵，当回球在网前附近时，一举给予致命打击。

（二）左右站位打法

左右站位打法是处于接发球状态和受到下压进攻时所采用。两人各负责左右半场区的防守，以平抽、平打压住对方后场底线两角，造成对方回球无力。当对方发来或打来的平高球处于后场，从原来的前后站位转换为左右站位，在对方扣杀球时也能以平抽球反击或挑高远球至两底角，一举扣杀或吊球成功。

（三）轮换站位打法

在比赛中，攻守根据情况不断地在前后和左右变换站位。

变换的方法一种是前后站位时，当对方回击高球至后场偏一侧进攻时，前面队员要直线后退，后方的队员看清情况移动，变成左右站位。

另一种是左右平行站位时，在对击过程中，一旦有机会进行下压进攻时，一名球员快速上网封堵，另一人快速移动到后场进行大力扣杀、吊球，导致对方处于被动地位。

思考题

1. 简述羽毛球比赛中的违例情况。
2. 简述羽毛球运动的击球技术。
3. 简述羽毛球运动的单打战术。

第十五章

网　球

学习提要

1. 网球运动的起源、发展及锻炼价值。
2. 网球的相关规则。
3. 网球的技术。
4. 网球的战术。

第一节　网球运动概述

网　球

一、网球的起源与发展

网球运动起源于 12—13 世纪的法国。当时法国人经常用手掌击打一种类似小球的物体，因此人们把这种游戏叫作“掌球戏”。14 世纪中叶，这种游戏传入英国，英国人将这种球称为“tennis”(网球)，并流传下来。15 世纪，这种游戏由手掌击球改为用木板球拍打球，并很快出现了一种用羊皮制作拍面的椭圆形球拍。同时，场地中央的绳子也改为了球网。16—17 世纪是这种游戏的兴旺时期，并逐渐形成了一种比赛。1873 年，英国的温菲尔德将这种游戏的场地移向草坪地，并提出了一套接近现代网球的打法。1874 年，又规定了球网的大小和高低，并组织了简易的草地网球比赛。1877 年，在英国伦敦郊外的温布尔顿设置了几片草地网球场地和草地网球总会，草地网球在英国得到了进一步的发展。1896 年在希腊雅典举行的第一届奥运会上，网球被列为正式比赛项目。但此后该项目被国际奥委会取消，直至 1984 年洛杉矶奥运会上，网球作为表演项目才重返赛场。1913 年国际草地网球联合会的成立促进了全球网球运动的大发展。

网球运动传入中国后，在我国得到了进一步发展。1986 年，中国国家女子网球队在第 10 届亚运会的团体赛中夺冠，从此结束了中国在亚运会上无网球金牌的历史。在 2004 年雅典奥运会上，李婷、孙甜甜取得了中国体育史上第一个网球双打奥运冠军。在2006年澳大利亚网球公开赛上，郑洁、晏紫在女子双打比赛中击败赛会头号种子选手，夺得中国网球在四大网球公开赛成年组双打比赛中的第一个冠军。在2008年北京奥运会网球比赛上，李娜夺得女子单打第四名。在2011年法国网球公开赛和2014年澳大利亚网球公开赛上，李娜获得女子单打冠军，创造了中国网球运动的新历史。

知 识 窗

现代网球发展到今天，总共有17位运动员完成全满贯的伟业，男子7人，女子10人。其中，男子分别为唐纳德·布吉、罗德·拉沃尔、弗雷德·佩里、罗伊·埃莫森、安德鲁·阿加西、罗杰·费德勒、拉斐尔·纳达尔。

二、网球的锻炼价值

网球运动是深受人们喜爱、富有乐趣的一项体育活动。网球运动的锻炼价值很高，它既是一种消遣和增进健康的手段，也是一种艺术追求和享受，还是一种扣人心弦的竞赛项目。打网球可以使人的动作迅速、判断准确、反应加快并能提高速度、力量、耐力、灵敏性等素质，对调节肌肉用力的紧张度有良好的作用，对发展协调性也有积极作用。

第二节 网球基本规则简介

一、比赛场地

网球场地为长方形，长度为23.77米，单打比赛的场地宽度为8.23米，双打比赛的场地宽度为10.97米。场地由一条球网从中间处分隔开，悬挂在网绳或金属绳上，附着或绕在1.07米高的两根网柱上。球网应充分伸展开，填满两个网柱之间的空间，网孔的大小应确保球不能从中间穿过。球网中心的高度为0.914米，并用中心带向下绷紧固定。

二、局分

1.常规局

在常规局的比赛中，应首先报发球运动员的得分，计分如下：无得分，0；第一分，15；第二分，30；第三分，40；第四分，本局比赛结束。

若两名运动员/队都得到三分，则比分为“平分”。“平分”后如果一名运动员/队得分，则比分为“占先”，如果“占先”的这名运动员/队又得分，他便赢得了这一局；如果“占先”后是另一名运动员/队得分，则比分仍为“平分”。运动员/队需要在“平分”后连续得到两分，才能赢得这一局。

2. 平局决胜局

在平局决胜局中，使用阿拉伯数字 0、1、2、3 等计分。首先赢得 7 分并净胜对手两分的运动员/队赢得这一局及这一盘。决胜局有必要进行到一方运动员/队净胜对手两分为止。

轮及发球的运动员在平局决胜局中首先发第一分球，随后的两分由他的对手发球（在双打比赛中，对方队中轮及发球的运动员进行发球）。此后，每一名运动员/队轮流连续发两分球，直到平局决胜局结束（在双打比赛中，队内发球顺序应与该盘发球顺序相同）。

在平局决胜局中首先发球的运动员/队应当在下一盘的第一局首先接发球。

三、盘分

盘分有不同的计分方法。主要的计分方法是“长盘制”和“平局决胜局制”两种。比赛中可以使用其中任何一种计分方法，但必须在赛前宣布。如果使用的是“平局决胜局制”的计分方法，还必须宣布决胜盘采用“平局决胜局制”还是“长盘制”。

1. “长盘制”

先赢得 6 局并净胜对手两局的运动员/队赢得一盘。一盘有必要进行到一方运动员/队净胜两局为止。

2. “平局决胜局制”

先赢得 6 局并净胜对手两局的运动员/队赢得一盘。如果局分达到 6 ∶ 6，则须进行“平局决胜局”。

四、赛制

比赛可以采用三盘两胜制，先赢得两盘的运动员/队赢得比赛；或采用五盘三胜制，先赢得三盘的运动员/队赢得比赛。

五、发球次序

在常规局结束后，该局的接发球员在下一局中发球，该局的发球员在下一局中接发球。

双打比赛中，在每一盘第一局开始前，由先发球的那队决定哪一名运动员先在该局发球。同样，在第二局开始前，他们的对手也应当决定由谁在该局先发球。第一局发球的运动员的搭档在第三局发球，第二局发球的运动员的搭档在第四局发球。这一次序一直延续到该盘结束。

六、发球动作

在即将做出发球动作前，发球员必须静止站在底线后（即远离球网的那一侧），双脚位于中心标志的假定延长线和边线的假定延长线之间。

然后，发球员应当用手将球向任何方向抛出并在球落地前用球拍将球击出。在球拍击到球或未能击到球的那一刻，整个发球动作即被认为已经完成。对于只能使用一只手臂的运动员，可以用球拍完成抛球。

七、发球程序

（1）在常规发球局中，发球员在每一局都应当从场地的右侧半区开始，交替在场地的两个半区发球。

（2）在平局决胜局中，第一分发球应当从场地的右半区发出，然后交替从场地的两个半区发球。

（3）发出的球应当越过球网，在接发球员回球之前落到对角方向的发球区内。

第三节 网球基本技术

一、握拍方法

（一）东方式

1. 正手握法

让拍面与地面垂直，然后像与球拍握手一样握住拍柄。大拇指与食指间的“V”形虎口正对拍柄的上平面偏右的位置。拇指第一关节扣住拍柄的左平面，食指则轻绕拍柄右侧至下平面。中指、无名指和小指紧握，并与大拇指接触。

2. 反手握法

手掌“V”形虎口略偏左侧，位于左平面和上平面之间的左上斜面，食指关节在右上斜面的位置，拇指一般贴在左垂直面上，其余三指稍分开。

（二）西方式

1. 正手握法

手掌“V”形虎口位于拍柄的右垂直面处，手掌中心握住拍柄的右平面，手腕稳固地贴紧拍柄后侧的右平面，大拇指关节贴在拍柄的右上倾斜面的位置。

2. 反手握法

手掌“V”形虎口位于拍柄的上平面和左上斜面的交接处，拇指第一指节贴紧拍柄的左平面。

（三）大陆式

1. 正手握拍

手掌“V”形虎口正对拍柄的左上斜面，大拇指扣压住左平面，食指关节握住拍柄的上平面边缘和右上斜面的位置。

2. 反手握拍

手掌“V”形虎口的位置与大陆式正手握拍法相同，不同之处在于拇指略放松一些，而非紧扣压拍柄。

（四）混合式握拍法

混合式握拍法即半西方式握拍法。它的正确握拍法介于东方式与西方式之间，拇指和食指的“V”形对准右上斜面。

（五）双手反手击球握拍法

右手是东方式正手握拍，握在拍柄的底部，手掌根与拍柄对齐。左手握在右手的上方，做东方式反手握拍。

二、击　球

（一）正手击球（右手握拍）

右手持拍队员从准备姿势开始，移动到来球位置，最后一步要保持左脚在前，身体左侧朝向来球方向。这时将球拍充分向后挥摆，拍头翘起，手臂伸展，眼睛注视来球。向前挥拍的迎球过程中，球拍由低向高挥动，拍与球碰撞的击球点在身体右前方，高度保持在腰与肩之间。拍触球时，拍面垂直或稍前倾，击球中部或中上部，手腕固定并握紧球拍，大臂和腰部随身体转动向前上方协调配合用力，身体重心从右脚逐渐移到左脚。击球后球拍顺势挥至身体的左侧前上方（图 15-3-1）。

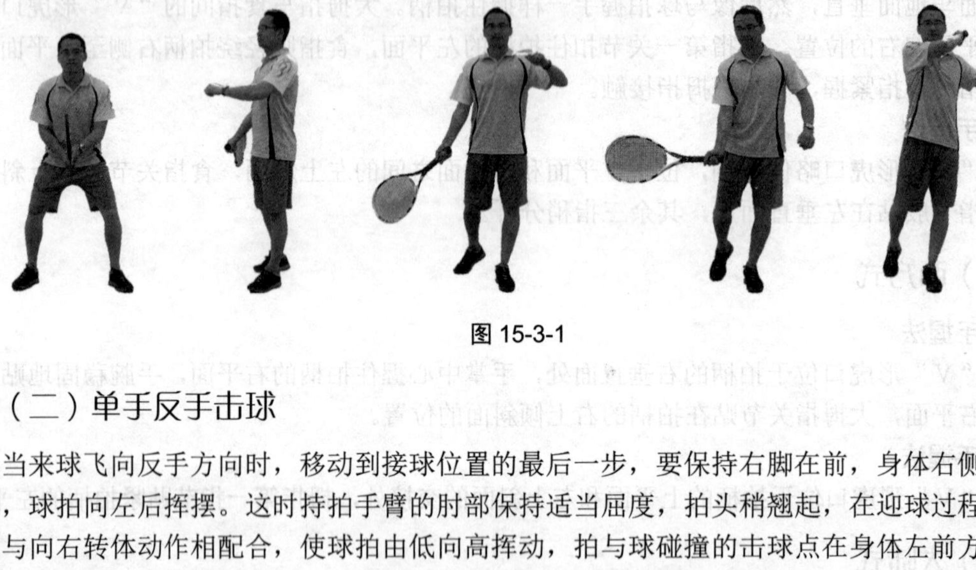

图 15-3-1

（二）单手反手击球

当来球飞向反手方向时，移动到接球位置的最后一步，要保持右脚在前，身体右侧朝向来球方向，球拍向左后挥摆。这时持拍手臂的肘部保持适当屈度，拍头稍翘起，在迎球过程中，挥拍手臂与向右转体动作相配合，使球拍由低向高挥动，拍与球碰撞的击球点在身体左前方，高度在腰间。拍触球时手腕握紧球拍，拍面垂直或稍前倾，在中部附近部位击球。击球后球拍顺势挥至身体的右侧前上方，身体重心从左脚逐渐移到右脚，然后迅速还原成准备姿势（图 15-3-2a）。

（三）双手反手击球

当判断准来球是飞向反手方向时，在移动到位的最后一步应保持右脚在前，身体右侧朝向来球方向，双手握球拍向左后挥摆，右臂伸展较大，左臂弯曲。在迎球过程中，挥臂与转体动作配合，使球拍由低向高挥动，拍与球碰撞的击球点保持在髋前。拍触球时双手握紧球拍，两肩和两髋随着转动，拍面垂直或稍前倾，尽量保持球拍的中心部位击球。击球后双手顺势挥至右侧头部高度，身体重心从左脚移到右脚，动作完成后迅速还原，恢复成准备姿势（图 15-3-2b）。

a 单手反手击球

b 双手反手击球

图 15-3-2

三、发 球

发球技术一般为三种：平击发球、上旋发球和削击发球。

动作方法：两脚自然开立，侧向球网，前脚与端线约成 45° 角，身体重心置于左脚。抛球时球拍开始靠近膝关节向后下方挥动，左臂和左肩上举，将球抛起，这时右肘弯曲，使球拍在背后下垂。向上挥拍击球时，充分伸展手臂，拍头朝前，在右肩上空击中自上落下的球。发球动作结束时，球拍向左下挥过身体，后脚摆过端线（图 15-3-3a）。

（一）平击发球

发球时应使球拍从后开始挥击，在背后下垂拍头。下垂拍头一般有直接转体后下垂拍头和从下绕环后下垂拍头两种方式。从下绕环目的是为了增大摆幅，以求获得足够的加速距离。发球时球拍触球的最佳击球位置应保持在身体垂直稍前的部位。身体适当前倾，有利于扩大命中范围。大力发球时，先将球向右侧上方抛起，然后球拍下垂，从背后开始挥拍迎球，挥拍过程中力争在球拍瞬时速度最快的片刻，在头上合适高度使拍触球，击球后继续使拍向目标挥动，头部保持随球移动，拍顺势挥过身体左侧，身体重心随之向前移入球场（图 15-3-3b）。

（二）上旋发球

上旋发球是结合手腕爆发力发出来的一种带上旋性质的球。球向上旋转力强，在空中高弧线飞行，准确性较高。如右手发左侧上旋球，该球落到对方发球区后，弹起较高，并向接球员的左侧拐弯。它能造成对方接发球困难，这种发球适于对付反拍差的对手，也易于发球后上网截击。

（三）切削发球

这种发球的击球点不很高，击球时球拍多由上向下削切，发出球后向后旋转较强，球的飞行弧线曲度较大，容易控制落点，球落地后向对方场地一侧的角上跳动，可起到调动对方、造成对方接发球困难的作用。比赛中常作为第二次发球用。切削发球易被正拍攻击力强的对手抽杀（图 15-3-3c）。

a 发球　　b 平击发球　　c 切削发球

图 15-3-3

四、接发球

（1）接发球站位：一般位于端线附近，力求在接发球时向前移动击球。

准备姿势：保持两脚平行站位，比肩略宽，右手持拍者一般右脚稍前，两膝微屈，上体稍前倾，脚跟提起，将球拍置于体前。

（2）在接发球的全过程中眼睛始终要注视来球。要观察对手的抛球，这样有利于判断发球的方向和旋转。

（3）对方第一次发球时多采用大力发球，站位应偏后一些，如果是第二次发球可略向前移，以利于采取攻击性的回击。

接大力发球时不要做大幅度的后摆动作，主要是控制好拍面角度，并紧握球拍以免拍面被震而转动。

（4）回击来球后要观察对方行动，对自己的回球路线和落点要有所考虑。选择好接发球落点，对控制手发球后抢攻有重要意义。

五、截击球

截击球是网前技术中的一种攻击性击球方法，即当球在落地之前将球击回到对方场区。截击球回球速度快、力量大、威胁大。目前国内外优秀网球运动员都普遍采用发球上网或接发球上网战术，因而截击球技术在进攻性打法中十分重要（图 15-3-4）。

a 正手截击　　b 反手截击

图 15-3-4

（一）正手截击动作方法

截击时站在网前 2.5 ～ 3 米位置，准备姿势与一般击球大体相同，但球拍要举得高一些，约与眼部同高。截击时后摆动作要小，击球点应保持在身体前方，拍触球瞬间手腕固定，用力紧握球拍，略加向前推击的动作即可。截击较近的球时，左脚应跨出一小步，截击较远的球要跨出一大步。

（二）反手截击动作方法

反手截击的准备姿势同正手截击，动作区别在于反手截击的击球点要靠前一些，因此要及早跨出右脚，重心也要置于右脚。击球时手腕固定，用力紧握球拍，拍面稍后倾，触球中上部。击球后右臂伸展，向前下压送。

六、高压球

高压球多用于网前的击球动作，可分为原地高压球、跳起高压球和后退高压球。高压球要及时侧身，早举球拍，眼睛看准球，找准击球点。高压球一般以平击高压为主，也可以用切削高压打出好的角度和落点。当对方挑高球挑得很高、很深时，可打落地高压球。打高压球要快速侧身后退，后退时眼睛不能离开球，要求步子快，然后再向前做高压击球动作（图 15-3-5）。

高压球的动作与发球动作相似，只是没有向后拉拍的挥拍动作，而是直接把球拍引向头后。在向来球方向跑动中，抬头仰视球，上体右转，同时使球拍垂向背后，完成击高压球的准备动作。当球下落到合适高度时，右脚蹬地起跳，在头部上方跳起向前下挥击，完成高压动作。

图 15-3-5

第四节　网球基本战术

一、单打战术

（一）发　球

发球时要考虑落点、力量和旋转等因素的变化才能有良好效果，如果发出的球有角度而使球反弹出边线，就能迫使对手离开基本位置，这样的发球效果较好。若对手站位离中线较远，可发球至接发球人的中线附近，以牵制对方。第一次发球应尽量使用大力发球，以加强攻击性，给对手造成压力。第二次发球应具有稳定性，以保持较高的命中率。

（二）接发球

在第一回合较量中，对手发角度大而弹出边线的球时，若球速慢，可用进攻方法回击，亦可回击大角度球，以牵制对手发球后抢攻。接大角度球时，不要向后跑，而应向前迎球，用拉球回击。接发球时应选择合适位置，其标志是使正手和反手各有 1/2 的机会接球。切忌在中场等球，应将中场视为接球时不站人的区域。

（三）把球打深

把球打深是指打出的球的落点要靠近球场端线附近。在单打比赛中，把球打深能将对手压在底线附近，这样可以防止对手上网，还能使自己有更充裕的时间为下次击球做好准备；另外，这样做还能使对手回击的角度减小。对准备随球上网的队员来说，将球打深也有重要作用。这里应当注意，在底线击球要想把球打深，就应使球在网的上空较高处通过，离网上端至少 1.5 米。

（四）调动对手

调动对手也就是把对手调离其能较好发力击球的位置，使其在场上出现空当，这样就能争取比赛的主动权。一般可通过打斜线球和打直线球达到调动对手的目的。

（五）网前截击

当队员处于较有利的网前位置时，可充分发挥网前快速截击的威力，在截击时采用变线打法，队员能够向空当回击，取得良好效果。所谓变线打法就是对手打斜线球时用直线球回击，或者对手打直线球时用斜线球回击。

二、双打战术

（一）基本站位

双打时除发球和接发球队员在端线附近外，一般都站在网前位置。发球的队员站在规定发球区的端线附近，接发球的队员则站在规定发球区的另一侧的端线附近。有时发球队员的同伴也可以站在端线附近，位于发球队员的另一侧。在后场的队员的基本站位是发球队员站在规定的发球位置，接球人站在端线附近，准备接发球。有时接发球同伴不直接站在网前，而是站在发球线附近，当对手打球后再向左前或右前扑截球。

（二）发 球

双打发球落点要深，如果发球有足够深度，就能控制对手冲到网前进行截击。第一个发球应采用大力发球，发球后随球上网，这时动作要迅速，先往前冲三四步，然后停下来，准备进行第一次截击。

（三）接发球

对方发球时，接发球的同伴一般站在发球线附近，接发球人回球的情况将直接影响其同伴的动作。如果接球队员能有效地接过发球，并且能够上网，这时两个人都应同时上网；如果接发球回击的球力量较弱，这时接球队员的同伴就应立即退到端线附近，而不要停在原地。如对发过来的球不能做有力的回击，接球队员就要想到在端线附近进行防御。如果两人同在后场站位，应保持使球落在中间地带，以减小对手回球的角度。

（四）及时补位

双打比赛中的两个人及时补位很重要，它可以补救场上出现的薄弱地区。如果遇到两个对手同时上网时，同伴向中路回球较低时，容易被对手截击，这时处在截击队员对面的网前队员应及时截抢。如果接球队员将球打给网前队员，这时接球队员的同伴应迅速后退到中场。

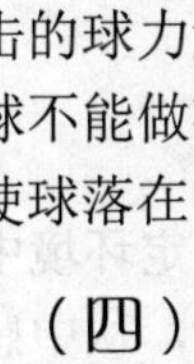

思考题

1. 简述网球运动的比赛规则。
2. 网球运动的基本技术分为哪几个部分？
3. 简述网球运动的单打战术。

第十六章 户外运动

学习提要

1. 拓展训练及地面常用项目。
2. 高空和中低空常用项目。

第一节 户外拓展活动概述

一、拓展训练的起源

拓展训练是与传统的认知教育不同的体验式教育活动，它是体验式教育在中国特定环境中的产物。拓展训练是借助于精心设计的特殊情况，以户外活动的形式让参与者进行体验，从中感悟出活动所蕴含的理念，通过反思获得知识改变行为，实现可趋向性目标的一种教育模式。

拓展训练的诞生与欧美盛行的Outward Bound（简称OB）教育模式有直接联系，Outward Bound在我国香港地区的分支机构叫做“外展训练”，受到它影响并在其中文名字的启发下，诞生了“拓展训练”这一名称。在课程模式上，拓展训练参照了以Outward Bound为基础发展起来的Project Adventure教育模式，在模拟自然环境的情况下，降低活动风险，体验经过设计的户外活动项目，最终形成了具有中国特色的体验学习体系。

由于拓展训练在培训领域所带来的潜在价值和震撼性效果得到了广泛认可，在10余年的发展历程中，正如它的名字一样在不断“拓展”，现今已由课程产品发展成为一种教育理念和学习模式，同时得到了学校教育系统的认可，并应用到许多相关的领域，成为中国户外体验式教育的主打品牌。

二、拓展训练在国内的发展状况

1970年，中国香港成立了香港外展训练学校，是中国第一个加入OB国际组织的专业培训机构，1999年该组织在广东肇庆建立了外展训练基地。

1995年以“拓展训练”命名的体验教育模式整合改造后进入中国，当时的“北京拓展训练学校”是最早开始在国内开展课程的培训机构，时至今日，拓展训练在我国已走过了10余年，当初的北京拓展训练学校已经发展为拥有14家分支机构和21个拓展训练基地的人众人教育集团。

拓展训练在培训领域引起了前所未有的震撼，短短的几年间，拓展训练培训机构遍布全国，呈几何数字增长，在国内，比较正规且形成规模的拓展训练培训机构已有300多家，参与其中组织拓展训练或“类拓展训练”的各机构，包括培训学校、户外运动俱乐部、管理咨询公司等已超过千余家。

1999年，清华大学率先将体验式培训引入到MBA、EMBA的教学体系中，随后北京大学光华管理学院、中山大学岭南学院、浙江大学等学校的MBA/EMBA教育中纷纷把拓展训练作为指定课程内容。

拓展训练在近几年的发展中，课程开始多元化，活动项目也日益丰富，以拓展训练经典的活动项目为主体，结合野外活动、室内活动项目，甚至在其他培训活动、年会、旅游团体活动中穿插拓展训练项目。

知 识 窗

知识型拓展训练是指把员工工作所需的行为知识，以户外活动的方式进行讲授。它改变了传统内训课程只在室内进行的方式，把所员工需要的行为知识改编成游戏，并把培训地点移到室外，即玩游戏的过程就是学习知识和训练行为的过程，重新激起员工对培训的喜爱。

三、拓展训练的锻炼价值

拓展训练强调的是一种体验，是一种由内至外的自我教育。知识和技能都是有形的资本，而意志和精神则是无形的力量。在实际生活和工作中，动手能力和意志的坚定、坚韧往往比起书本的知识更为有效和实用。同时，如何开发出那些一直潜伏在你身上，而你自己却从未真正了解的力量，怎样才能弄清你与他人的沟通和信任到底能深入到什么程度，这些，就是拓展训练的真正意义。

良好的团队精神和积极进取的人生态度，是现代人应有的基本素质，也是现代人人格特质的两大核心内涵。在现代社会，人类的智慧和技能只有在这种人格力量的驾驭下，才会迸发出耀眼的光芒，拓展训练应运而生。利用户外自然环境对人进行培养的户外训练方式起源于第二次世界大战期间的海上生存训练，战后逐渐演变成一种面向现代社会的户外训练方式。

四、拓展训练在学校的发展

（一）拓展训练进入学校

在传统的学校教育系统中，虽然许多人很希望拓展训练能真正成为进入学校的课程，但呼吁的声音时有时无，很少有人进行实践训练。直到20世纪60年代后半期，杰瑞·皮赫正在马萨诸塞州林肯县林肯—萨得伯里中学进行户外活动课程，以此为切入点，他开始了对建立PA教育模式（Project Adventure）的尝试，形成了我们常说的在学校开展的拓展训练，起初主要是户外运动的教师组织对其的实施与指导。

那段时间，美国一些学校的教师开始对学生进行短期的探险教育，包括诸如攀岩等绳索类活动，活动大多以学校里的户外运动俱乐部的性质进行，参加者大多是一些户外运动的爱好者，有些教师尝试着将他们与外展训练的模式结合，偶尔将其带进日常教学课程里，即便如此，活动仍然只是教师个人的科研与实验，作为一种大胆的尝试而已，并没有列入正规的教学大纲。

杰瑞•皮赫的远见与勇气充分展示了外展训练带给人的作用，他坚信外展训练可以在学校中为教育服务，即使困难重重，也不放弃。他努力寻找将外展训练活动与学校课程结合的方法，开始尝试着将外展训练活动与中学课程结合。

知 识 窗

Project Adventure，由于对它的翻译并不是一件轻松的事情，而且也没有更好的方式来定义和诠释它，我们就叫它的简称PA也很容易理解。对于Project Adventure，有人将它翻译为探险活动，有人将它翻译为历奇计划，也有将它定义为学校心理拓展训练，这些名字都很好，只是它派生和发展的更多单词会让我们更加困惑。

经过不断努力，杰瑞•皮赫的努力获得了成效，他聘请了许多外展训练的活动专家，开始研究并制定针对学校的PA外展训练课程的教学大纲，让越来越多的教师关注并参与这项工作，共同研究学校开展外展训练课程的实践活动。在随后的工作中，他说服了一些学校的领导参与其中，吸收了一些教育同行加入，这对于PA外展训练在学校的发展起了很重要的作用，为它在学校的实施提供了可能。

PA新的教学大纲制定实施后，得到了高度的好评，1974年PA的教学大纲被“全美教育普及网络（DND）”评选为全美优秀教育大纲。新的课程大纲的制定和实践是以高一年级的体育课为基础开展的，当在体育课中得到认可与好评后，学校其他的一些科目也借鉴它的教学方式。

当美国人杰瑞·皮赫创立PA以后，和外展训练相比较，除了对个人能力的培养外，他们更加注重团队精神的培养。PA的发展与管理一直朝着一个良性的发展态势前进，鲍勃•伦兹在1971年出任第一人主管，他在对全美的教师进行教育与普及方面，制订了一系列的培训方法，培养了大批的教师，为PA在学校的普及与开展作了许多贡献。1980年卡尔•朗基接替他成为第二任主管，他认为要让学生经历一些新鲜的事情，让他们进入一些未知的情境中，完成一些任务将更具挑战性。让他们感受一些风险和危机，提高他们应对和处理危险的能力。

PA是外展训练衍生出的新的体验式教育模式，它和外展训练既有相关又有不同之处，但它也是对外展训练教育精神的延续，后来卡尔·朗基创立并注册了ABC拓展训练（Adventure Based

Counseling）模式，并将其大量地运用到儿童与青少年的教育活动中。

PA的成功开设，将外展训练所推崇的体验式学习方式，不仅仅在培训领域得到成功推广，而且也在基础教育中获得认可。PA为外展训练在教育领域的发展作了基石性的工作，随着教育体制的不断发展与演变，越来越多的人投入其中进行研究与实践工作，这其中体育教师为此做了大量的工作，为外展训练能够适应各种变化做出了贡献。而正是由于外展训练和PA顺利地走入了学校。中国的拓展训练具备了在学校开展的课程模式和理论方面的基础。

（二）拓展训练在我国学校的现状

拓展训练从引入我国开始就与学校结下了不解之缘，但主要是一些高校的成人培训班将它列入课程之中。后来，工商管理学硕士（MBA）正式接受了拓展训练，不过他们都是与校外的拓展训练学校联合授课，许多拓展训练学校对此作出了很大的成就。真正让拓展训练植根校园，是从2002年底开始，北京大学修建了拓展训练专用组合训练架，并将拓展训练作为一门体育必修课，制订了教学大纲和教材，供学生们体验冒险与团队成长的快乐。此后几年，我国逐渐有高校开设了不同形式的拓展训练课程，此课程在学生中引起极大反响，深受学生们的喜爱。

我国拓展训练在学校的开展，受学生欢迎程度越来越高，合格教师的不断增多，学校资金投入与场地建设的不断完善，拓展训练的课程开展更加丰富。2005年8月我在北京体育大学的高校教师研究生班上，作了关于拓展训练的专题演讲，百余人参加后反应良好，许多教师咨询并交流了关于拓展训练在学校的开展情况。2007年7月，北京大学拓展训练研究中心召开了第一届全国高校拓展教师培训班，60多位老师学习后成为学校拓展训练的中坚力量，随后几年又召开了10余届相关培训，为学校拓展训练的开展奠定了师资基础，在“十一五”期间，拓展训练在全国学校得到快速的发展，全国有300多所高校开展了拓展训练课程，部分学校在不同的专业领域内开设不同主题的拓展训练课程。比如：应用心理拓展训练课，管理拓展训练课，军事拓展训练课，领导力拓展训练课等。西安市第一中学、天津新华中学、辽宁抚顺工读学校等几十所中小学均开设了拓展训练课程。近百家青少年素质拓展基地，为中小学的学生们参加拓展训练提供了更多选择。未来几年，学校拓展的开展将有更大的发展空间。

拓展训练是对传统学习模式的探索与发展，是在其基础上的一种学习模式的突破，它不是对传统教育的背离与反驳，也不是完全脱离传统学习的纯粹体验。拓展训练这种学习模式受到越来越多的人喜爱，在现有教育体制下，合理的发展拓展训练是非常必要的，相对于既有的学习方式，在我国它仍然属于一种新事物，既不盲目夸大也不一味排斥的态度对待与发展拓展训练，是我们在传统教育与其之间所要寻找的一种均衡，只有如此，才能达到更好效果。

第二节 户外拓展活动项目、安全装备及操作处理

一、高空常用项目

（一）高空断桥

1. 项目概述

高空断桥是一个以个人挑战为主的项目，它属于高空类心理冲击的项目，整个过程需独立完成。“断桥一小步，人生一大步”浓缩了这个活动的精华。（图 16-2-1）

图 16-2-1

2. 人数时间

人数在 10 人以上，最好不要超过 16 人；项目完成时间为 120 分钟；项目布课时间为 10 分钟；项目挑战时间为 70 分钟；回顾总结时间为 40 分钟，其中项目分享回顾 15 分钟，总结提升 25 分钟。

3. 场地器材

高空断桥属于室外项目，它需要组合训练架或专项训练架，高 7 ～ 12 米；长度是 10.5 厘米的动力绳 2 条，一根与桥上人员齐膝长，供拓展教师用，另一根至腰，用于桥上保护队员；静力绳一根，与训练架高度相等或略长，用于攀爬保护；D形锁或O形锁 4 把；上升器 2 把；3 条以上坐式安全带，3 顶安全帽；40 厘米应急扁带 1 条，雨天大毛巾 1 条；足球护腿板 2 副。

（二）空中单杠

1. 项目概述

图 16-2-2

空中单杠是一个以个人挑战为主的项目，它属于高空高难度项目，整个过程需独立完成。机会就在眼前，经过努力纵身一跃抓向它，不管是否抓住都无怨无悔。（图 16-2-2）

2. 人数时间

人数在 10 人以上，最好不要超过 16 人；项目完成时间为 120 分钟；项目布课时间为 15 分钟；项目挑战时间为 70 分钟；回顾总结时间为 35 分钟，其中项目分享回顾 15 分钟，总结提升 20 分钟。

3. 场地器材

足够大的场地，能够让保护人员正常移动；专业高架，组合训练架或专项训练架；25 米长、直径 10.5 毫米动力绳两根；丝扣铁锁 4 把，钢锁 4 把；长的绳套 2 条，手套 4 双；8 字环或ATC两个，最好使用 8 字环；安

全头盔 2 顶，安全带全身 2 套、半身 2 套。

（三）缅甸桥

图 16-2-3

1. 项目概述

缅甸桥是一个风靡世界的活动项目，正如它的名字一样起源于缅甸，这是一个可以充分施展自己手脚的机会，可事实上却感受出另一番滋味。（图 16-2-3）

2. 人数时间

人数在 14 人左右，最好不要超过 16 人；项目完成时间为 120 分钟；项目布课时间为 15 分钟；项目挑战时间为 80 分钟；回顾总结时间为 25 分钟。

3. 场地器材

专项训练设施；静力主绳 2 根；铁锁 3 把，8 字环 1 个；半身安全带 4 条，安全头盔 3 顶，手套 4 双。

二、中低空常用项目

（一）信任背摔

1. 项目概述

信任背摔是最为典型的拓展训练项目之一，许多时候拿它作为第一个训练项目。这个项目虽然是个风险较高的项目，但是如果操作规范，安全是能够得到保证的。（图 16-2-4）

2. 人数时间

学员人数一般在 12 ～ 16 人之间，其中男生不应少于 3 人，人员过少或有学员体重超过 100 千克，接人的学员至少应有体格较好的 4 名男生，否则此项目由相应项目替换或不做；项目完成时间为 80 ～ 100 分钟；项目布课时间为 15 分钟；项目挑战时间为 30 ～ 40 分钟；回顾总结时间为 35 ～ 45 分钟。

图 16-2-4

3. 场地器材

1.4 ～ 1.6 米背摔台，有扶梯和半角围栏；0.8 米 ×0.02 米的背摔绳 1 根，要求结实、柔软、摩擦大；最好选择相对较软的地面。

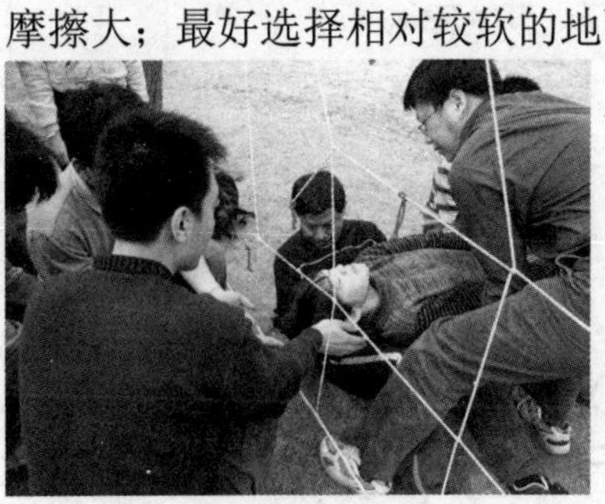

图 16-2-5

（二）电　网

1. 项目概述

电网又名蜘蛛网，它是一个典型的穿越型团队合作项目，这个活动中每一个人都需要做最大的努力，否则某个人的放松将会给别人造成更大的麻烦，甚至会让所有的人前功尽弃。（图 16-2-5）

2. 人数时间

14 人左右组成团队挑战人数；项目完成时间为 90 分钟；项目布课时间为 5 ～ 10 分钟；项目挑战时间为 40 分钟；回顾总结时间为 40 ～ 45 分钟。

3. 场地器材

室外宽阔的平坦场地，专用电网设施或利用固定立柱临时编、挂一张 3 ～ 4 米宽，1.6 米高的绳网，网内有用于学员通过的网眼，数量为学员人数的 110% ～ 120%，在较低处留 2 个相对好通过的网眼。

三、地面常用项目

（一）盲人方阵

1. 项目概述

盲人方阵又叫黑夜协作，是一个以团队挑战为主的项目。

2. 人数时间

14 人左右组成团队挑战人数；项目完成时间为 90 分钟；项目布课时间为 10 分钟；项目挑战时间为 40 分钟；回顾总结时间为 40 分钟。

3. 场地器材

边长不小于 25 米的平整开阔场地 1 块，长 3 米、5 米、15 米左右，粗 1 ～ 1.5 厘米的绳子各 1 根，预先打结并揉乱，眼罩 14 个或与学员人数相等。

（二）雷　阵

1. 项目概述

雷阵也叫突破雷区，是一个以团队挑战为主的项目，挑战我们突破定式思维与团队的有序协作的能力。

2. 人数时间

14 人左右组成团队挑战人数；项目完成时间为 90 分钟；项目布课时间为 10 分钟；项目挑战时间为 40 分钟；回顾总结时间为 40 分钟。

3. 场地器材

6 米×6 米的画有雷阵的场地 1 块，或野外空地与有 6 米×6 米大雷阵图 1 块；硬皮夹、笔和教师用图 1 张，教师最好准备墨镜 1 副。

思考题

1. 简述几种高空常用项目。
2. 地面常用项目有哪些？

第十七章 健美操

学习提要

1. 健美操运动的起源与发展及其锻炼价值。
2. 健美操运动的基本规则。
3. 健美操运动的基本动作和练习方法。

第一节　健美操运动概述

健美操

一、健美操运动的起源与发展

现代健美操起源于 20 世纪 60 年代末的美国，最早是由医学博士库珀（Dr. Kenneth Cooper）设计了一些动作，配上音乐作为训练宇航员体能的内容之一，最后逐步发展成一项独特的运动。健美操作为一项独立的体育运动项目是在 20 世纪 70 年代末，在此期间涌现出了一批健美操的代表人物，简·方达就是其中一位。她根据自己的亲身实践与体会编写了《简·方达健美术》一书并制成了录像带，向多个国家传播，使健美操很快成为了一项风靡世界的健身运动。

健美操传入我国是在 20 世纪 80 年代初，一开始便受到了青年学生的喜爱，并且在高校和社会普及开来。在不断发展的过程中，健美操已逐渐形成了一套科学的健身、训练和竞赛体系。

二、健美操运动的基础知识

（一）健美操运动的分类

根据不同的目的和任务，健美操可分为健身性健美操和竞技性健美操两大类（表 17-1-1）。

表 17-1-1　健美操运动分类

分类			内容
竞技性健美操	自编竞技健美操		男子、女子单人操 混合双人操 三人、六人操
	规定竞技等级健美操		成年组 青少年组
健身性健美操	徒手健美操	一般健美操	传统有氧健美操
		不同风格健美操	搏击操、拉丁操、街舞健身操
	表演性健美操	器械健美操	踏板操、哑铃操、橡皮筋操、健身球操
		特殊场地健美操	水中健美操、固定器械健美操

1. 健身健美操项目简介

（1）传统有氧健美操：是健身性健美操的核心内容，是不同类型健美操的基础，以提高人体的心肺功能和有氧代谢能力为目的。采用单个步或步组合配合上肢动作进行练习。

（2）搏击健美操：运动时，以传统有氧健美操、搏击健美操、拉丁健美操结合拳击、武术、跆拳道的基本动作，配合音乐节奏挥拳、踢腿。由于瞬间爆发力强，肢体伸展幅度大，运动量比传统健美操更大。

（3）拉丁健美操：以有氧运动为基础，结合了拉丁舞的基础动作和风格独特的拉丁音乐，舞姿优美、热情奔放，具有强烈的动感。练习拉丁健美操可以使人在轻松的娱乐中达到陶冶情操和减肥瘦身的效果。

（4）街舞健身操：由街头即兴舞蹈演变而来的街舞，融入了有氧舞蹈。肢体动作夸张，节奏搭配明显，全身上下自由舞动，最吸引人之处是以全身的活力带来热情澎湃的感觉。

（5）踏板健美操：一种中高强度的运动，通常在一块 10 ～ 25 厘米的踏板及地面上做健美操的动作。它具备了健美操的所有特点，加上板的高度可以调节，健身者可以根据自身情况很容易达到运动减肥的有效强度，更能有效地提高心肺功能。

（6）健身球健美操：最早在瑞士只作为康复医疗的设备，后来演变成一个新兴的健身运动项目。健身球不仅有很好的损伤恢复和康复功能（对腰背疾病疗效显著），而且还可以提高人的柔韧和力量素质，锻炼平衡能力。

知识窗

踏板操，顾名思义就是踏板上的健美操。这项运动在美国风靡了 10 年，至今仍备受欢迎。借助一起极度可调的踏板，通过种种踏上踏下带有转体和跳跃的动作，做到心肺功效的训练，因其动感、激情的优势和对女人腿、臂的极好塑体功用，踏板操被大家视为经典的健身形式之一，更是一项日益时尚的瘦身路径。

（7）皮筋健美操：主要就是利用皮筋的弹力，在一张一弛的动作过程中，使肌肉得到较好的锻炼。作为一项有氧运动，皮筋健美操能有效地提高人体的肌肉弹性和心肺功能。

（8）水中健美操：水中健美操种类繁多，练习者可根据自身状况，选择适合于自己的项目进行练习。

（9）哑铃健美操：利用小哑铃的重量进行有氧操训练，可以增加有氧运动的强度，能有效地消除身体多余的脂肪，塑形、美体作用明显。

（10）动感自行车：这是一种室内固定自行车有氧训练，在健身教练的指导下，并配合动感的音乐，不同强度的阻力档次，来模仿自行车在平地、上坡、下坡等路面条件下不同方式的运动，达到提高心肺功能、消耗体内多余脂肪的目的。

（11）表演性健美操：表演性健美操是根据一定的表演目的而进行的徒手或轻器械健美操与音乐的艺术化结合。在固定音乐的伴奏下，通过对动作素材、场地、空间、队形的有机整合，形成一套具有艺术观赏价值的成套动作。

2. 竞技健美操项目简介

竞技健美操起源于传统的有氧健美操，比赛项目有男子单人操、女子单人操、混合双人操、3 人操（3 名运动员性别任选）和集体 6 人操。比赛时间限制在 1 分 45 秒钟（± 5 秒钟）。比赛场地为 7 米 × 7 米（6 人操场地为 10 米 × 10 米）。比赛服装也有专门的规定，一般为紧身的专业健美操服装，比赛有专门的竞赛规则，对每一具体细节都做出详细的说明。

（二）健美操的锻炼价值

经常参加该项运动的锻炼，可提高关节的灵活性，使肌肉的力量增强，韧带、肌腱等结缔组织的柔韧性提高，使心肺系统的耐力水平提高，有利于改善和提高人的协调能力。

长期进行健美操锻炼能消除多余的脂肪，有益于肌肉、骨骼、关节的匀称与和谐发展；有利于改善不良的身体姿势，塑造优美的体态；可以缓解人的精神压力，增强人的社会交往能力。

健美操不仅具有良好的健身效果，还具有娱乐的功能，可使人在锻炼中得到一种精神上的享受，满足人们的心理需要。

（三）健美操锻炼的常识

（1）安排好运动强度：由于每个人年龄、身体状况及锻炼基础不同，健美操锻炼时所选择的运动强度也因人而异。根据下面的公式能计算出每个人进行有氧锻炼时应承受的负荷。

（220 － 年龄）× 60% = A（每分钟心率）

（220 － 年龄）× 80% = B（每分钟心率）

A ～ B之间的心率范围，就是在运动时每分钟的适宜心跳数，不要低于A，也不要高于B。

例如，25 岁青年人进行有氧健美操锻炼时的负荷应为：

（220 － 25）× 60% = 117 次 / 每分钟

（220 － 25）× 80% = 156 次 / 每分钟

25 岁的青年在做健身操时心率应保持在每分钟 117 ～ 156 次。

合理的运动负荷应是运动时不感到心慌、气短，锻炼后感觉轻度疲劳，而全身舒适、心情愉快、食欲增加、睡眠改善、精神饱满。相反，则说明运动强度过大，对健康不利，应减小运动强度。

（2）控制好锻炼次数：如果健美操锻炼的时间在 30 分钟左右，可每天进行锻炼；如果是 60 分钟以上可隔天锻炼，但不应少于 3 次/周。

（3）锻炼前后要适当饮水：在剧烈运动或从事有氧耐力练习时，体内产热增加，出汗是主要的散热方式，因此运动时宜饮含糖量 5% 以下并含钾、钠、钙、镁等无机盐的碱性饮料。

（4）重视锻炼时的服装：进行健美操锻炼选择好服装和鞋非常重要。锻炼时的服装要选择透气、有弹性的健美操服装；最好选择专业的健美操鞋或弹性柔软的旅游鞋。

（四）健美操锻炼效果的评价

进行健美操练习，要学会对自己的身体状况进行自我监督与评价。这将有助于科学地安排锻炼内容和负荷强度，使健美操锻炼获得最好的效果。自我监督可包括以下内容：

1. 自我感觉

（1）自我感觉：正常练习者应该是精神饱满，体力充沛，渴望参加活动，每次练习后稍有疲劳和肌肉酸累感，但经过休息能很快恢复。若感到精神不振、头晕、胸闷、气短、腹胀、腹痛，甚至恶心、呕吐等则说明负荷过大，应调整锻炼计划。

（2）排汗量：排汗量在气温、饮水量和锻炼强度等外界条件相同的情况下，随着练习水平的提高而减少。若排汗量增加，甚至出现夜间盗汗，则表明身体极度疲劳，应调整运动量。

（3）食欲：正常练习者在一次大运动量活动后，食欲可能会暂时下降，但很快就能恢复。反之，就得考虑运动量和运动强度是否安排不当。

（4）睡眠：良好的睡眠状态应当是入睡快，醒后感到精力、体力旺盛。若经常失眠，夜间易醒或第二天睡醒后仍感疲劳，可能是运动过度引起的，应调整锻炼计划。

2. 客观评价

（1）形态测量：参加健美操锻炼前要将自己的身高、体重、围度及体重与身高指数进行测量、计算，经过一段时间的锻炼后，再测量和计算并进行比较，比较的结果则反映锻炼的效果。

良好的锻炼效果表现在：超重者的体重和身体各围度明显下降，体重与身高指数、整体形态指数向标准靠近；正常体重者，体重与身高指数变化不明显，但围度变化突出，如腰围、臀围减缩，胸围增加。

（2）机能测量：若运动量适宜，晨脉变化每分钟应不超过正常的 3 ～ 4 次，血压变化范围在 10 毫米水银柱以内。长期坚持健美操锻炼的人，安静时的脉搏频率出现递减的趋势，剧烈运动后的即时脉搏频率出现递增趋势为正常或良好；运动后，由即时脉搏到正常时脉搏恢复时间缩短的趋势为正常或良好。

第二节　健美操竞赛规则简介

健美操评分规则是健美操训练和比赛的导向，也是对健美操进行评判和欣赏的准则。健美操的评分规则每四年修订一次，每一次规则的修改都会对竞技健美操的发展提出新的要求。我们了解健美操的基本规则，便于更好地理解和欣赏该项运动。

健美操的竞赛活动分为健身性健美操的比赛和竞技性健美操的比赛。两种比赛都有各自的评分规则和评分方法。

健身性健美操比赛以“锻炼身体、推动群众性运动及提高社会参与性”为目的，因此，不需要特定的竞赛规则，技术要求较低，比赛操作简单，一般省、市和基层单位均可组织比赛。国家体育总局和中国大学生体协都分别制订过健身健美操的规则。在比赛中，健身健美操的满分通常是 20 分，其中艺术编排分 10 分，动作完成分 10 分，有 8 名裁判分别对艺术编排和动作完成情况进行评判。

竞技性健美操比赛以“夺标和提高技术水平”为目的，因此，比赛要求参赛者必须具备一定的身体素质和专项技术水平，参赛人数和年龄受到一定的限制，并严格执行竞赛规则。竞技性健美操比赛主要形式有：竞标赛、冠军赛、邀请赛、运动员等级赛等。根据《国际体操联合会2005—2008年健美操竞赛规则》的精神，结合我国近年来竞技比赛的实际，现将竞技健美操比赛的规则作以下简单介绍。

一、比赛项目与比赛时间

正式的健美操比赛（如世界健美操锦标赛）包括5个项目：女子单人；男子单人；混合双人；三人；集体六人。

健美操成套动作的时间为1分45秒，有加减5秒的宽容度。

二、比赛场地

竞技健美操比赛要求赛台高80～140厘米，后面有背景遮挡，赛台不得小于14×14平方米。竞赛的地板必须是12×12平方米，并清楚地标出7米×7米的单人、混双、三人的比赛场地，以及10×10平方米的集体六人场地。标记带为5厘米宽的黑色带，标记带是场地的一部分。所用地板必须符合国际体联的标准，并由国际体联认可，只有经国际体联认可的地板方可用于比赛。

三、比赛着装

参赛运动员必须着纯白色健美操鞋和袜子。女运动员着一件套带有肉色袜的比赛服，不允许穿两件套服装，头发必须固定在头上，可以化淡妆。男装不允许有长袖。服装上禁止使用松散或附加的饰物。禁止佩戴首饰。

四、裁判组成

高级裁判组由健美操委员会指定3名成员组成。正规系列赛的裁判组由14人组成：其中艺术裁判4人；完成裁判4人；难度裁判2人；视线裁判2人；计时裁判1人；裁判长1人。

五、评　分

艺术分最高分为10分，由艺术裁判根据操化动作、难度动作、过渡/连接和托举动作的成套创编、音乐的使用、操化动作组合、比赛场地的使用、表现力与同伴配合5个标准进行评价。10分的艺术分按照以上5项均分，每项2分，以0.1分递增。

完成分是从10分起评，由完成裁判根据技术技巧及合拍与一致性给予评判，对每个完成错误给予减分。

难度分由难度裁判使用FIG官方速记符号记录全部成套动作的难度动作，数出难度动作的数量。按照加分的方法评分，从0分起评。

最后得分为从总分（艺术分、完成分与难度分相加为总分）中减去难度裁判、视线裁判与裁判长减分。

第三节　健美操基本技术与练习方法

一、健美操基本动作

（一）健美操的基本步法

基本步法是健美操动作中的最小单位，是组成组合动作和成套动作的基础。通过基本步法的练习，可以提高练习者的协调性、节奏感和韵律感。

健美操基本步法分为无冲击、低冲击和高冲击三类动作。

（1）无冲击类动作：两腿始终接触地面（图 17-3-1）。

弹　动　　　　半　蹲　　　　弓　步　　　　提　踵

图 17-3-1

（2）低冲击类动作：有一只脚始终接触地面。

· 踏步类动作。（图 17-3-2）

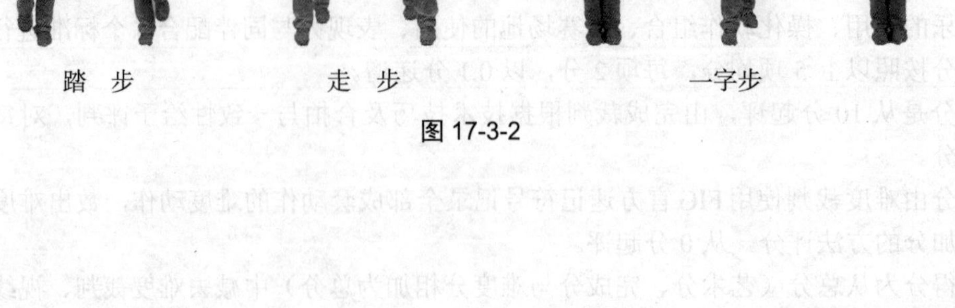

踏　步　　　　走　步　　　　一字步

图 17-3-2

V字步

漫 步

图 17-3-2（续）

· 点地类动作。（图 17-3-3）

脚尖前点地　　脚跟前点地　　脚尖侧点地　　脚尖后点地

图 17-3-3

· 迈步类动作。（图 17-3-4）

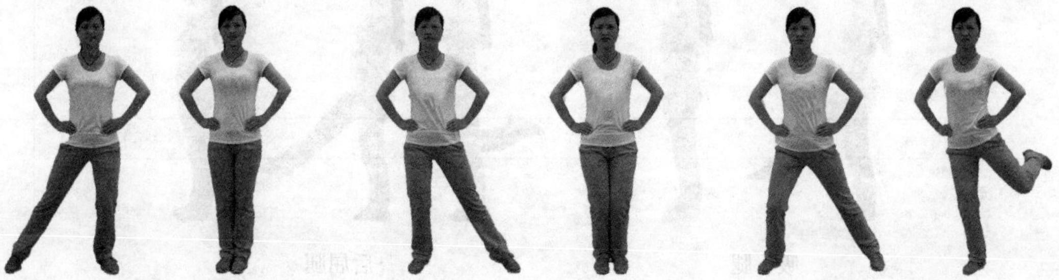

并 步　　迈步点地　　迈步屈腿

图 17-3-4

迈步吸腿　　　　　　　　迈步弹踢

侧交叉步

图 17-3-4（续）

· 单脚抬起类动作。（图 17-3-5）

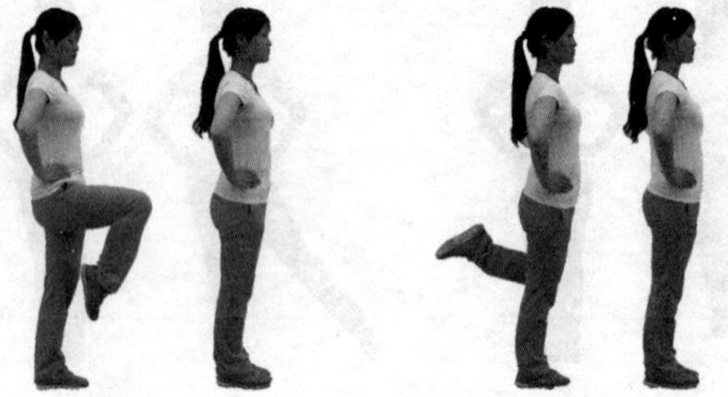

踢　腿　　　　　　　　弹踢腿

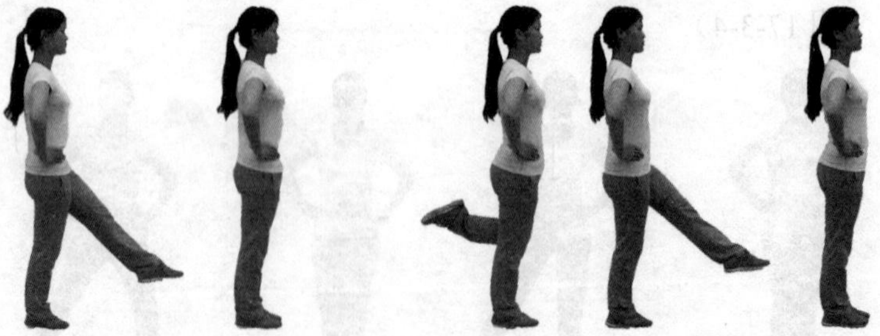

吸　腿　　　　　　　　后屈腿

图 17-3-5

（3）高冲击类动作：双脚同时离地，有腾空的动作。

· 迈步跳动作。（图 17-3-6）

并步跳　　迈步吸腿跳　　迈步后屈腿跳

图 17-3-6

· 双脚起跳动作。（图 17-3-7）

并腿纵跳　　开合跳

分腿半蹲跳　　并腿滑雪跳　　弓步跳

图 17-3-7

· 单脚起跳动作。（图 17-3-8）

吸腿跳　　后屈腿跳

图 17-3-8

弹踢腿跳　　　　摆腿跳

图 17-3-8（续）

· 后踢腿跑动作。

（二）上肢基本动作

（1）自然摆动：屈肘前后摆动，可以同时或依次摆动（图 17-3-9 ①）。

（2）臂屈伸：上臂固定，肘屈伸。臂屈时肱二头肌收缩，臂伸时肱三头肌收缩（图 17-3-9 ②）。

（3）直臂上摆：臂由下摆至前平举或侧平举（图 17-3-9 ③）。

（4）冲拳：握拳由腰间冲至某位置（图 17-3-9 ④）。

（5）屈臂提拉：臂由下举至胸前平屈（图 17-3-9 ⑤）。

（6）推：手掌由肩侧推至某位置（图 17-3-9 ⑥）。

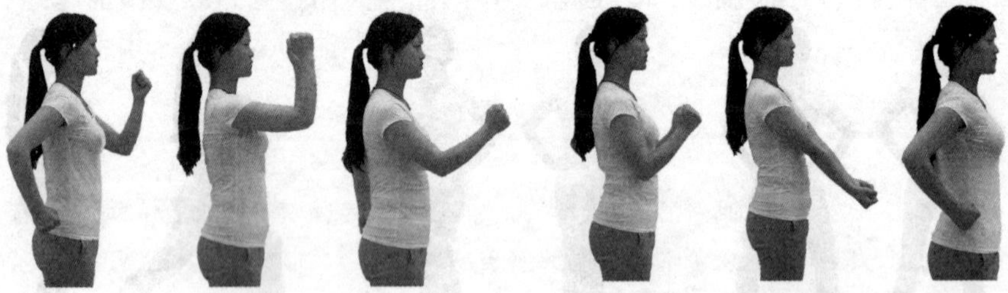

①　　　　②

③　　　　④

图 17-3-9

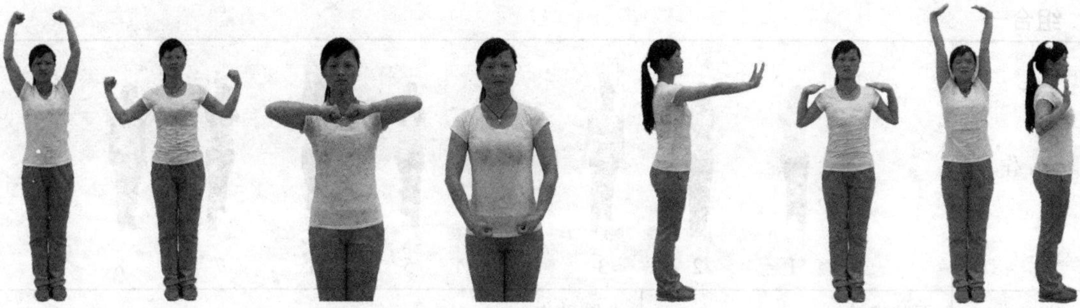

⑤　　⑥

图 17-3-9（续）

（三）健美操基本手形

健美操基本手形如图 17-3-10 所示。

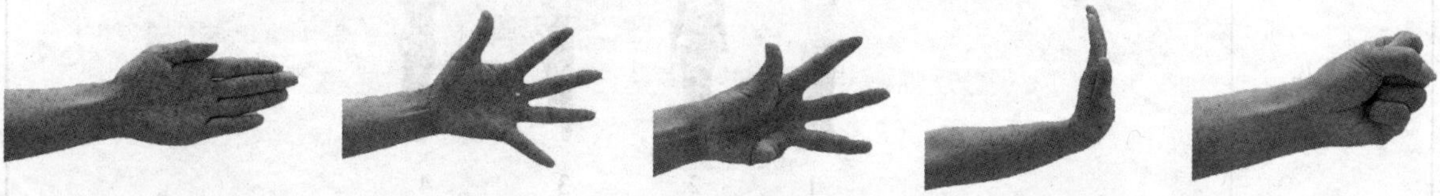

并掌　　开掌　　花掌　　立掌　　拳

图 17-3-10

二、健美操基本动作的变化规律

健美操动作看起来变化多端，其实都是在基本动作的基础上演变而来的。基本动作看似简单，其实变化无穷。掌握了这一规律，不但学得快、记得快，更重要的是，能按照规律随意编排，使人终身受益！

（1）改变身体的方向（如转体 90° 或 180° 的开合跳，不同方向的连续踏步或带转体的踏步等）；

（2）改变出脚的方向（如前后弓步跳和左右弓步跳，“V”字步和“A”字步等）；

（3）改变动作速度或强度（如节奏改变：快快慢，不同高度的踢腿跳等）；

（4）上下肢动作相互组合（如相同的步法，不同的上肢动作，或者相反）；

（5）不同步法相互组合（如吸腿跳与踢腿跳，开合跳与弓步跳等）；

（6）复合变化（如在改变身体方向的同时也改变出脚的方向，改变速度的同时改变方向等）。

以踏步为例，让我们一起实践：

原地踏步—踏点步—“V”字步—“A”字步—漫步—变方向的三步一点（前、后、左、右）转体 360° 三步一点（左、右）—小马跳。

三、健美操套路范例

健美操大众锻炼标准测试套路（一级）图解和说明如下：

组合一

动　作		 1 2 3 4 5 6 7 8	
节　拍		下肢步法	上肢动作
预备姿势		站　立	
一	1～8	右脚开始一字步2次	1～2双臂胸前屈，3～4后摆，5胸前屈，6上举，7胸前屈，8放于体侧
动　作		 1 2 3 4	
节　拍		下肢步法	上肢动作
二	1～4	右脚开始向前走3步吸腿	1～3双肩经前举后摆至肩侧屈，4击掌
	5～8	左脚开始向后退3步吸腿	手臂同1～4
动　作		 1 2 3 4 5 6 7 8	
节　拍		下肢步法	上肢动作
三	1～4	右脚开始侧并步2次	1右臂肩侧屈，2还原，3左臂肩侧屈，4还原
	5～8	右脚向侧连续并步2次	5双臂胸前平屈，6还原，7～8同5～6动作
动　作		 1 2 3 4 5 6 7 8	
节　拍		下肢步法	上肢动作
四	1～4	左脚十字步	自然摆动
	5～8	左脚开始踏步4次	5击掌，6还原，7～8同5～6动作
第五至第八个八拍，动作相同，但方向相反			

组合二

动 作	 1 2 3 4 5 6 7 8		
节 拍		下肢步法	上肢动作
一	1～8	右脚开始前点地4次	1双臂屈臂右摆，2还原，3左摆，4还原，5右臂摆至侧上举、左臂胸前平屈，6还原，7～8同5～6动作，但方向相反
动 作	 1 2 3 4 5 6 7 8		
节 拍		下肢步法	上肢动作
二	1～4	右脚开始向右弧形走270°	自然摆动
	5～8	并腿半蹲2次	5双臂前举，6右臂胸前平屈（上体右转），7双臂前举，8放于体侧
动 作	 1 2 3 4 5 6 7 8		
节 拍		下肢步法	上肢动作
三	1～8	1～4左脚上步吸腿右转转体90°，5～8右脚上步吸腿	1双臂前举，2屈臂后拉，3前举，4还原，5～8同1～4动作
动 作	 1 2 3 4		
节 拍		下肢步法	上肢动作
四	5～8	左脚开始向侧迈步后屈腿4次	屈肘前后摆动
第五至第八个八拍，动作相同，但方向相反			

组合三

<table>
<tr><td colspan="2">动 作</td><td colspan="2">
1 2 3 4 5</td></tr>
<tr><td colspan="2">节 拍</td><td>下肢步法</td><td>上肢动作</td></tr>
<tr><td rowspan="2">一</td><td>1～4</td><td>右脚向右交叉步</td><td>1～3双臂经侧至上举，4胸前平屈</td></tr>
<tr><td>5～8</td><td>左脚向侧迈步成分腿半蹲</td><td>5～6双臂前举，7～8放于体侧</td></tr>
<tr><td colspan="2">动 作</td><td colspan="2">
1 2 3 4 5 6 7 8</td></tr>
<tr><td colspan="2">节 拍</td><td>下肢步法</td><td>上肢动作</td></tr>
<tr><td rowspan="2">二</td><td>1～4</td><td>右脚开始侧点地2次</td><td>1右臂左前举、左臂屈肘于腰间，2双臂屈肘于腰间，3～4同1～2动作，但方向相反</td></tr>
<tr><td>5～8</td><td>右脚连续2次侧点地</td><td>5双臂前举，6右臂胸前平屈（上体右转），7双臂前举，8放于体侧</td></tr>
<tr><td colspan="2">动 作</td><td colspan="2">
1 2 3 4 5 6 7</td></tr>
<tr><td colspan="2">节 拍</td><td>下肢步法</td><td>上肢动作</td></tr>
<tr><td>三</td><td>1～8</td><td>左腿开始向前走3步接吸腿3次</td><td>1双臂肩侧屈外展，2胸前交叉，3同1动作，4击掌，5肩侧屈外展，6腿下击掌，7～8同3～4动作</td></tr>
<tr><td>四</td><td>1～8</td><td>右腿开始向后走3步接吸腿3次</td><td>同 上</td></tr>
<tr><td colspan="4">第五至第八个八拍，动作相同，但方向相反</td></tr>
</table>

组合四

动　作		 1 2 3 4 5 6 7 8	
节　拍		下肢步法	上肢动作
一	1～8	1～4右腿开始V字步，5～8A字步	1右臂侧上举，2双臂侧上举，3～4击掌2次，5右臂侧下举，6双臂侧下举，7～8击掌2次
动　作		 1 2 3 4 5 6 7 8	
节　拍		下肢步法	上肢动作
二	1～4	右脚开始弹踢腿跳2次	1双臂前举，2下摆，3～4同1～2动作
	5～8	右脚连续弹踢跳2次	5双臂前举，6胸前平屈，7同5动作，8还原体侧
动　作		 1 2	
节　拍		下肢步法	上肢动作
三	1～8	左腿漫步2次	双臂自然摆动
动　作		 1 2 3 4 5 6 7 8	
节　拍		下肢步法	上肢动作
四	1～8	左脚开始迈步后点地4次	1～2右臂经肩侧屈至左下举，3～4同1～2动作，但方向相反，5～6右臂经侧举至左下举，7～8同5～6动作，但方向相反
第五至第八个八拍，动作相同，但方向相反			

思考题

1. 简述健身健美操项目。
2. 正式的健美操比赛包括哪五个项目?
3. 简述健美操基本动作的变化规律。

第十八章

太极拳

学习提要

1. 太极拳的历史渊源与练习要求。
2. 太极拳的基本规则。
3. 太极拳的动作技术要领。

第一节　太极拳运动概述

一、太极拳历史渊源

太极拳历经三百多年的流传，演变出了陈、杨、吴、武、孙等流传广泛、特点显著的5大太极拳流派。

（一）陈式太极拳

陈式太极拳是各派太极拳的始源。在各式太极拳中独留其刚柔相济、快慢相间、蹿蹦跳跃、松圆弹抖的特色，并具有独特的健身和技击作用，在养身方面尤其有效。它不仅有松慢柔和的普遍特色，还有螺旋缠丝的爆发力。陈式太极拳一路松慢柔和，以防守为主；二路迅猛弹抖，以进攻为主。自从明朝末年陈王廷创造以来，他一直是同少林拳齐名的内家第一拳种，但是由于历代一直不外传的封闭性，外人长久以来很难窥到他的端倪。

（二）杨式太极拳

杨式太极拳由河北邯郸永年人杨露禅及其子杨班侯、杨健侯，其孙杨少侯、杨澄甫等人在陈式老架太极拳的基础上发展创编的。杨露禅（1799—1872 年），河北永年人，就学于陈长兴。杨式太极拳拳架舒展简洁，结构严谨，身法中正，动作和顺，轻灵沉着兼而有之；练法上由松入柔，刚柔相济，形成独特的风格。杨式太极拳以舒展大方、圆活连贯、柔和缓慢，似行云如流水的风格享誉世界。它的动作简洁、干练、曲中求直，极具艺术感的圆与曲线的动作轨迹，更引起世人青睐。

（三）吴式太极拳

吴式太极拳是在杨式太极拳的基础上发展创新而来的，始于满族人全佑（1834—1902 年）。全佑先生得杨露蝉、杨班侯父子真传，又吸取陈、杨两家拳法精华，从而技艺精湛，深得太极之真谛，两者互相吸取融合，经其子吴鉴泉数十年融化和拓展，形成一种以柔化为主，拳架紧凑，拳法细腻，轻灵圆活的新架，遂以吴式命名以别于其他太极拳法。

（四）武式太极拳

武式太极拳是武禹襄（1812—1880 年）先生在陈式太极拳及赵堡太极拳的基础上，根据练功方面的感悟而创编的拳式小巧紧凑，集强身、防身、修身为一体，更适合文人修炼的太极拳，后人称之为武式太极拳。它朴实无华，人称干枝老梅。与人交手，不重招数外形，注重接劲打劲。练习中要求用意、气的变换来支配外形的运动，强调走内劲而不露外形，以达到制人而不伤人的神奇境界。

（五）孙式太极拳

孙式太极拳创始人孙福全（1862—1932 年），字禄堂，晚号涵斋，河北完县人。自幼酷爱武术，经数年研摩，功夫深厚。后又从师郝为真学太极拳。孙禄堂毕生研究武术，精形意、八卦及太极拳术，并聚三家拳术之精义，融会一体而创孙式太极拳。孙式太极拳的特点是：进退相随，迈步必跟，退步必撤。动作舒展圆活，敏捷自然。练时双足虚实分明。全趟练起如行云流水，绵绵不断。每转身时以“开”“合”相接，故又称开合活步太极拳。

知识窗

古代医家依据十二时辰来推算某一个时辰某脏器气血旺行而容易导引。可见，时辰对诊病和治病都有影响作用。参加太极拳运动也如此，最好选择晨时四点至六点之间。因为太阳是半夜绕过地球背面开始转向我们居住的这一面，自然界大气受激发，开始缓慢上升。人体的内气在这个时刻，同样受激发而开始缓慢上升，人体肝气处于初升状态，肝经与胆经互为表里，所以胆经的内气也处于刚刚上升状态。人体上升状态的肝气和胆气在这个时辰得到体外同质大气的充实，而显得更加旺盛有力，有利于从事练功、练体活动。

二、练习要求

（一）心静体松

“心静”，就是在练习太极拳时，思想上应排除一切杂念，不受外界干扰；“体松”，可不是全身松懈疲沓，而是指在练拳时保持身体姿势正确的基础上，有意识地让全身关节、肌肉以及内脏等达到最大限度的放松状态。

（二）圆活连贯

“心静体松”是对太极拳练习的基本要求，而是否做到“圆活连贯”才是衡量一个人功夫深浅的主要依据。太极拳练习所要求的“连贯”是指多方面的。其一是指肢体的连贯，即“节节贯穿”，肢体的连贯是以腰为枢纽的；其二是动作与动作之间的衔接，即“式式相连”。前一动作的结束就是下一个动作的开始，式式之间没有间断和停顿。而“圆活”是在连贯基础上的进一步要求，意指活顺、自然。

（三）虚实分明

要做到“运动如抽丝，迈步似猫行”，首先要注意虚实变换要适当，是肢体各部在运动中没有丝毫不稳定的现象。若不能维持平衡稳定，就根本谈不上什么“迈步如猫行”了。一般来说，下肢以主要支撑体重的腿为实，辅助支撑或移动换步的腿为虚；上肢以体现动作主要内容的手臂为实，辅助配合的手臂为虚。总之虚实不但要互相渗透，还需在意识指导下变化灵活。

（四）呼吸自然

太极拳练习的呼吸方法有自然呼吸、腹式顺呼吸、腹式逆呼吸和拳势呼吸。以上几种呼吸方法，不论采用哪一种，都应自然、匀细，徐徐吞吐，要与动作自然配合。初学者采用自然呼吸。

第二节　太极拳竞赛规则简介

一、动作规格的分值为 6 分

凡手型、手法、步型、步法、身型、身法、腿法、跳跃与规格要求不符者，每出现一次轻微错误扣 0.05 分；每出现一次显著错误扣 0.1分；每出现一次严重错误扣 0.2 分；一个动作同时出现多种错误时，扣分不得超过 0.2 分；多次出现同一种错误时，扣分不得超过 0.3 分。

二、劲力、协调的分值为 2 分

凡符合运劲顺达、力点准确、连贯圆活、手眼身法步配合协调者，给予满分。

凡与要求轻微不符者扣 0.1 ～ 0.5 分；显著不符者扣 0.6 ～ 1 分；严重不符者扣 1.1 ～ 2 分。

三、精神、意识、速度、风格的分值为 2 分

凡符合神态自然、意识集中、速度适宜、风格突出的要求者，给予满分。凡与要求轻微不符

者，扣 0.1 ～ 0.5 分；显著不符者，扣 0、6 ～ 1 分；严重不符者，扣 1.1 ～ 2 分。

四、其他错误的扣分标准

（1）没有完成套路：凡运动员没有完成套路中途退场者，均不予评分。

（2）遗忘：每出现一次遗忘，根据不同程度，扣 0.1 ～ 0.3 分。

（3）器械、服饰影响动作：剑穗缠住身体任何部位影响动作，或出现剑穗、服饰掉地、服装开纽，以及器械触地、碰身等失误现象时，每出现一次，扣 0.1 ～ 0.2 分。

（4）器械变形、折断、掉地：器械弯曲变形，根据不同程度，扣 0.1 ～ 0.3 分；器械折断扣 0.4 分；器械掉地，每出现一次扣 0.4 分。

（5）失去平衡：每出现一次摇晃扣 0.1分，每出现一次附加支撑扣 0.2 分，连续出现附加支撑扣 0.3 分，每出现一次倒地扣 0.3 分。以上五种错误扣分，均由裁判员执行。

（6）起势、收势：起势与收势不符合要求扣 0.1 分。

（7）重做：① 运动员因客观原因，造成比赛中断者，经裁判长同意，可重做一次，不予扣分。② 运动员因动作遗忘、失误、器械损坏等原因造成比赛中断者，可重做一次，扣 1 分。③ 运动员临场因伤病不能继续比赛，裁判长有权令其中止，经过简单治疗即可继续比赛者，可安排在该组最后一名；如果已是该组最后一名的，则安排在该项目下一组的第一名比赛，按重做处理，扣 1 分。因伤病不能在上述规定时间继续比赛者，则作弃权论。

（8）比赛时间：太极拳为 5 ～ 6 分钟，5 分钟时裁判长应鸣哨示意，（基层比赛可设 24 式太极拳，比赛时间为 4 至 5 分钟，4 分钟时裁判长应鸣哨示意），太极剑为 3 ～ 4 分钟，3 分钟时应鸣哨示意，完成套路超出或不足规定的时间达 0.1 秒至 5 秒者扣 0.1 分，达 5.1 秒至 10 秒者扣 0.2 分，依次类推。

（9）动作数量：动作数量超出或不足，每多或少一个动作扣 0.3 分。

（10）动作方向：凡偏离规定方向 45° 以上，每出现一次扣 0.1分。

（11）动作与套路规定内容要求不符者，每出现一次错误扣 0.1 ～ 0.3 分。

（12）器械、服装不符合规定：如发现运动员所用器械、服装违反规定者，则取消该项成绩。

第三节　太极拳基本技术方法

一、太极拳概述

太极拳是中国武术的一个重要拳种，根据我国古代哲学的原理而命名。太极拳中所有动作的开合、起落、进退、刚柔、蓄发、顺逆、虚实、曲直等，无不和谐地体现出对立与统一的辩证规律。

太极拳在长期的流传过程中逐渐形成了陈式、杨式，吴式、孙式、武式等功法流派。中华人民共和国成立以后，创编了 24 式简化太极拳，更适合广大群众普及练习。

太极拳的运动特点：中正安舒、轻灵圆活、松柔慢匀、开合有序、刚柔相济，“行云流水，连绵不断”。经常练习太极拳可亲身体会到音乐韵律、哲学内涵、美的造型、诗的意境。在高雅的享受中，使身心得到放松。

通过生理、生化、解剖、心理、力学等多学科的研究证明，太极拳对防治高血压、心脏病、肺病、肝炎、关节病、胃肠病、神经衰弱等慢性病有很好的疗效。

二、太极拳的功法要领

虚灵顶颈：指头颈似向上提升保持正直，松而不僵，使身体重心保持稳定。

含胸拔背、沉肩垂肘：指胸、背、肩、肘的姿势，胸要含不能挺，肩不能耸而要觉沉，肘不能抬而要下垂，全身要自然放松。

手眼相应，以腰为轴，移步似猫行，虚实分明：打拳时必须上下呼应，融为一体，要做到动作出于意、发于腰、动于手，眼随手转，弓步和虚步分明而交替，练到腿上有劲，轻移慢放没有声音。

意体相随，以意发力：如果软绵绵地打完一套拳身体不发热，不出汗，心率没有变化，就失去打拳的作用。应该随意用力，内功使劲而外表动作看不出来。

意气相合，气沉丹田：就是用意与呼吸相配合，用腹式呼吸，一吸一呼正好与动作一开一合相配。

动中求静，动静结合：即肢体动而脑子静，意念要集中于打拳，所谓形动于外，心静于内。

行云流水，连绵不断：指每式动作快慢均匀，各式间连绵不断，全身各部位肌肉舒松协调而紧密衔接。

三、24式简化太极拳动作名称

24式简化太极拳完整示范

24式简化太极拳动作名称见表18-3-1。

表18-3-1　24式简化太极拳动作名称

组 别	动作名称			
第一组	1. 起　势	2. 左右野马分鬃	3. 白鹤亮翅	
第二组	4. 左右搂膝拗步	5. 手挥琵琶	6. 左右倒卷肱	
第三组	7. 左揽雀尾	8. 右揽雀尾		
第四组	9. 单　鞭	10. 云　手	11. 单　鞭	
第五组	12. 高探马	13. 右蹬脚		
第六组	14. 双峰贯耳	15. 转身左蹬脚	16. 左下势独立	17. 右下势独立
第七组	18. 左右穿梭	19. 海底针	20. 闪通臂	
第八组	21. 转身搬拦捶	22. 如封似闭	23. 十字手	24. 收　势

四、24 式简化太极拳分解动作

第一组

1. 起　势　　2. 左右野马分鬃

第一组

3. 白鹤亮翅

第二组

4. 左右搂膝拗步

5. 手挥琵琶　　6. 左右倒卷肱

第三组

7. 左揽雀尾

第三组

8. 右揽雀尾

第四组

9. 单　鞭　　10. 云　手

11. 单　鞭

<table>
<tr><td rowspan="2">第五组</td><td>12. 高探马 13. 右蹬脚</td></tr>
<tr><td></td></tr>
<tr><td rowspan="3">第五组</td><td>14. 双峰贯耳 15. 转身左蹬脚</td></tr>
<tr><td></td></tr>
<tr><td></td></tr>
<tr><td rowspan="3">第六组</td><td>16. 左下势独立 17. 右下势独立</td></tr>
<tr><td></td></tr>
<tr><td></td></tr>
<tr><td rowspan="2">第七组</td><td>18. 左右穿梭</td></tr>
<tr><td></td></tr>
</table>

第七组	19. 海底针　　20. 闪通臂

第八组	21. 转身搬拦捶

	22. 如封似闭

	23. 十字手　　24. 收　势

思考题

1. 简述太极拳运动的练习要求。
2. 简述太极拳的基本规则。
3. 太极拳的功法要领有哪些?

第十九章 体育舞蹈

学习提要

1. 体育舞蹈简介以及锻炼价值。
2. 体育舞蹈的基本舞步。

第一节 体育舞蹈概述

一、体育舞蹈的起源与发展

体育舞蹈起源于欧美传统交谊舞蹈。体育舞蹈是从古代土风舞开始，经历了对舞、圈舞、行列舞、集体舞等演变形式。19 世纪末 20 世纪初，在北美和南美出现了布鲁斯、慢四步、慢华尔兹、狐步等舞蹈。1924 年，英国皇家舞蹈教师协会集中了交谊舞专家，将各种舞蹈的舞姿、舞步、跳法加以规范，从而在国际上形成了比较统一的舞蹈，并举行了大型的舞蹈比赛。此后，交谊舞蹈在世界舞坛上影响越来越大，受到世界各国的重视。目前，国际上存在着两个国际体育舞蹈组织，即世界舞蹈理事会（1950 年 9 月 22 日在爱丁堡成立，现有 66 个会员协会，注册地为英国伦敦）和国际体育舞蹈联合会（1935 年成立于布拉格，现有 92 个会员协会，注册地为瑞士洛桑，于 1997 年 9 月 5 日获得国际奥委会的正式承认）。

20 世纪 30 年代，国际标准交谊舞传入中国，在 80 年代发展较快。1986 年，文化部宣布成立了中国国际标准舞学会，1987 年举办首届全国国际标准交谊舞比赛，此后每年举办一届。1991 年举行了首届全国体育舞蹈锦标赛。中国是世界舞蹈理事会（WDC）的准会员、国际体育舞蹈联合会（IDSF）的正式会员。

二、体育舞蹈的分类和风格特点

体育舞蹈按舞蹈的风格和技术结构，分为摩登舞和拉丁舞两大类。按竞赛项目可分成三类：摩登舞、拉丁舞和团体舞。其中摩登舞包括华尔兹、维也纳华尔兹、探戈、狐步和快步；拉丁舞包括伦巴、恰恰恰、桑巴、牛仔和斗牛舞。

体育舞蹈是由文艺范畴的舞蹈演变而来的体育项目，因此，它具有文艺性和体育性双重特点，是自娱性和表演观赏性的竞技舞蹈。

（一）摩登舞风格特点

摩登舞除了探戈外，都源于欧洲大陆。它显示出一种矜持、高贵，严肃中略带活泼、典雅的风格。男士需身着燕尾服，女士则以飘逸、艳丽长裙表现她们的华贵、美丽。它的舞步流畅，轻柔洒脱，舞姿优美，起伏有序。音乐节奏清晰，富于技巧性，是老少皆宜的舞蹈。

（二）拉丁舞风格特点

拉丁舞除斗牛舞外，都源于美洲各国和非洲。与摩登舞不同的是，舞伴之间可贴身，可分离，各自在固定范围内辐射式地变换方向角度，展现舞姿。步法灵活多变，各舞种通过对胯部及身体摆动不同的技术要求，完成各种舞步，表现各种风格。舞姿妩媚潇洒，婀娜多姿，风格生动活泼，热情奔放。曲调缠绵浪漫、活泼热烈、节奏感强。着装浪漫洒脱，男着上短下长的紧身或宽松装，女着紧身短裙，显露女性曲线的美。

知 识 窗

体育舞蹈是近代西方社会的产物，它毋需背负历史和政治，是相对的一类纯舞蹈艺术。自觉地把舞蹈作为审美对象，同时又自觉地把舞蹈作为人类自我形象塑造的艺术手段，是近代以来最为鲜明的舞蹈现象。

三、体育舞蹈的锻炼价值

（一）健身价值

（1）健美体型：经常参加体育舞蹈锻炼，可以对人的形体进行“生物学”改造，使体型符合一定的健美标准。

（2）健身：长期进行体育舞蹈锻炼，能使人的心肌发达，有效地提高心肺机能。

（3）健心：经常参加体育舞蹈锻炼能使人调整身心，消除情绪障碍，以取得心态平衡，保持乐观的心情，促进心理健康。

（二）观赏价值

体育舞蹈具有独特的艺术表演价值，如体育舞蹈中表现出来的人体美、运动美、音乐美、服饰美、礼仪美等给舞蹈者和观赏者以美的享受，提高人们的艺术修养和审美情趣。

（三）社会价值

体育舞蹈把不同阶层、不同年龄、不同性别的人融合在一起，为人们提供了交流思想、展示自我、抒发情感、汇聚人脉的平台。

第二节 体育舞蹈基本技术

一、华尔兹舞的单元步法练习

（一）左脚并换步

（1）男士左脚前进；女士右脚后退（图 19-2-1）。

（2）男士右脚经左脚横步稍前；女士左脚经右脚横步稍后（图 19-2-2）。

（3）男士左脚并于右脚；女士右脚并于左脚（图 19-2-3）。

（二）右转步

右转步有 6 步，节奏为 1、2、3、1、2、3。

（1）男士右脚前进开始右转；女士左脚后退开始右转（图 19-2-4）。

（2）男士左脚经右脚横步 1 ～ 2 转 1/4 周；女士右脚经左脚横步 1 ～ 2 转 3/8 周，身体稍转（图 19-2-5）。

（3）男士右脚并于左脚 2 ～ 3 转 1/8 周；女士左脚并于右脚身体完成稍转（图 19-2-6）。

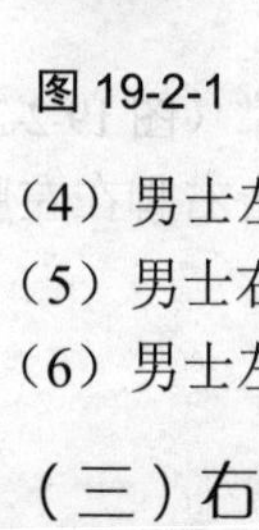

图 19-2-1

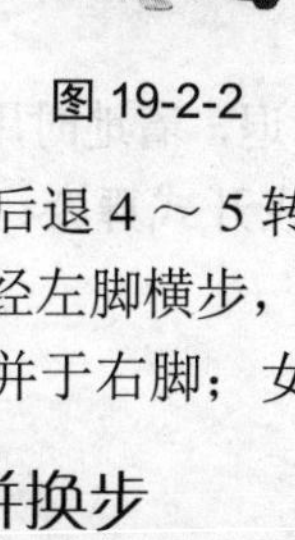

图 19-2-2

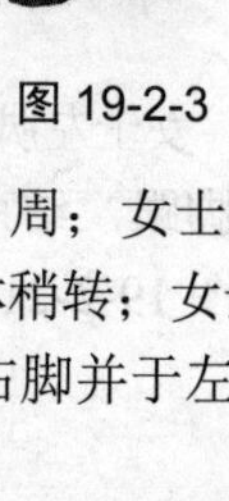

图 19-2-3

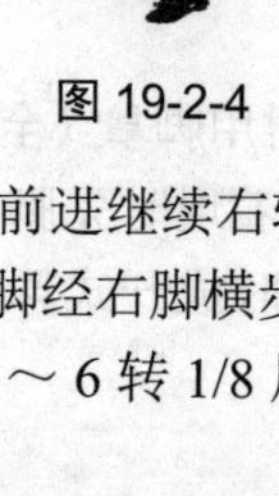

图 19-2-4

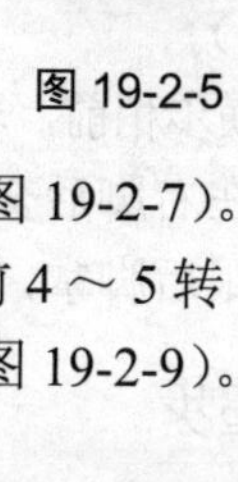

图 19-2-5

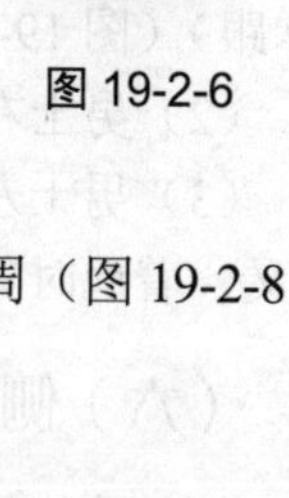

图 19-2-6

（4）男士左脚后退 4 ～ 5 转 3/8 周；女士右脚前进继续右转（图 19-2-7）。

（5）男士右脚经左脚横步，身体稍转；女士左脚经右脚横步稍前 4 ～ 5 转 1/4 周（图 19-2-8）。

（6）男士左脚并于右脚；女士右脚并于左脚 5 ～ 6 转 1/8 周（图 19-2-9）。

（三）右脚并换步

（1）男士右脚前进；女士左脚后退（图 19-2-10）。

（2）男士左脚经右脚横步稍前；女士右脚经左脚横步稍前（图 19-2-11）。

（3）男士右脚并于左脚；女士左脚并于右脚（图 19-2-12）。

图 19-2-7

图 19-2-8

图 19-2-9

图 19-2-10

图 19-2-11

图 19-2-12

（四）左转步

左转步有 6 步，节奏为 1、2、3、1、2、3。

（1）男士左脚前进，开始左转；女士右脚后退，开始左转（图 19-2-13）。

（2）男士经右脚横步，1 ～ 2 转 1/4 周；女士左脚经右脚横步，1 ～ 2 转 3/8 周，身体稍转（图 19-2-14）。

（3）男士左脚并于右脚 2 ～ 3 转 1/8 周；女士右脚并于左脚，身体完成转动（图 19-2-15）。

（4）男士右脚后退 4 ～ 5 转 3/8 周；女士左脚前进，继续左转（图 19-2-16）。

（5）男士左脚经右脚横步身体稍转；女士右脚经左脚横步，4 ～ 5 转 1/4 周（图 19-2-17）。

（6）男士右脚并于左脚，身体完成转动；女士左脚并于右脚，5 ～ 6 转 1/8 周（图 19-2-18）。

图 19-2-13

图 19-2-14

图 19-2-15

图 19-2-16

图 19-2-17

图 19-2-18

（五）扫　步

（1）男士左脚前进，着地时先脚跟后脚掌（跟掌）；女士右脚后退，着地时先脚掌后脚跟（掌跟）（图 19-2-19）。

（2）男士右脚横步稍前，着地时用脚掌（全掌）；女士左脚斜后退，着地时用脚掌（图 19-2-20）。

（3）男士左脚在右脚后交叉，着地时先脚掌后脚跟，结束时成开式舞姿；女士右脚在左脚后交叉，着地时先脚跟后脚掌，结束时成开式舞姿（图 19-2-21）。

（六）侧行追步

侧行追步有四步，节奏为 1、2、&、3。

由开式舞姿开始：

（1）男士右脚前进并交叉于反身动作位置，着地时先脚跟后脚掌；女士左脚前进并交叉于反身动作位置，着地时先脚跟后脚掌，开始左转（图 19-2-22）。

（2）男士左脚横步，着地用脚掌；女士右脚横步，着地用脚掌，1 ～ 2 转 1/8 周（图 19-2-23）。

（3）男士左脚并于右脚，着地时用脚掌；女士左脚并于右脚，着地时用脚掌，2 ～ 3 转 1/8 周，身体稍转（图 19-2-24）。

（4）男士右脚横步稍后，着地时先脚掌后脚跟；女士右脚横步稍后，着地时先脚掌后脚跟（图 19-2-25）。

图 19-2-19

图 19-2-20

图 19-2-21

图 19-2-22

图 19-2-23

图 19-2-24

图 19-2-25

（七）右旋转步

右旋转步有 6 步，节奏为 1、2、3、1、2、3。

（1）男士右脚前进开始右转；女士左脚后退开始右转（图 19-2-26）。

（2）男士左脚经右脚横步 1 ～ 2 转 1/4 周；女士右脚经左脚横步 1 ～ 2 转 3/8 周，身体稍转（图 19-2-27）。

（3）男士右脚并于左脚 2 ～ 3 转 1/8 周；女士左脚并于右脚，身体完成稍转（图 19-2-28）。

（4）男士左脚后退左脚保持在反身动作位置中（轴转）右转 1/2 周过渡到跟，掌转；女士右脚前进（轴转）右转 1/2 周，跟脚（图 19-2-29）。

（5）男士右脚前进继续右转跟掌；女士左脚后退，并向左侧继续右转跟掌（图 19-2-30）。

（6）男士左脚横步稍后 5 ～ 6 转 3/8 周，掌跟；女士右脚经左脚斜进 5 ～ 6 转 3/8 周，掌跟（图 19-2-31）。

（八）迂回步

迂回步有 6 步，节奏为 1、2、3、1、2、3。

（1）男士右脚前进并交叉于反身动作及侧行位置，着地时先脚跟后脚掌；女士左脚前进并交叉于反身动作及侧行位置开始左转，着地时先脚跟后脚掌（图 19-2-32）。

（2）男士左脚经右脚横步稍前左转 1/8 周，着地时用脚掌；女士右脚经左脚横步稍前 1 ～ 2 转 3/8 周，着地时用脚掌（图 19-2-33）。

（3）男士右脚横步，着地时先脚掌后脚跟；女士左脚横步，着地时先脚掌后脚跟（图 19-2-34）。

图 19-2-26

图 19-2-27

图 19-2-28

图 19-2-29

图 19-2-30

图 19-2-31

（4）男士左脚沿后肩后退左转 1/8 周，着地时先脚掌后脚跟；女士右脚外侧前进 3 ～ 4 转 1/8 周，着地时先脚跟后脚掌（图 19-2-35）。

（5）男士右脚横步稍后左转 1/2 周，着地时用脚掌；女士左脚横步稍前左转 1/4 周，着地时用脚掌（图 19-2-36）。

（6）男士左脚横步成开式舞姿，着地时先脚掌后脚跟；女士右脚经左脚横步成开式舞姿，着地时用脚掌（图 19-2-37）。

图 19-2-32　图 19-2-33　图 19-2-34　图 19-2-35　图 19-2-36　图 19-2-37

（九）踌躇步

（1）男士左脚前进开始左转，着地时先脚掌后脚跟；女士右脚后退开始左转，着地时先脚掌后脚跟（图 19-2-38）。

（2）男士右脚横步 1 ～ 2 之间转 1/4 周，着地时用脚掌；女士左脚横步 1 ～ 2 之间转 1/4 周，着地时用脚掌（图 19-2-39）。

（3）男士左脚并于右脚不置重量 2 ～ 3 之间转 1/8 周（掌跟重心在右脚）；女士右脚并于左脚不置重量 2 ～ 3 之间转 1/8 周（掌跟重心在左脚）（图 19-2-40）。

（十）后退锁步

后退锁步有 4 步，节奏为 1、2、&、3。

（1）男士在反身动作位置中左脚后退，着地时先脚掌后脚跟；女士在反身动作及外侧舞伴位置中，右脚前进，着地时先脚跟后脚掌（图 19-2-41）。

（2）男士右脚后退，着地时用脚掌；女士左脚前进稍向左，着地时用脚掌（图 19-2-42）。

（3）男士左脚交叉于右脚后，着地用脚掌；女士右脚交叉于左脚后，着地用脚掌（图 19-2-43）。

（4）男士右脚后退稍向右，着地时先脚掌后脚跟；女士左脚前进稍向左，着地时先脚掌后脚跟（图 19-2-44）。

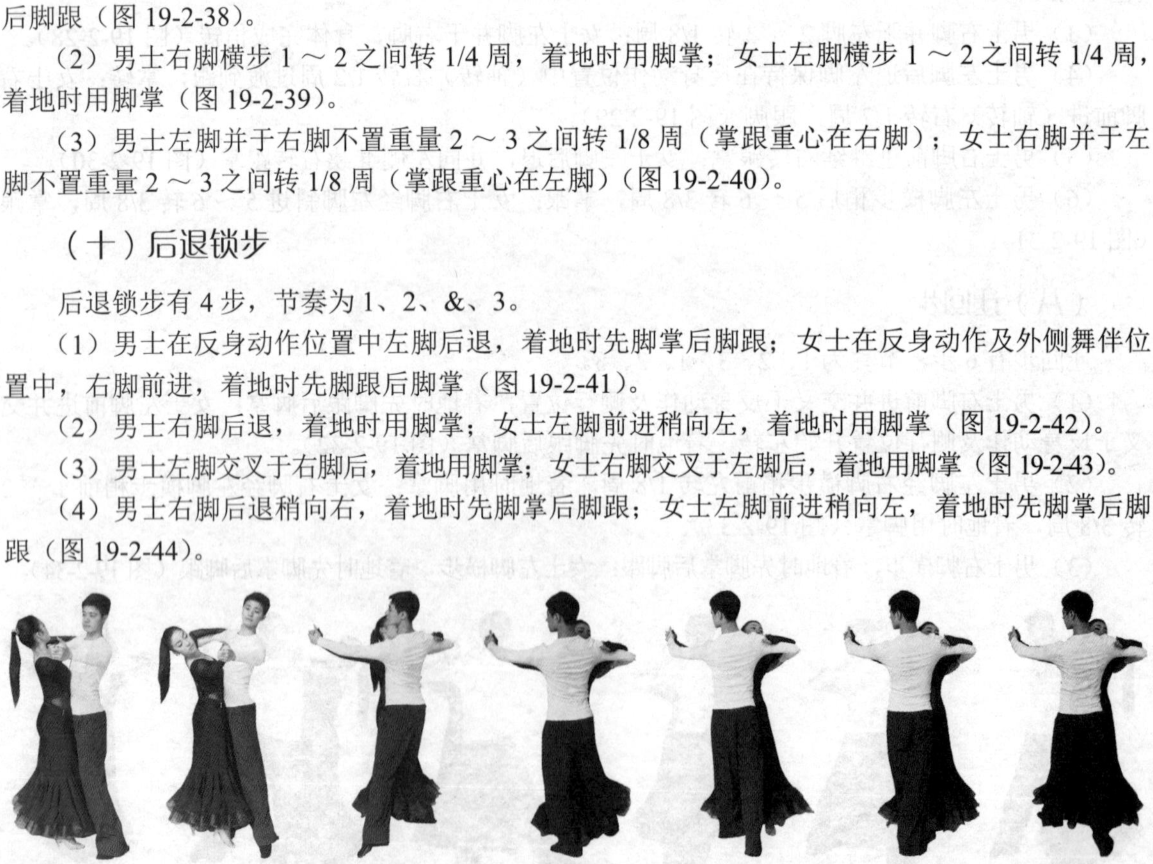

图 19-2-38　图 19-2-39　图 19-2-40　图 19-2-41　图 19-2-42　图 19-2-43　图 19-2-44

二、恰恰恰的单元舞步练习

（一）基本动作

（1）男士左脚前进，女士右脚后退（图 19-2-45）。

（2）男士重心移回右脚，女士重心移回左脚（图 19-2-46）。

（3）男士左脚横步，女士右脚横步（图 19-2-47）。

（4）男士右脚向左脚并步，踮脚跟、双膝稍弯（图 19-2-48）。

（5）男士左脚横步，直膝；踮脚跟、双膝稍弯；女士左脚向右脚并步，踮脚跟，直膝（图 19-2-49）。

（6）男士右脚后退，女士左脚前进（图 19-2-50）。

（7）男士左脚原地踏一步，女士右脚原地踏一步（图 19-2-51）。

图 19-2-45　图 19-2-46　图 19-2-47　图 19-2-48　图 19-2-49　图 19-2-50　图 19-2-51

（8）男士右脚横步，女士左脚横步（图 19-2-52）。

（9）男士左脚向右脚并步，踮脚跟、双膝稍弯；女士右脚向左脚并步，踮脚跟、双膝稍弯（图 19-2-53）。

（10）男士右脚横步，直膝；女士左脚横步，直膝（图 19-2-54）。

图 19-2-52　图 19-2-53　图 19-2-54

（二）纽约步

从闭式舞姿开始。

（1）男士右转 1/4 周，左脚前进，左肩并肩位；女士左转 1/4 周，右脚前进，左肩并肩位（图 19-2-55）。

（2）男士右脚原地踏一步，后半拍准备左转；女士左脚原地踏一步，后半拍准备右转（图 19-2-56）。

（3）男士左转 1/4 周，左脚横步；女士右转 1/4 周，右脚横步（图 19-2-57）。

（4）男士右脚并左脚，女士左脚并右脚（图 19-2-58）。

（5）男士左脚横步，准备左转；女士右脚横步，准备右转（图 19-2-59）。

（6）男士左转 1/4 周，右脚前进，右肩并肩位；女士右转 1/4 周，左脚前进，右肩并肩位（图 19-2-60）。

（7）男士左脚原地踏一步，后半拍准备右转；女士右脚原地踏一步，后半拍准备左转（图 19-2-61）。

（8）男士右转 1/4 周，右脚横步；女士左转 1/4 周，左脚横步（图 19-2-62）。

（9）男士左脚并右脚，女士右脚并左脚（图 19-2-63）。

（10）男士右脚横步，女士左脚横步（图 19-2-64）。

图 19-2-55

图 19-2-56

图 19-2-57

图 19-2-58

图 19-2-59

图 19-2-60

图 19-2-61

图 19-2-62

图 19-2-63

图 19-2-64

（三）臂下右转

臂下右转从纽约步 5. 结束后开始；共 5 步，节奏为慢、慢、快、快、慢。

（1）男士右脚后退；女士左脚前进交叉于右脚，脚跟离地（图 19-2-65）。

（2）男士左脚原地踏一步，左手上举带女士右转；女士双脚掌为轴，右转时，重心先偏向左脚，然后重心在右脚（图 19-2-66）。

（3）男士右脚横步；女士右转 1 周后与男士相对，左脚横步（图 19-2-67）。

（4）男士左脚并右脚，女士右脚并左脚（图 19-2-68）。

（5）男士右脚横步，女士左脚横步（图 19-2-69）。

（四）手对手

手对手指在做并合步时，舞伴手相拉或手掌相对的姿势。从闭式舞姿开始。

图 19-2-65

图 19-2-66

图 19-2-67

图 19-2-68

图 19-2-69

（1）男士左转 1/4 周，左脚后退，左手向旁打开与女士成右肩并肩位；女士右转 1/4 周，右脚后退，右手向旁打开成右肩并肩位（图 19-2-70）。

（2）男士右脚原地踏 1 步，在后半拍时准备右转；女士左脚原地踏 1 步，在后半拍时准备左转（图 19-2-71）。

（3）男士右转 1/4 周，左脚横步，左手与女士右手相拉或指尖向上，掌心相贴；女士左转 1/4 周，右脚横步，右手与男士左手相拉或指尖向上，掌心相贴（图 19-2-72）。

（4）男士右脚并左脚，女士左脚并右脚（图 19-2-73）。

（5）男士左脚小横步，女士右脚小横步（图 19-2-74）。

图 19-2-70

图 19-2-71

图 19-2-72

图 19-2-73

图 19-2-74

（6）男士右转 1/4 周，右脚后退，左手与女士相拉，右手向旁打开成左肩并肩位；女士左转 1/4 周，左脚后退，右手与男士相拉，左手向旁打开成左肩并肩位（图 19-2-75）。

（7）男士左脚原地踏 1 步，后半拍准备左转；女士右脚原地踏 1 步，后半拍准备右转（图 19-2-76）。

（8）男士左转 1/4 周，右脚横步，双手与女士相拉；女士右转 1/4 周，左脚横步，双手与男士双手相握（图 19-2-77）。

（9）男士左脚并右脚，女士右脚并左脚（图 19-2-78）。

（10）男士右脚横步，然后再重复左脚后退；女士左脚横步，然后再重复右脚后退（图 19-2-79）。

图 19-2-75

图 19-2-76

图 19-2-77

图 19-2-78

图 19-2-79

（五）原地左转

原地左转从手对手 10. 结束后开始；共 5 步，步伐节奏为慢、慢、快、快、慢。

（1）男士左脚后退，右手上举，引带女士左转；女士右脚前交叉于左脚，左转 1/4 周（图 19-2-80）。

（2）男士右脚原地踏 1 步；女士以右脚为轴左转 1/2 周，然后重心移至左脚（图 19-2-81）。

（3）男士左脚横步稍前；女士右脚横步，左转 1/4 周与男士相对（图 19-2-82）。

（4）男士右脚向左脚并步，踮脚跟、双膝稍弯；女士左脚向右脚并步，踮脚跟、双膝稍弯

（图 19-2-83）。

（5）男士左脚横步，直膝；女士右脚横步，直膝（图 19-2-84）。

图 19-2-80

图 19-2-81

图 19-2-82

图 19-2-83

图 19-2-84

（六）开式扭胯转

（1）男士左脚前进，女士右脚后退（图 19-2-85）。

（2）男士重心移回右脚，女士重心移回左脚（图 19-2-86）。

（3）男士左脚后退，女士右脚前进（图 19-2-87）。

（4）男士右脚向左脚并步，踮脚跟、双膝稍弯；女士左脚前进交叉于右脚后，踮脚跟、双膝稍弯（图 19-2-88）。

图 19-2-85

图 19-2-86

图 19-2-87

图 19-2-88

（5）男士左脚横步，右转 1/8 周，直膝；女士右脚前进，直膝拧胯，右转 1/4 周（图 19-2-89）。

（6）男士右脚后退，带女士转身；女士左脚前进，左转 1/8 周（图 19-2-90）。

（7）男士左脚原地踏 1 步，左转 1/8 周；女士右脚横步稍后，继续左转 1/4 周（图 19-2-91）。

（8）男士右脚横步；女士左转 1/4 周，左脚后退（图 19-2-92）。

（9）男士左脚并右脚；女士右脚向后退，于左脚前交叉（图 19-2-93）。

（10）男士右脚横步稍前，打开成扇形步；女士左脚横步稍前，打开成扇形（图 19-2-94）。

图 19-2-89

图 19-2-90

图 19-2-91

图 19-2-92

图 19-2-93

图 19-2-94

（七）曲棍步

曲棍步从扇形舞姿开始。

（1）男士左脚前进；女士右脚向左脚并步，右脚掌、脚跟用力踏下，拧胯，左脚跟抬起，重心在右脚（图 19-2-95）。

（2）男士右脚原地踏 1 步，女士左脚前进（图 19-2-96）。

（3）男士左脚横步，女士右脚前进（图 19-2-97）。

（4）男士右脚并左脚，左臂上抬；女士左脚掌踏在右脚后（图 19-2-98）。

图 19-2-95

图 19-2-96

图 19-2-97

图 19-2-98

（5）男士左脚横步，女士右脚前进（图 19-2-99）。

（6）男士右脚后退，略向右转；女士左脚前进（图 19-2-100）。

（7）男士左脚原地踏，并向右转，与前一步共转 1/8 周，左手带女士在后半拍向左转；女士右脚前进，后半拍左转 1/2 周（图 19-2-101）。

（8）男士右脚前进；女士左脚横步稍后，继续左转，共转 5/8 周（图 19-2-102）。

（9）男士左脚掌并在右脚跟后，女士右脚后退交叉于左脚前（图 19-2-103）。

（10）男士右脚前进，直膝；女士左脚后退，直膝（图 19-2-104）。

图 19-2-99

图 19-2-100

图 19-2-101

图 19-2-102

图 19-2-103

图 19-2-104

（八）阿莱曼娜

阿莱曼娜是在扇形步的基础上开始，女士在男士臂下右转 1 圈的动作。

（1）男士左脚前进；女士右脚向左脚并步，右脚掌跟用力踏下拧胯，左脚跟抬起，重心在右脚（图 19-2-105）。

（2）男士右脚原地踏 1 步，女士左脚前进（图 19-2-106）。

（3）男士左脚横步，女士右脚前进（图 19-2-107）。

（4）男士右脚并左脚；女士左脚掌踏在右脚后，膝稍弯（图 19-2-108）。

图 19-2-105

图 19-2-106

图 19-2-107

图 19-2-108

（5）男士左脚横步；女士右脚向男士两脚间前进，准备右转（图 19-2-109）。

（6）男士右脚后退右转 1/8 周；女士右脚拧胯，带动左脚前进，右转 1/4 周（图 19-2-110）。

（7）男士左脚原地重心；女士左脚重心，拧胯，带动右脚前进，继续右转（图 19-2-111）。

（8）男士右脚小步向前；女士左脚前进，继续右转，直到男士右侧（图 19-2-112）。

（9）男士左脚小步向右脚后并步，脚尖外开；女士右脚踏在左脚后（图 19-2-113）。

（10）男士右脚小步向前进；女士左脚稍前进，向右转 1/8 周，与男士成闭式舞姿（图 19-2-114）。

图 19-2-109

图 19-2-110

图 19-2-111

图 19-2-112

图 19-2-113

图 19-2-114

思考题

1. 体育舞蹈的锻炼价值有哪些？

2. 华尔兹舞有哪些步法？

第二十章 大众健身项目

学习提要

1. 游泳的技术和练习方法。
2. 瑜伽简介及其练习方法。
3. 跳绳的锻炼价值及其练习方法。
4. 毽球的基本技术和踢法。
5. 轮滑的基本技术及其练习方法。
6. 乐跳的常用姿势和地点选择。

第一节 游 泳

游 泳

一、熟悉水性

游泳是将水浴、空气浴和日光浴三者结合的运动，它不仅是广大青少年喜爱的运动项目，也是一项老幼皆宜的体育活动。游泳运动能增强心血管系统、呼吸系统、神经系统和消化系统的功能，促进人体正常生长发育和新陈代谢，提高全身的协调性、肌肉力量和耐久力，增强耐寒能力。游泳对于身体瘦弱和许多慢性病患者还是一种有效的体育医疗手段。

中国竞技游泳水平取得了很大的发展，涌现出了像吴鹏、刘子歌、罗雪娟等优秀运动员。中国游泳水平居于世界前列。在 2020 年东京奥运会上，中国游泳队获得 3 枚金牌、2 枚银牌、1 枚铜牌。截至 2022 年 6 月，中国运动员手握两项世界纪录，分别是女子 50 米仰泳（27 秒 35）和女子 4×200 米接力（7 分 40 秒 33）。

游泳在生产、科研和国防建设上有很高的实用价值。例如，从事水利建设、防洪抢险、渔业、水下考古、水下侦察、水下摄影等都需要掌握游泳技能。

先让初学者了解和体验水的特性，克服怕水心理，掌握水感，如浮力感、阻力感和压力感等，习惯游泳时身体姿势的改变，培养对游泳的兴趣，并掌握一些水中活动的基本技能，即水中移动、呼吸、浮体和滑行，逐步适应水的环境，为进一步学习和掌握各种游泳技术打好基础。采用水中游戏、背系浮板、手拿浮板、同伴帮助等方法，可以消除恐水心理。应重视熟悉水性的练习，打下良好的技术基础，增强学会游泳的自信心。

（一）水中移动

（1）侧对池壁或面向池壁，手扶池边，向前、后迈步行走或向左、右迈步行走。

（2）扶壁或 5 ～ 6 人手拉手向前、后、左、右走动。

（3）与同伴手拉手成圆圈做游戏性的走、跑或互相推水、戏水。

（二）浸水与呼吸练习

游泳是用口吸气，然后在水中用鼻慢慢地呼气。这一练习使初学者掌握呼吸方法，锻炼把头浸入水中的勇气，进一步消除怕水的心理。

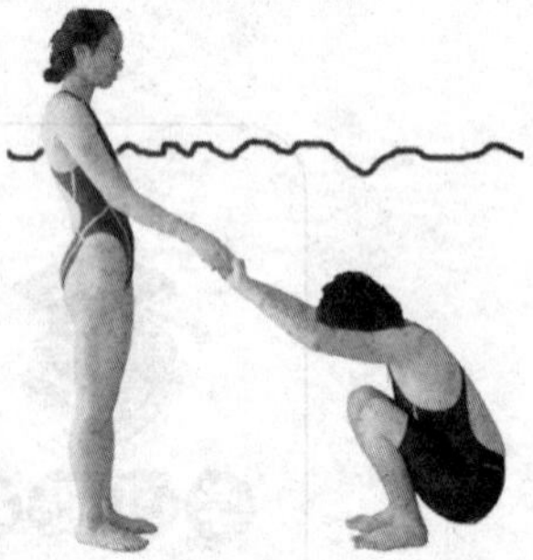

图 20-1-1

方法：① 双手扶池边或拉同伴的手，练习用口吸气后闭气，然后下蹲把头全部浸入水中，停留片刻后起立（图 20-1-1）；② 同上练习，要求把头浸入水中，然后用口鼻慢慢吐气，起立后再在水面上用口吸气；③ 同上练习，吸气结束后，再把头浸入水中，连续有节奏地做吸、闭、呼动作。吸气要快而深，呼气时要慢，最后用力将气呼尽；④ 两脚开立，按上述练习要求，连续做呼吸动作 15 ～ 20 次，稍休息后重复练习。

（三）浮体与站立练习

练习的目的是体会水的浮力，初步学会控制身体在水中平衡的能力和水中站立的方法，树立学会游泳的信心。

方法：① 抱膝浮体练习：原地站立，深吸气后下蹲，低头，抱膝团身，自然漂浮于水中（图 20-1-2）；② 展体漂浮练习：两脚开立，两臂放松向前伸出，深吸气后身体前倒低头，两脚轻轻蹬离池底，成俯卧姿势漂浮于水中，两臂、两腿自然伸直。站立时，收腹、收腿，两臂向下压水并抬头，两腿向下伸，脚触池底站立（图 20-1-3）。

图 20-1-2

图 20-1-3

（四）水中滑行练习

滑行是各种泳姿的基础，是熟悉水性的重点。滑行练习目的是进一步体会水的浮力，掌握水中的平浮和身体滑行姿势。

方法：① 蹬池底滑行练习：两脚前后开立，两臂前伸，两手并拢。深吸气后上体前倾，当头和肩浸入水中时前脚掌用力蹬池底，随后两脚并拢，使身体呈流线形向前滑行；② 蹬池边滑行练习：背向池壁，一手拉水槽，一手前伸，同时，一脚站立，一脚贴住池壁，然后支撑脚向上收起，两脚掌贴住池壁，臀部尽量靠近池壁，随即两手前伸并拢，头夹在两臂之间，两脚用力蹬池壁，使身体呈流线形向前滑行。

二、蛙　泳

蛙泳是身体俯卧水中，两肩与水面平行，依靠两臂对称向后划水，两腿向后对称蹬夹水而向前游进的姿势。整个动作与青蛙游水十分相似，所以取名为蛙泳。蛙泳的特点是游时省力，容易学，游动时动作全部在水下，声音较小，头部可以出水面呼吸，视野开阔，容易对准目标。

（一）身体姿势

蛙泳在游进之中，身体不是固定在一个位置上，而是随着手、腿的动作而不断地变化。当一个动作周期结束后，身体应展胸、稍收腹、微塌腰，两腿并拢，两臂尽量伸直，颈部稍紧张，头置于两臂之间，眼睛注视前下方。整个身体应以身体的横轴为轴做上下起伏动作。

（二）腿部动作

腿部动作如图 20-1-4 所示。

1. 收　腿

两膝自然向下，逐渐分开，小腿在大腿后面向上折叠，脚跟沿水面向臀部靠拢。收腿时力量要小，放松。收腿结束时，大腿与躯干约成 120° ～ 140° 角，两膝距离略宽于髋，小腿尽量与水面垂直，为翻脚和蹬腿做好准备。

2. 翻　脚

收腿即将结束时，脚仍向臀部靠近，这时两膝关节向内扣，同时两脚向外侧翻开，使脚和小腿内侧对好蹬水方向。脚外翻时，应积极用力勾脚，这是做好翻脚动作的关键，而膝关节和踝关节的灵活性则是完成动作质量的保证。

3. 蹬夹腿

蹬夹腿是在翻脚的连贯动作下开始的，即翻脚后不停顿地向后做弧形蹬夹水，直至两腿并拢。蹬腿时应以大腿发力，先伸髋，再伸膝，到最后还有约四分之一的路程时快速伸踝关节并拢两腿，使蹬水获得更大的效果。伸踝关节时伴有下压的动作，可使身体升起，有利于向前滑行。

4. 滑　行

蹬腿结束后，腿略低于身体，随着蹬水产生的推进力向前滑行，腿应很快稍上抬，以减少滑行的阻力。

图 20-1-4

（三）手臂动作

手臂动作如图 20-1-5 所示。

1. 抓　水

抓水是在两臂已向前伸并拢且掌心转向外时开始，即刻小臂、上臂内旋、掌心向外斜并稍屈腕，两手分开向斜下方抓水。当手掌小臂有压力时，抓水动作即刻完成。

2. 划　水

抓水后，两臂开始提肘屈臂，并继续向后方划水。当两手掌外划宽度约近两倍肩宽时，上臂和小臂弯曲度约为 115° 时，即转入内划。

3. 内　划

内划是划水的继续，它是划水动作中的一个重要组成部分，能产生较大的升力和推进力。内划时掌心由外转向内，完成此转腕动作，只要小指由上转为向下即可。同时必须与小臂、上臂同时用力向内夹，两肘自上而下直线内夹。内划动作完成时，两掌心向上，两肘正处于肩前下。

4. 前　伸

臂内划结束，此时要借助向前的惯性，立即伸肩、伸肘。两掌心由向上逐渐转为向下，两臂呈并拢伸直状。

蛙泳整个划水路线，近似“桃形”的轨迹。划水方向是向侧、下、后、内、前方；划水力量由小到大；划水速度由慢到快。特别强调：内划至前伸段中间不能有停顿，动作必须连贯，一气呵成。

图 20-1-5

（四）完整配合技术

蛙泳通过臂腿相互交替运动产生向前的推进力，因此，臂腿配合时机是十分重要的。配合得好，游速均匀效果好；配合得不好，出现减速，效果差。臂划水时腿伸直放松，收手时收腿，臂将伸直时开始蹬腿，接着臂腿伸直滑行（图 20-1-6）。

图 20-1-6

臂与呼吸和臂、腿、呼吸完整配合。蛙泳中臂与呼吸配合有早吸气和晚吸气两种形式：早吸气是两臂划水开始时抬头吸气，收手时低头屏气，两臂前伸时逐渐呼气；晚吸气是两臂内划时吸气，内划结束吸气也完成了。两臂前伸时屏气，向外划水时呼气。早吸气其吸气时间长，对初学者来说较容易掌握；晚吸气其吸气时间短，但完整配合连贯、紧凑，有利于力量的发挥，对提高成绩有明显的优势，为运动员所采用。

蛙泳臂、腿、呼吸的完整配合，一般为一次划臂、一次蹬腿、一次呼吸，但也可以二至三次臂腿动作呼吸一次。

（五）练习方法

1. 腿部动作练习方法

（1）陆上模仿蛙泳腿部动作练习：坐在池边或凳上，上体稍后仰，两手体后撑，两腿伸直并拢，髋关节展开，做蛙泳的收腿（大腿带动小腿，边收边分）、翻脚（向外翻脚，脚的蹬水面对准水，膝稍内压）、蹬夹水（向后弧形蹬夹水）、停（两腿并拢伸直放松停一会儿）的动作，先分解练习再过渡到完整连贯动作。

（2）水中做蛙泳腿部练习：手扶支撑物，身体平卧浮于水中，髋关节展开，两腿放松伸直并拢，做收、翻、蹬夹、停的动作，先分解再连贯起来做。要求：肩浸入水中，腰腹部肌肉稍紧张，臀靠近水面，防止塌腰、挺腹、臀下沉；收腿时要放松慢收，小腿和脚在大腿投影之内；向外翻脚要充分，脚和小腿内侧对准水，脚心朝上；蹬夹水动作要连贯，速度相对要快些；蹬水结束后，两腿并拢伸直漂一会儿。

（3）滑行做蛙泳腿部练习：蹬壁或蹬池底滑行后做蛙泳腿，要求两腿蹬水后漂浮的时间要长一些，注意蹬腿效果和动作节奏。

（4）游动支撑做蛙泳腿部练习：扶住浮板的近端，两臂伸直，面部浸入水中，做蛙泳蹬腿动作。

（5）蛙泳腿和呼吸配合练习：当蹬夹动作结束、两腿并拢伸直时，抬头吸气，随后低头没入水中闭气再收腿。

2. 手臂动作练习方法

（1）陆上站立，上体前倾，两臂前伸，掌心向下。按口令做以下动作：两手同时向侧后下方划水；屈臂收手至颌下，掌心斜相对；两手向前伸直并拢稍停。要求划水时掌心向外侧下方，内收时，用力压水。先分解练习再过渡到完整连贯动作。基本掌握臂的动作后，即可配合早呼吸，开始划水时抬头吸气，伸臂时，低头闭气及呼气。

（2）站立在齐胸深的水中，俯卧，两臂按陆上练习要求做划水动作，先做原地，后做走动的小划臂练习。划水时不要用力，体会水对掌的压力（水感）。手每划一次水，两臂在体前伸直并拢稍停一会儿，主要是体会划水路线。

（3）臂和呼吸配合练习，臂的动作同上，由走动到俯卧滑行做臂与呼吸配合动作。要求划臂开始抬头吸气（早吸气）或划水结束时抬头吸气（晚吸气）。

（4）双人配合练习，由同伴抱住练习者双腿，做蛙泳臂与呼吸配合动作的练习。

3. 完整配合动作练习方法

（1）陆上模仿练习：站立，两臂向上伸直并拢。一腿支撑另一腿做模仿练习。按口令做："1"—两臂向两侧划水。"2"—收手同时收腿，收腿即将结束时开始翻脚。"3"—臂将伸直时蹬腿。"4"—臂、腿伸直稍停。然后逐渐连贯做，加呼吸动作。

（2）水中练习：

① 滑行后闭气做臂、腿配合的分解练习。即先完成一次划臂动作后，再做一次蹬腿动作，臂和腿依次交替进行，以建立臂先腿后的概念。

② 闭气滑行，做划臂腿伸直、收手又收腿，臂将伸直再蹬腿，臂腿伸直后滑行的配合练习。

③ 同上练习加呼吸配合。由多次蹬腿一次划臂逐渐过渡到一次臂、一次腿和一次呼吸的完整配合。

④ 逐渐远距离游，在远游中改进技术。

三、爬　泳

爬泳，又称自由泳。是身体俯卧在水中，两腿交替上下打水，两臂轮流向后划水，动作结构简单，推进力均匀，既省力又能产生最大速度的一种泳姿。在游泳中，爬泳是游得最快的一种姿势。

（一）身体姿势

游爬泳时，身体要尽量保持俯卧的水平姿势。但是为了取得更好的动作效果，头部应自然稍抬，两眼注视前下方，头的 1/3 露出水面，水平面接近发际，双腿处于最低点，身体纵轴与水平面约成 3° ～ 5° 的仰角。爬泳游进中，身体可以围绕身体纵轴做有节奏的转动，转动的角度一般为 35° ～ 45° 。如果速度加快，角度就会相对减少（图 20-1-7、图 20-1-8）。

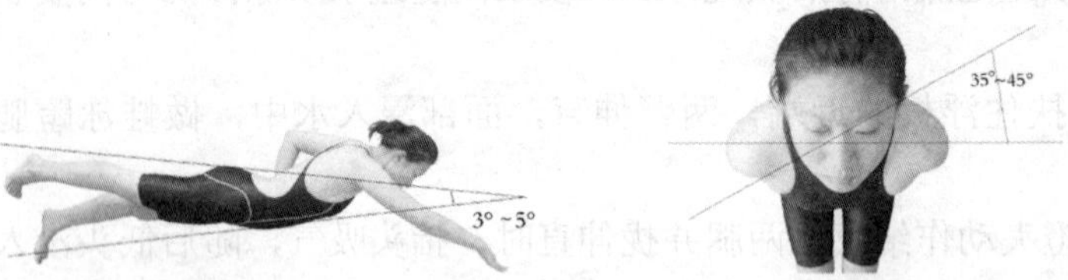

图 20-1-7

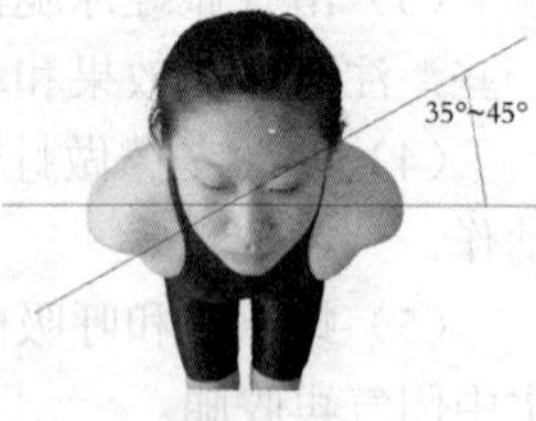

图 20-1-8

（二）腿部动作

两腿上下连续打水，其两脚尖上下交替幅度以垂直距离计算为 30 ～ 40 厘米。脚稍向内转，脚尖自然绷直，踝关节放松，由大腿发力，带动小腿和脚以鞭打动作打水。向上提时直腿，向下时大腿先下打，膝关节随之下打，然后小腿和脚依次下打，整个下打过程犹如甩鞭。

（三）手臂动作

1. 入　水

肘略高于手，手掌自然伸直并拢，与水面约成 45° 角，拇指领先斜插入水中。入水的范围在肩的延长线上或在肩的延长线上和人体中线之间。入水点约是臂前伸的 2/3 位置上。臂入水后积极向前方伸肘伸肩，掌心朝下。

2. 划　水

在臂向前伸展的基础上，开始下滑并屈腕屈肘，使前臂转成向后对水。在肘约屈成 150° 角时开始用力划水。当臂划至肩下时，手在身体中线下方，肘约成 90° ～ 120° 角。接着上臂与前臂同时向后划去，直划到大腿旁，这过程中肩向后移，肘靠向体侧，以加长划水路线并使前臂和手掌能以最大面积向后推水。在划水的全过程中，从臂入水后下滑屈肘到划至肩下时腕与前臂成180° 角，然后逐渐伸腕使手掌展开，至划到大腿旁，手掌与前臂约构成200° ～220° 角。整个划水动作由慢到快，划水结束时达到最快（图 20-1-9）。

图 20-1-9

3. 出水和移臂

划水结束后，前臂和手腕放松，提肩提肘使整个手臂出水，动作迅速而不停顿。接着，在肩的转动下，带动整个手臂向前移动，移臂时仍保持高肘屈臂的姿势。出水和移臂动作要放松，使用力划水后的肌肉得到短暂的休息。

在爬泳划臂的整个周期中，动作是不停顿的，划水动作的内部循环是有节奏进行的，随着阶段的不同，各部分所用力量也不同，动作速度也不一样。整个水下划臂的路线从仰视图来看呈"S" 形。

4. 两臂的配合

两臂配合是前进速度均匀性的最重要条件之一。一般有前交叉、中交叉、后交叉三种配合形式，前交叉是指一臂入水时，另一臂已前摆至肩前方与水平面约成30° 角。前交叉有利于初学者掌握爬泳动作和呼吸。中交叉是指一臂入水时，另一臂处于肩下部位，与水平面约成90° 角。后交叉是指一臂入水时，另一臂处于腹下，手与水平面约成150° 角。后两种配合有利于发挥两臂力量和提高动作频率，加快速度，保持均匀的推进力。

（四）呼吸与臂的配合

一般是两臂各划一次做一次呼吸。以向左侧转头吸气为例，左臂入水后，口鼻开始呼气，左臂划至肩下并继续后划同时，头随身体绕纵轴向左侧转动，并加速呼气，在臂出水时嘴把气呼完，立即张口吸气，当左臂前移至肩侧时吸气结束，并随着左臂的入水，闭气将头转正。待臂入水后又开始第二个循环动作。好的吸气动作，头与身体成一线一同转动，应使口在低于水面的波谷中吸气。

（五）完整配合动作

自由泳的完整配合技术，是匀速地不断向前游进的保证。在完整配合技术中，一般手臂各划一次水，呼吸一次，双腿打水有 2 次、4 次、6 次等，也有不规则打水或交叉打水等多种配合形式。这往往是因为个人的特点习惯，以及比赛项目或距离长短不一而异。

初学者以学习 6 次打腿、2 次划手、1 次呼吸的配合技术为好。这有利于学习过程中保持臂、腿动作的协调，以及身体平衡的掌握（图 20-1-10）。

图 20-1-10

（六）练习方法

1. 腿部动作练习方法

（1）陆上模仿练习：坐在池边或岸边，两手后撑，两腿向前伸直并拢内旋，直腿做模仿打水的练习。练习时眼要看着两腿的动作。

（2）水中练习：① 手抓水槽打水练习。练习时要求髋关节展开，两腿内旋，大腿带动小腿，踝关节放松。先直腿，后屈腿。② 蹬壁滑行打水练习。练习时要求闭气，两臂伸直并拢，头夹于两臂之间，打水时腿要放松。

2. 手臂动作和手臂与呼吸配合动作练习方法

（1）陆上模仿练习：① 原地两脚开立，上体前倾做直臂划水模仿练习。重点体会推水结束后的空中移臂动作和手臂入水的动作。先单臂练习，再两臂交替练习。② 同上练习，要求划水时做出屈臂的动作，着重体会划水路线。除划水阶段用力外，其他动作放松，移臂时肘高于手。③ 两脚开立，上体前倾，两手扶膝，做向侧转头吸气练习。④ 同侧臂开始划水时呼气，推水时转头吸气，吸气后头迅速转回，手再入水。

（2）水中练习：① 站立浅水中，做同陆上练习 1 ～ 4 的内容。② 在水中一边走动，一边要做同陆上练习 1 ～ 4 的内容。要求划水时适当用力，注意手掌对水，推水时掌心向后，体会划水路线及水感。③ 两臂配合：蹬边滑行后腿轻轻打水或大腿夹助浮器帮助下肢浮起，身体平衡，做单臂划水，如左臂划两次再右臂划两次。而后做两臂分解配合到左臂划水，空中移臂，入水后右臂再做。最后过渡到两臂前交叉配合划水。④ 臂与呼吸配合：扶板打水，单臂划水，向同侧转头呼吸。转头时下颌向同侧肩靠近，不要抬头。滑行轻轻打腿，划单臂向同侧转头呼吸，要求划水路线长。两臂配合，由分解过渡到前交叉，加转头呼吸。

3. 完整配合动作练习方法

水上练习：① 由蹬壁滑行打腿开始，加各种配合练习，要不停地打腿。首先抓好臂腿配合，再加呼吸配合，但不宜过早强调呼吸，以免影响臂腿配合的质量；② 完整动作配合游时，不一定非要 6 次打腿，只要臂腿配合协调，划水和呼吸时腿不停顿地打水即可，再逐渐加长游距，在练习中改进动作。

第二节　瑜　伽

一、瑜伽入门与基础

（一）瑜伽的基本坐姿

1. 简易坐

坐于地面，两腿向前伸直。屈双膝，两腿在小腿处交叉，双手抓住脚尖向后拉，膝盖下沉。

2. 半莲花坐

保持上体位，将左脚放到右大腿根部上。

3. 莲花坐

保持上体位，将右脚抽出，放于左大腿根部上。

（二）瑜伽呼吸法

1. 腹式呼吸

仰卧，左手或右手放于肚脐上。吸气，将气息吸入腹部，使腹部扩张。呼气，腹部向内、朝脊柱方向回收。

2. 胸式呼吸

仰卧。吸气，将气息吸入胸部，使胸部区域扩张，腹部向内收，呼气，气息下沉。

3. 完全式呼吸

把以上的两种呼吸方法结合起来完成。

三、瑜伽体式

（一）风吹树式

接上体位，两脚打开与肩宽。双臂于头顶合掌（图 20-2-1、图 20-2-2）。

十指交叉，翻转掌心向上。呼气，上体右侧屈。转头看上方，保持数秒，反侧练习（图 20-2-3）。

要点：身体侧屈时，下半身不动，髋部前推，背部保持在一个平面上。

功效：消除腰部、腹部的多余脂肪，增强身体的灵活性。

（二）三角伸展式

山式站立。双脚打开约 3 个肩宽，右脚外展 90°，左脚内扣 30°，两臂侧平举（图 20-2-4）。

呼气，身体右侧屈，右手指尖触地，两臂成一直线。转头看左手（图 20-2-5）。呼气，左手放下贴耳根（图 20-2-6），保持数秒。反侧练习。

要点：向侧弯腰时，注意将髋部向前推，避免上体有向前弯的倾向。

功效：有益于胸部、腿部；可帮助消化；减少腰部脂肪。

图 20-2-1　图 20-2-2　图 20-2-3　图 20-2-4　图 20-2-5　图 20-2-6

（三）战士一式和二式

战士一式：预备式同“三角伸展式”。屈右膝，大腿平行于地面。双臂侧平举。

身体右转（图 20-2-7），双臂于头顶上方合掌。呼气，头后仰，目视指尖（图 20-2-8）。保持数秒。呼气，上体前倾（图 20-2-9），保持数秒。还原站姿，反侧练习。

战士二式：接一式。从基本站立式开始，呼气，转头看右手指尖（图 20-2-10），保持数秒。还原站姿，反侧练习。

要点：一式中手臂上举时，肩膀松沉，伸展背部，手和背部成一直线。

功效：加强双踝、双膝、双髋和双肩；扩展胸膛，增进深呼吸，对肺部有益。

图 20-2-7　图 20-2-8　图 20-2-9　图 20-2-10

（四）猫伸展式

跪立。双膝、双手着地成“四脚”姿势。目视前方（图 20-2-11）。

吸气抬头，塌腰翘臀（图 20-2-12），屏息数秒。呼气，低头含胸，拱背收腹（图 20-2-13），保持数秒，重复练习。

要点：“四脚”姿势：双臂、大腿与地面垂直，上身与地面平行。

功效：有效消除腰、腹部赘肉，丰满胸部；增强脊柱灵活性；按摩腹部脏器，促进消化。

图 20-2-11　图 20-2-12　图 20-2-13

（五）犁 式

仰卧，两腿伸直并拢。双臂放于体侧，掌心朝下。

双掌按地，两腿举起垂直于地面（图 20-2-14）。呼气，两腿摆至头后，脚趾触地，双臂伸过头后（图 20-2-15、图 20-2-16），保持数秒，缓慢还原。

要点：两腿摆至头后时，臀部和下背部离地，头部不要离开地面。

功效：滋养脊柱神经，消除肩膀和肘部僵硬感；促进消化功能，消除胃胀，纠正月经失调等。

图 20-2-14

图 20-2-15

图 20-2-16

第三节 跳 绳

一、认识跳绳运动

跳绳是借助绳的旋转并按绳重复回旋的节奏不停跳跃的一项运动。跳绳运动花样繁多，按照绳的长度可分为跳短绳和跳长绳；按照参加人数，可分为单人跳、双人跳、多人跳；按照绳的数量可分为跳单绳、双绳、多绳等。由于跳绳运动具有不受季节、场地、人数、年龄、空间与时间限制的特性，使跳绳运动成为一项开展广泛并深受各年龄阶段人群喜爱的休闲体育活动。下面介绍一些具体的实践方法，供学生们在练习中选用。

二、跳绳的锻炼价值

（一）简单易行

跳绳花样繁多，可简可繁，随时可做，一学就会，特别适宜在气温较低的季节作为健身运动，而且对女性尤为适宜。从运动量来说，持续跳绳 10 分钟，与慢跑 30 分钟或跳健身舞 20 分钟相差无几，可谓耗时少、耗能大的有氧运动。

（二）锻炼多种脏器

跳绳能增强人体心血管、呼吸和神经系统的功能。跳绳可以预防诸如糖尿病、关节炎、肥胖症、骨质疏松、高血压、肌肉萎缩、高脂血症、失眠症、抑郁症、更年期综合征等多种病症。对哺乳期和绝经期妇女来说，跳绳还兼有放松情绪的积极作用，因而也有利于女性的心理健康。

（三）跳绳能增强四肢肌肉力量，促进骨骼的生长发育

经常参加跳绳活动，由于双手摇绳及下肢有节奏的跳跃，可以促进四肢肌肉变得结实而富有弹性，落地时由于身体的重量对下肢骨骼产生适度的压力，如此能促进骨质增强和骨骼生长，比较适合中老年人强化骨骼和少年儿童身体发育成长阶段。

（四）跳绳能增强身体的协调性，使神经系统得到良好的锻炼

跳绳时，由于摇绳和跳跃两种动作必须密切配合，上肢和下肢的协调运动都在大脑的统一指挥下进行，因而经常跳绳可以使神经系统得到锻炼。而且经常练习跳绳对外界客观的事物的反应会特别迅速，准确。动作要比一般人灵活些，工作和学习的效率也会高很多。

（五）跳绳能全面提高各项身体适应能力，做各项运动的辅助训练

经常参加跳绳活动，可使速度、力量、耐力、灵敏等方面得到良好的锻炼，从而提高各项身体适应能力。例如，快速跳跃练习速度，负重跳跃练习力量，计时跳跃练习耐力，花样跳跃练习灵敏等。因此跳绳运动极适合做辅助练习。目前国内外的运动员也常用跳绳来为发展弹跳力，提高身体适应能力做辅助练习。

（六）跳绳能促进新陈代谢，增强呼吸系统和循环系统的功能

跳绳时由于连续不断的跳起和落地，四肢都在运动，身体对氧气和养分的需要就迅速增加，因而呼吸次数和血液循环都会加快，以促进新陈代谢。呼吸加快就会增加肺活量，提高呼吸系统的功能；血液循环加快就会促使心脏搏动有力，功能增强。

三、跳短绳

跳短绳分单人跳、双人跳、三人跳或多人跳。

（一）单人跳法

1. 正摇双脚跳

绳子每回旋一次，双脚同时跳过绳（图 20-3-1）。

2. 正摇双脚交换跳

绳子每回旋一次，双脚依次交换跳过绳（图 20-3-2）。

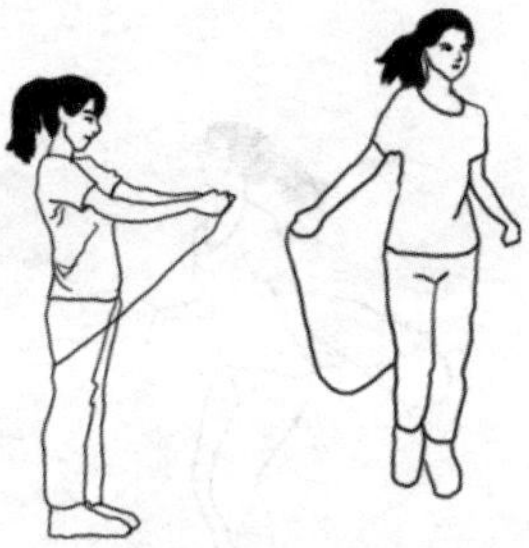

图 20-3-1

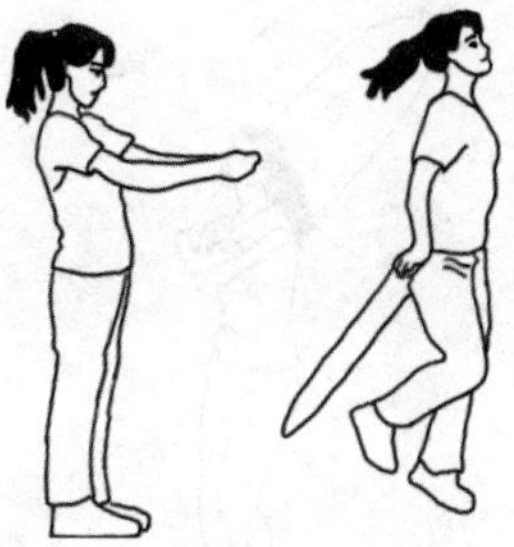

图 20-3-2

3. 跑　跳

跳跃动作是在跑动中完成的（图 20-3-3）。

4. 高抬腿跳

在跳跃的过程中两腿依次高抬过绳。可原地完成（图 20-3-4）。

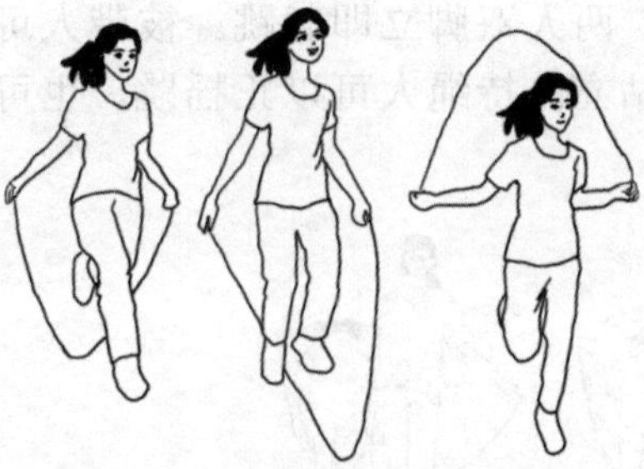

图 20-3-3

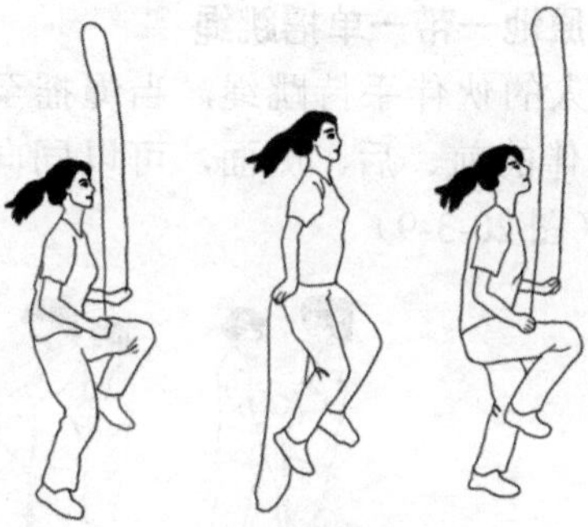

图 20-3-4

5. 前、后踢腿跳

两脚依次跳过绳后向前或向后做踢腿动作（图 20-3-5）。

6. 活编花跳

当绳摇至体前时，两臂在体前迅速交叉，身体从交叉的绳中跳过（图 20-3-6）。

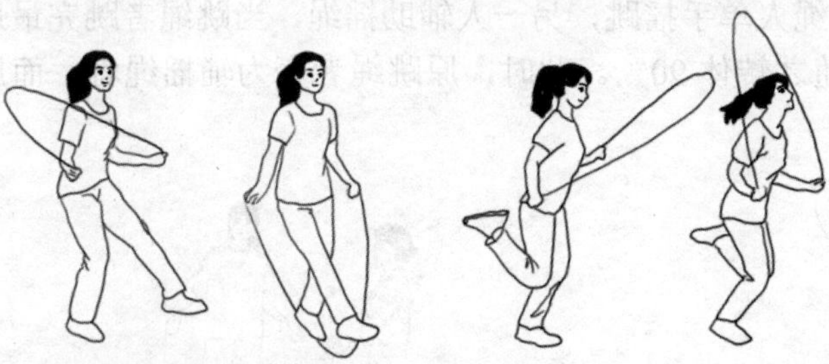

图 20-3-5

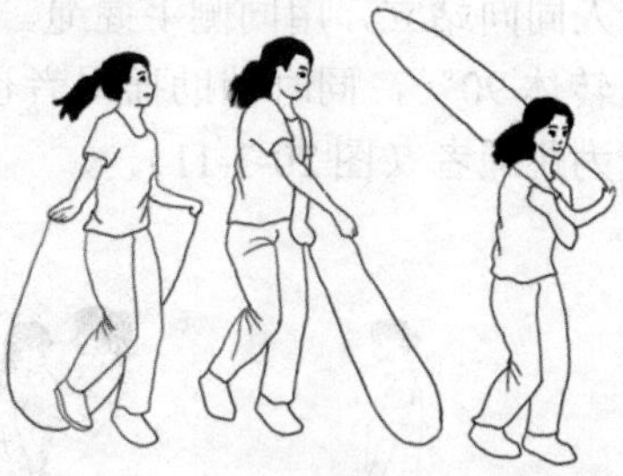

图 20-3-6

7. 固定编花跳

两臂在体前保持交叉摇绳的动作不变，身体从交叉的绳中连续跳过（图 20-3-7）。

8. 双摇跳

当绳摇至脚下触地瞬间，双脚立即起跳，双手连续摇绳，待绳在脚下通过两次后，双脚同时落地。正摇、双摇跳动作熟练后，可以尝试反摇双摇跳，正、反双摇单脚跳，正、反双摇交替跳（图 20-3-8）。

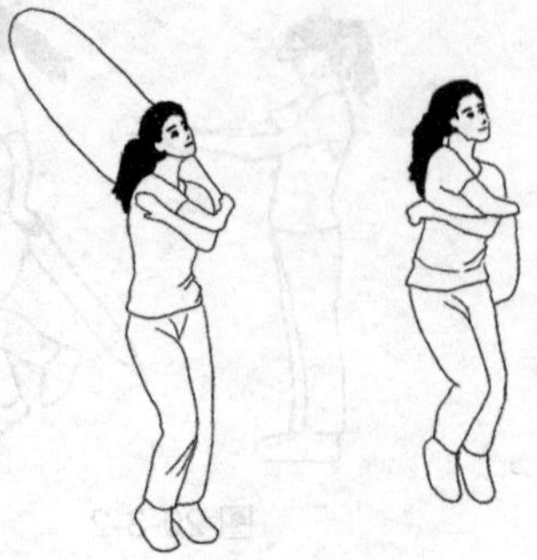

图 20-3-7

图 20-3-8

（二）双人跳法

1. 原地一带一单摇跳绳

带人的伙伴手持跳绳，当绳摇至脚下触及地面瞬间，两人双脚立即起跳。被带人可站在持绳伙伴的前、后、侧面，可以同向站立，也可以异向站立；持绳人可以正摇跳，也可以反摇跳。（图 20-3-9）

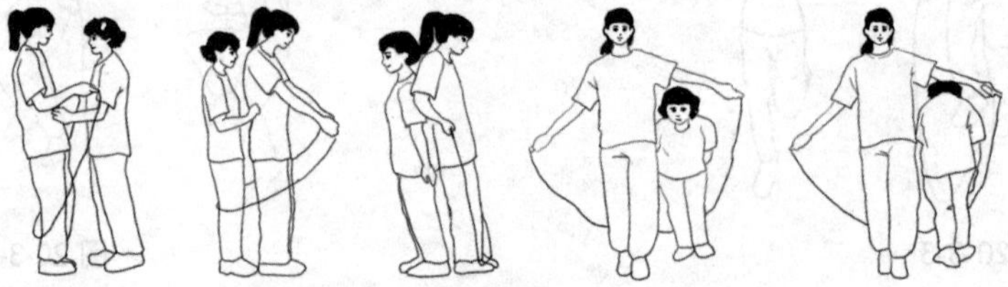

图 20-3-9

2. 跑进一带一单摇跳绳

一人连续摇跳，另一人尝试从不同角度跑进，与持绳人同跳（图 20-3-10）。

3. 一人辅摇一人跳

两人同向站立，用同侧手握绳。跳绳人单手摇跳，另一人辅助摇绳，当跳绳者跳完最后一次后迅速转体 90°，同时辅助摇绳者也随之转体 90°。此时，原跳绳者变为辅摇绳者，而原辅摇绳者变为跳绳者（图 20-3-11）。

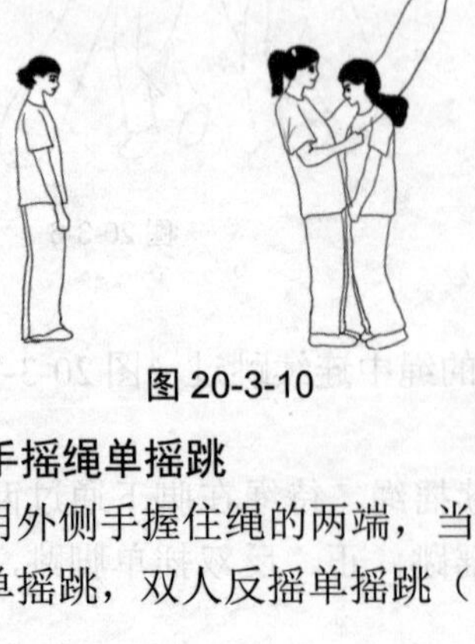

图 20-3-10

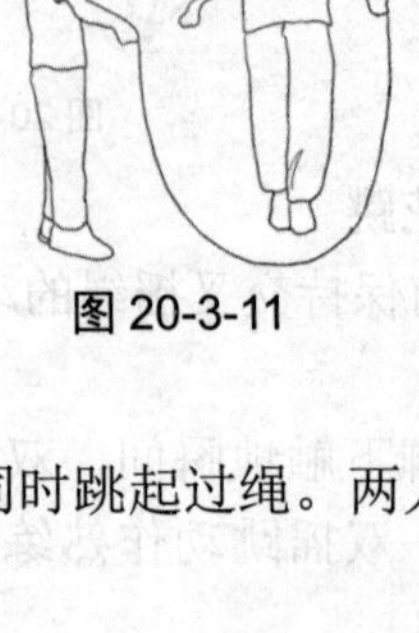

图 20-3-11

4. 双人外手摇绳单摇跳

两人分别用外侧手握住绳的两端，当绳摇至脚下时，两人同时跳起过绳。两人可尝试双人同向、异向正摇单摇跳，双人反摇单摇跳（图 20-3-12）。

5. 两人双绳交替跳

两人同向并排站立，分别用外侧手握跳绳的一端，内侧手握同伴跳绳的另一端。交替摇绳跳过（图 20-3-13）。

图 20-3-12

图 20-3-13

（三）三人或多人跳法

1. 正摇一带二跳

一人持绳，被带人可站在持绳人的身前、身后或一前一后。用正摇跳的方法，3 人一齐跳绳。动作熟练后，被带人可尝试跑进练习（图 20-3-14）。

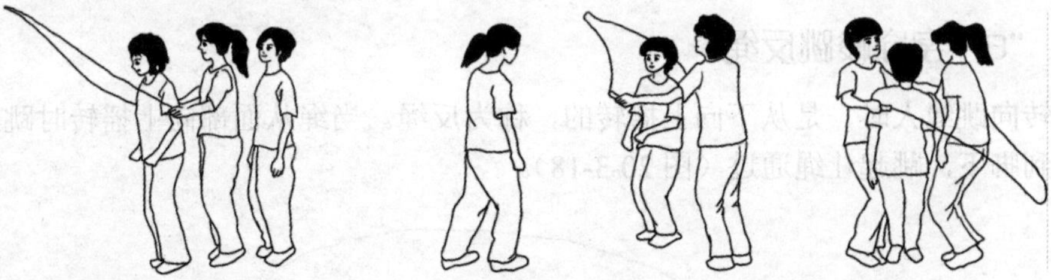

图 20-3-14

2. 原地一人带多人齐跳

被带人站在持绳人的体前和体后，用正摇跳的方法，多人一齐跳绳（图 20-3-15）。

3. 双人摇绳带人跳

2 人并立，均用外侧手分别握同一条绳的一端，被带者站于两人前或后，3 人协同配合一齐跳绳（图 20-3-16）。

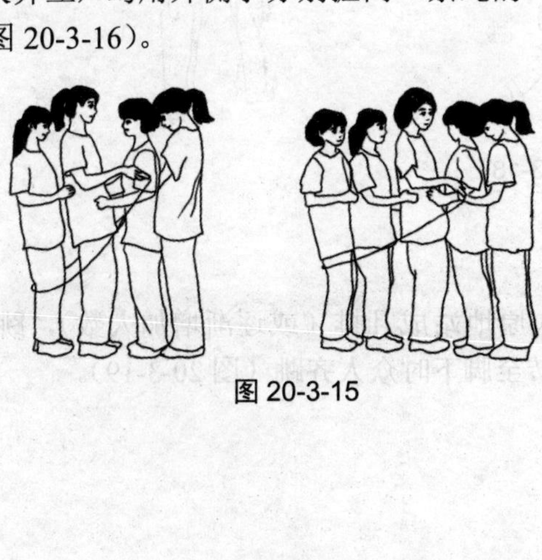

图 20-3-15

图 20-3-16

四、跳长绳

（一）“8”字穿梭跳正绳

当绳摇转向跳绳人时，绳是从上向下转的，称为正绳。跳绳人按“8”字路线围绕两个摇绳人连续跑上、跳下、跑出。当绳打地并摇至远离跳绳者一侧时，跳绳者从摇绳者一侧快步跑到两个摇绳者中间。当绳摇转到脚下时，跳起让绳通过（图 20-3-17）。

图 20-3-17

（二）“8”字穿梭跳反绳

当绳摇转向跳绳人时，是从下向上摇转的，称为反绳。当绳从面部向上摇转时跳绳者开始上绳。待绳落到脚下，跳起让绳通过（图 20-3-18）。

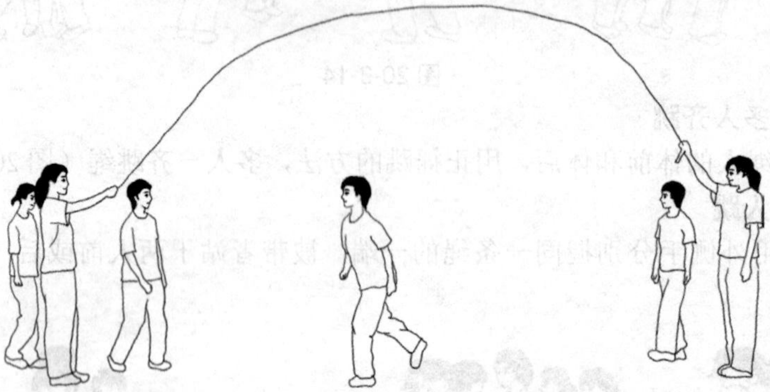

图 20-3-18

（三）跳超级长绳

将绳子加长到 15 米以上，20 ～ 30 个跳绳人原地站成几排（或逐渐增加人数），跳超级长绳。开始摇绳时，先由摇绳人发出信号，当绳快转至脚下时众人齐跳（图 20-3-19）。

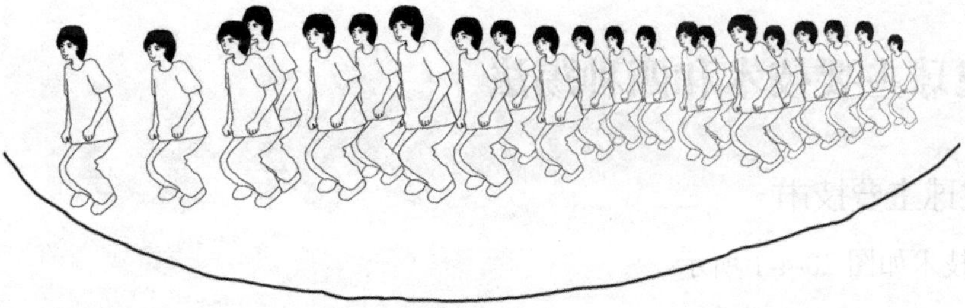

图 20-3-19

第四节　毽　球

毽球基本技术

一、毽球运动概述

踢毽子是我国一项流传很广，有着悠久历史的民族体育活动。踢毽子起源于我国汉代，盛行于六朝、隋、唐。至清末，踢毽子已达到鼎盛时期，参加的人越来越多，不仅用来锻炼身体，当作养生之道，而且把踢毽子和书画、下棋、放风筝、养花鸟、唱二黄等并提，一些人以会踢毽子为荣。因此，踢毽子的活动更加广泛，特别是青少年参加者更为普遍踢毽子已经到了相当普及的程度。

中华人民共和国成立后，我国第一次正式踢毽子比赛是由原广州市体委于 1956 年举办的，并制订了简单的规则。1985 年，我国首次举办全国毽球锦标赛，此后每年举办一届。

民间踢毽爱好者更是用功苦练，以口传身授的方法代代相传。经常进行毽球这项活动，能发展弹跳力、速度、灵敏、耐力等身体素质，提高人体中枢神经系统和内脏各器官的功能，增强体质，培养勇敢顽强、机智灵敏、遵守纪律和团结友爱的集体主义精神。

二、毽球的锻炼价值

毽球比赛时，两队隔网竞争，定位轮换。要求运动员有较强的空间和时间概念，掌握全面的攻防技术，随时做出各种移动、跑动、跳跃、摔救等动作。这对于发展身体机能，增强体质，锻炼人们的灵敏，速度弹跳力、耐力、力量和柔韧等素质，有着良好的作用。毽球运动又是团队的集体项目，培养团结协作的集体主义精神和反应速度，机智灵敏，勇敢顽强，积极果断等优良品质。它具有足球、排球、羽毛球三者的特点，即足球的基本技术，排球的战术意识，羽毛球的步伐移动，是一项良好的全身运动。

三、毽球主要技术和四种踢法

（一）毽球主要技术

毽球主要技术如图 20-4-1 所示。

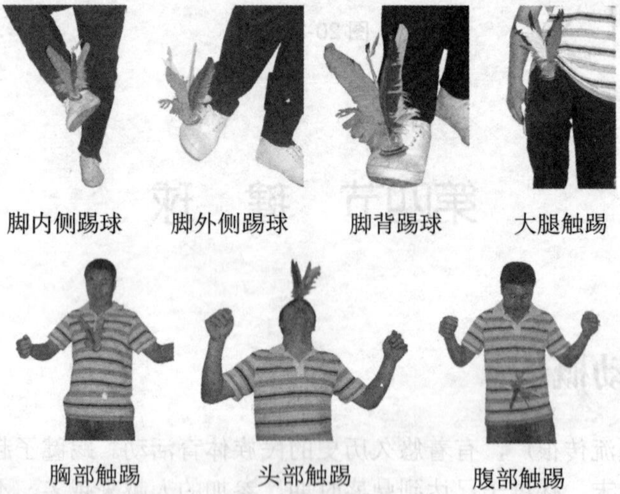

图 20-4-1

（二）发　球

发球动作一般有 3 种：脚内侧发球，脚正背发球，脚外侧发球。

（1）脚内侧发球：要抬大腿带小腿，用内足弓部位向前上方送髋推踢。其特点是既稳又准，破坏性强。

（2）脚正背发球：绷脚尖，用正脚背向前上方发力挑踢。它的特点是平、快、准。

（3）脚外侧发球：稍侧身站位，绷脚尖，用脚外侧发力扫踢，其发球的特点是既快又狠，攻击力强。发球是比赛的开始，又是一项进攻技术，发球的时候可以采用盯人、找空、压后、吊前等手段发出各种战术球，以达到破坏对方组织进攻或直接得分的目的。

（三）毽球拦网技术

拦网是毽球防守中非常重要的技术，是守方的第一道防线，是攻防转换的关键。拦踏球跳起要晚，拦倒挂球跳起要早，远网球跳得更要晚些。拦网绝对不能闭眼，起跳不要过于用力，要根据对手的攻击力情况选择拦网的距网距离。

（四）花毽四种踢法

花毽四种踢法如图 20-4-2 所示。

练习方法：练习时，可采用盘踢的一踢一接的练习方法，但在开始练习时要踢得低一些，一般不超过腰部，再低一些更好，这样能踢的次数多一些。为了避免动作出现错误，练习时可面向墙壁或树木，距离约与身体同宽，如练习时踢毽脚碰到了墙或树木，便是错误动作，原因是膝关节没有放松，大腿抬得过高。

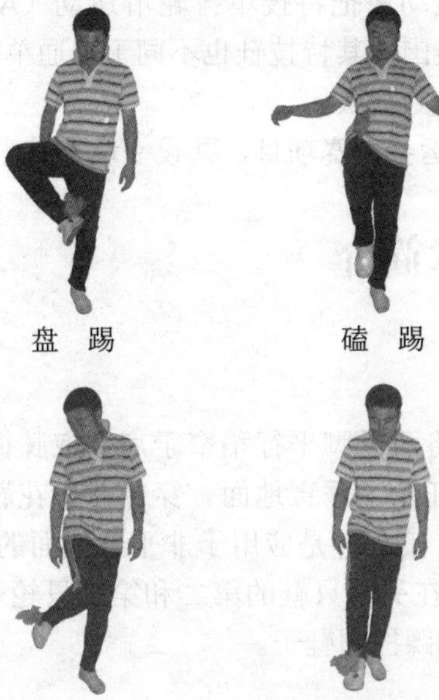

盘　踢　　　　磕　踢

拐　踢　　　　绷　踢

图 20-4-2

第五节　轮　滑

轮　滑

一、轮滑简介

轮滑，又称滚轴溜冰、滑旱冰，是穿着带滚轮的特制鞋在坚硬的场地上滑行的运动。今日多数的滚轴溜冰者主要都使用直排轮。因此，直排轮也几乎成为了轮滑运动的代名词。

二、轮滑的起源和发展

最早于公元 1100 年的溜冰鞋是利用骨头装在长皮靴脚掌上帮助猎人也能在冬天才能进行的打猎的游戏。公元 1700 年，苏格兰人 Dutchman 创造了第一对溜冰鞋；他希望能在夏天模拟出冬天溜冰，于是把敲钉的线轴长条木附在他的鞋子上。1819 年，M.Peitibled 于法国发明专利中记载了第一双单排滑轮，那双鞋的构造是由 2~3 个轮子组成一直线。1823 年伦敦，RobertJohn 设计一双溜冰鞋称它”rolito”经由放置于五个轮子成一排地在这一双鞋的底部。1863 年，美国的 Plimpton，发现一途径制造可使用的溜冰鞋。他提出一双有四轮的溜冰鞋且轮子是并排，溜冰轮鞋它允许转弯，和前进和向后溜冰。1884 年，发明滚珠承轴的轮子帮助了以后溜冰运动得蓬勃发展。直到 1980 年，明尼苏达州两位热爱冰球的兄弟，为了在球季之余能够继续练习，便将轮子装在刀底座之内，产生了第一双单排轮滑鞋这种轮子排列成一条直线的溜冰鞋正式的学名为In-LineSkate，这就成为了今天单排轮滑的正式名称。

1995年，ESPN第一届极限运动更把特技单排轮滑运动（AggressiveIn-lineSkate）推向了全世界。特技单排轮滑运动起源于美国，其特技鞋也不同于普通单排轮滑，是在单排轮滑附加了许多配件。最终使单排轮滑更好玩，更刺激。

轮滑运动进入2010年广州亚运会竞赛项目，共设9块金牌。

三、轮滑的基本技术简介

（一）站　姿

一种是普通的平行站立，即将两只脚平行稍窄于肩，双膝微弯以保持重心，以脚踝的力量控制好不要让脚左右摆动，要保证轮子垂直地面。穿专业平花鞋平行站立时因为鞋的结构设计影响，两脚会自然地向外压外刃。第二种是应用于非平整地面的丁字形站立（也叫“T”字形站立），即一只鞋的最后一个轮子抵在另一只鞋的第二和第三只轮子之间，双膝微弯，双腿之间稍有间隙，以保持重心，仍然是以脚踝控制鞋子。

（二）起　步

从“T”字形站姿起步，让一只脚保持前进姿势，脚尖向前，另一只脚向身体侧后方蹬地推出，就会有向前前进之力量。此时身体的重心应完全放在前脚上，身体稍向前倾（不是驼背），这样后脚的发力收回过程才能顺畅。后脚收回后，换另一只脚向身体侧后方蹬出，重心位置依然放在前脚上。以此类推。

（三）滑　行

滑行时为保持较好的平衡，要尽量屈膝弯腰。目的是稳定重心和便于发力。

（四）身体的重心

滑行时身体的重心要始终稍向前倾，随着两脚的不断交替，重心要不断地转移。当一只脚向侧后方蹬出时，身体重心必须要完全放在另一条腿上，这样才能保证蹬出的腿很顺畅的收回来。当这条腿收回落地时，重心马上转移到这条腿上，再把另一条腿蹬出。切记每次蹬腿时身体重心都要完全放在另一条腿上。如此循环。

（五）滑行姿势

双膝微弯，身体稍向前倾以保持重心。滑行速度越快，屈膝弯腰的幅度越大。标准的速滑姿势为双手自然背后（无摆臂的情况下），背部与地面平行，大腿与小腿弯曲角度不大于120°。

（六）停　止

以上述姿势滑行，双脚靠近保持平行，有刹车块的脚稍稍向前，使两脚距离相差约有半个脚，提起脚尖直到煞车块碰触到地面，然后慢慢将重心移到有煞车块的脚，增加压力，直到停下来。

四、轮滑练习方法简介

轮滑是一项极易掌握的体育运动，任何人都能很快地学会它。但对很多人来说，初次接触轮滑时，心理上会产生一种畏惧感——担心摔跤。其实，只要简单地掌握一些轮滑的方法和技巧，就能把这项运动变成乐趣。

初学轮滑者一定要有耐心，请记住以下禁忌：滑行前不做准备活动，不戴护具。初学时一定要注意培养正确姿势，滑行时腰、膝、踝关节保持弯曲，降低身体重心，身体失去平衡时要向下蹲。

（一）初级入门技术

1. 移动重心的练习

（1）原地站立与踏步：穿好轮滑鞋，两脚平行站立与肩同宽，两腿微屈，上体稍前倾，两臂自然下垂。身重心移至左腿右腿稍抬起、放下。然后身重心移至右腿，左腿稍抬起、放下。反复进行练习，逐渐加快速度。

（2）单脚支撑平衡：在掌握原地踏步基础上，保持原来姿势，手扶栏杆或同伴，将重心移至一条腿上，另一腿向侧伸出再收回成开始姿势，换脚重复以上动作。

（3）模仿滑行姿势的蹲起练习：速度轮滑的滑跑姿势直接关系到滑行速度的快慢。正确的滑跑姿势，是上体前倾接近水平，肩背稍高于臂部，腿部弯曲，上体与地面成 15°～20°，大腿和小腿成 90°～110°，踝关节成 50°～70°，两手互握放于背后或在体侧自然摆动，头部自然抬起，眼向前看 5～10 米处。

（4）“八”字行走练习：两脚成外“八”字站立，保持好站立的姿势，重心移至左脚上，右脚向前迈一小步，重心随之移至右脚上，然后抬左脚向前迈一步，重心随着移至左腿上，然后抬左脚向前迈一步，重心随着移至左腿上，重复上述练习。

（5）交叉步行走：原地站立，先将重心移至左腿上，收右腿，向左腿前外侧迈步交叉姿势，重心随着移至右腿上，接着收左腿左侧跨一步，成开始姿势，反复练习。

2. 直道滑行

（1）单脚蹬地双脚滑行练习：右脚用内刃蹬地，将重心推送至向前滑行的左腿上，右脚蹬地后迅速与左腿并拢成两脚滑行。接着用左脚蹬地，将重心推送至向前滑行的右腿上，左脚蹬地后迅速与右腿并拢两脚滑行。

（2）单脚蹬地单脚滑行：上体前倾，两臂自然下垂，两脚稍分开，成外“八”字站立，重心移至右腿上，用右脚内刃蹬地，左脚用力向前滑出，随着蹬地动作结束，把重心推送至左腿上，左腿成半蹲支撑惯性滑行，接着向前收右腿，同时左脚蹬地，随左腿蹬地运作结束，把重心推送至成半蹲支撑惯性滑行的右腿上。反复进行。

（3）初步体会直道滑行方法：上体前倾，肩背稍高于臀部，两手互握放于背后或自然摆动，腿部弯曲，上体与地面成 15°～20°，膝关节成 90°～110°，踝关节成 50°～70°。保持种姿势做单脚蹬地、单脚支撑惯性滑行练习。

（4）直道滑行的摆臂动作：有力的摆臂是顺着身体纵轴前后加速摆动，当两臂向上摆动时，可增加蹬地腿的蹬地力量。同时，两臂摆动越快，身重心的移动也越快。所以要提高滑动的频率，就必须减小摆臂的幅度，加快摆臂的频率。

（二）提高阶段技术

1. 弯道滑行

弯道滑行技术和直道滑行技术有明显的区别。弯道滑行技术特点在于练习者用交叉步滑行。由于向心力的作用，上体不仅前倾，而且还要向左倾。

（1）左脚支撑、右脚连续蹬地的滑行：从站立姿势开始，左脚用外刃支蹬地后迅速与左脚并拢，接着右脚再做一次蹬地动作，左脚继续做前外曲线滑行。

（2）在圆弧做不连贯的交叉步滑行：在圆弧上用直线滑行步法，中间插入弯道交叉步。当左脚有稳定的平衡时，右脚向左脚左侧前方迈一小步；只要右脚有短暂的滑行之后，左脚就迅速从右腿后方收回，同时右脚蹬左脚直线滑进。重复上述动作。

2. 停止法

在滑行中，有时需要及时停止滑行，所以在初步掌握滑行基本动作的同时，就要学会停止滑行的方法。常用的停止法有“T”形停止法和双脚急停法。

（1）“T”形停止法：在向前滑行中，将重心放在右脚上，右膝弯曲，同时抬起左脚横放在右脚后成“T”形，然后以左脚四轮的侧面摩擦地面，减缓滑行速度，直到停止滑行。

（2）双脚急停法：在向前滑行中，两脚并拢，两脚同时向逆时针方向（或顺时针方向）转体90°，右脚以内侧轮、左脚以外侧轮压紧地面，同时屈膝后坐，上体前倾，身体向左（右）倾倒，两臂前伸，两脚用力压紧地面，就会停止滑行。

五、注意事项

（1）练习轮滑前，应先做好准备活动，尤其是手腕和下肢各关节及韧带，要充分活动开。

（2）应戴一些防护用具，如轮滑专用的护腕、护肘、护膝及头盔等。现在很多体育商店都有这种轮滑的专用护具。（图 20-5-1）

（3）练习前要检查轮滑鞋的螺丝等紧固部件，以免滑行中因轮滑鞋出问题而受伤。

（4）初学者应在初学场内或规定范围内练习，或尽可能在人少的地方练习，不要任意滑行。初次学习轮滑时，最好有滑行熟练的同伴或辅导员进行辅导。

（5）禁止做危险或妨碍他人的动作，特别是在人多的公共轮滑场内，如几人拉手滑行，在速滑跑道上逆行，乱蹦乱跳，在场内横插乱窜，追逐打闹，突然停止等，这都是既妨碍他人，又容易发生危险的事情。

（6）学习轮滑时摔跤是不可避免的，但要学会在摔跤时做自我保护。方法是：当要向前或向侧摔倒时，要主动屈膝下蹲，用双手撑地缓冲，减小摔倒的力量；当要向后摔倒时，也要主动屈膝下蹲，降低重心，尽量让臀部先坐下，并注意保护尾骨处，同时低头团身，避免头部向后仰磕地；摔倒时应尽量避免直臂单手撑地，这样很容易损伤手腕。

（7）患有严重疾病的人（如有心脏病、高血压等）不宜参加激烈的轮滑活动，最多可以慢速滑锻炼一下。此外，饮酒后和过度疲劳的人也不宜参加轮滑活动。

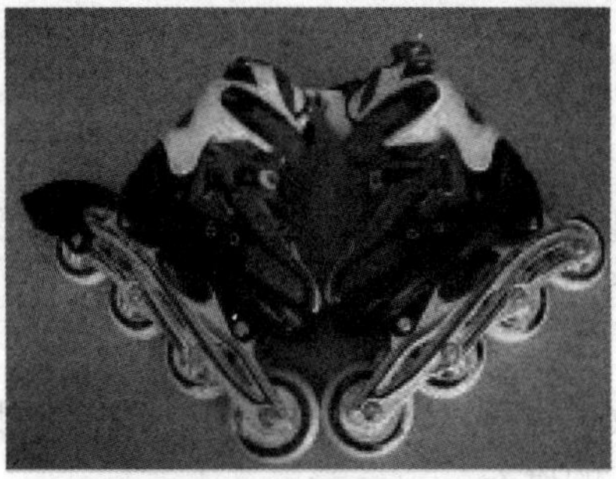

轮滑鞋

轮滑头盔

图 20-5-1

第六节　乐　跳

一、乐跳简介

乐跳游戏，是一款在网络上非常流行的游戏，通过人们各种千奇古怪的搞笑姿势来达到滑稽的效果，从而娱乐大众。

二、乐跳常用姿势

最常见的“乐跳”姿势：一只手放在臀部，另一只手握啤酒瓶，然后保持身体侧躺，双腿伸直，同时面露怪异表情。

找一个泳池，搭好跳板，然后纵身一跃，在落水前的瞬间定格身姿，摆出最无厘头的搞笑姿势，这就是最近风靡网络的游戏“乐跳”。

三、乐跳的地点

乐跳地点无处不在，只要追寻一个原则就是：当你纵身一跃，落地的时候不会疼着自己就好。大多数的乐跳玩家都会选择最终落在水里。

常见的乐跳地点：

（1）游泳池旁搭建一个跳板（也可以忽略跳板，直接飞身一跃），这是最多最普遍的做法。

（2）在海边，找一处适当高的礁石。

（3）如果没有找到这些条件的话还可以选择大尺码的充气游泳池来自娱自乐噢。

思考题

1. 蛙泳的腿部动作和手臂动作有哪些？
2. 瑜伽有哪几种体式？
3. 简述跳绳的锻炼价值。
4. 简述毽球的四种踢法。
5. 简述轮滑的基本技术。

第二十一章 贵州民族民间体育

学习提要

1. 全国少数民族传统体育运动会的发展。
2. 珍珠球运动的规则及方法。
3. 龙舟的起源与发展及其技术方法。
4. 苗乡斗牛的起源与发展。
5. 陀螺的基本技术和玩法。
6. 独竹漂的技巧和发展。
7. 板鞋竞速运动的技术和方法。
8. 高脚的竞速运动的技术和方法。
9. 押加运动的技术和方法。

第一节 全国少数民族传统体育运动会

一、简　介

少数民族传统体育运动会一般是指中华人民共和国全国少数民族传统体育运动会。该会是在1953年举办的全国民族形式体育表演和竞赛大会的基础上发展而来的。它由国家民族事务委员会和国家体育行政部门联合主办、地方承办，每4年举行一届。该项赛事以其民族性、广泛性和业余性等特色，已成为全国较有影响的大型综合性体育运动会之一。

我国少数民族传统体育的发展有着悠久的历史。1953年11月，全国民族形式体育表演及竞赛大会在天津市举行。在1981年9月召开的全国少数民族传统体育工作座谈会后，国务院便批准全国少数民族传统体育运动会由国家民族事业委员会和国家体育运动委员会主办，由地方承办，每四年举行一次。同时又把1953年在天津举行的全国民族体育表演及竞赛大会追定为第一届全国少数民族传统体育运动会。

1986年的第三届民族运动会首次启用了会徽、会旗、会标，这标志着民族运动会逐步走向正规化。这届民族运动会正式确定了民运会设项分竞赛和表演两大类，共设7个竞赛项目和115个表演项目。第四届民运会不仅增加了赛龙舟等经过规范化、科学化之后的项目，而且还制订了较为科学、系统的总规程、竞赛项目规程和规则、表演项目评判方法，使民族运动会向着规范化的轨道迈进了一大步。

《国务院实施<中华人民共和国民族区域自治法>若干规定》明确规定，国家定期举办少数民族传统体育运动会。少数民族传统体育运动会已成为我国少数民族群众展示体育文化、增进团结友谊的民族盛会。

民族运动会沿着继承革新、继往开来的方向迈进，发掘了一大批新项目，并在探索普及与提高结合、群众性与专业化结合、传统体育与现代体育结合、民族性与世界性结合的道路上取得了可喜的进步，使少数民族传统体育走上了普及、提高、规范、科学的道路。

二、历届赛事回顾

（一）第一届全国少数民族传统体育运动会

中华人民共和国成立后，党和政府对各民族民间传统体育活动十分重视。1953年11月8日到12日，在天津市举行了全国民族形式体育表演及竞赛大会。参加第一届民族形式体育表演及竞赛大会的有满族、蒙古族、回族、藏族、苗族、维吾尔族、哈萨克族、塔塔尔族、傣族、朝鲜族、纳西族、汉族等民族的395名运动员，他们分别来自华北区、东北区、西北区、中南区、西南区（包括西藏）和内蒙古自治区、解放军及铁路系统等单位。竞赛项目有举重、拳击、摔跤、短兵和步射，表演项目有武术（分棒术和器械等383项）、民间体育（分石担、石锁、弓箭术、弹丸、爬杆、跳板、木杠、皮条、沙袋、地转、跳桌、筋斗、叠罗汉、大武术、五虎棍、打术、跳术跳绳、飞叉、中幡等22项）、骑术（各种马上技巧表演9项）三大类，特邀表演的有马球、蒙古式摔跤、舞狮、杂技等。其中维吾尔族的达瓦孜（踩绳）、蒙古族的摔跤、朝鲜族的跳板、回族的武术以及内蒙古骑兵的马术等少数民族项目给人留下了深刻的印象。竞赛项目中有10名举重运动员刷新了国家纪录。来自全国各地的观众有12万人次。运动会闭幕后，又挑选了90名优秀运动员进京连续表演了31场，受到观众的热烈欢迎。

（二）第二届全国少数民族传统体育运动会

1982年9月2日至8日，第二届全国少数民族传统体育运动会。本届运动会历时7天，共29个省、自治区、直辖市的56个民族的863名运动员的教练员参加者，其中少数民族运动员593人。体育活动分竞赛项目和表演项目两大类。竞赛项目有射箭和中国式摔跤。来自内蒙古、新疆、西藏、青海4个省、自治区5个民族的24名运动员参加了射箭的角逐并取得优异成绩。15个省、自治区、直辖市13个民族的56名业余摔跤运动员参加了4个级别的中国式摔跤比赛，涌现出一批优秀的摔跤人才。表演项目有68个，分别由26个省、自治区、直辖市的46个少数民族的 800 多名运动员进行表演。这些各具特色、异彩纷呈民族表演项目，吸引了 80 多万观众前来观看。

（三）第三届全国少数民族传统体育运动会

1986 年 8 月 10 日至 17 日，第三届少数民族传统体育运动会，在乌鲁木齐市隆重举行。本届运动会首次启用了会徽、会旗、会标。这标志着少数民族传统体育运动会逐步走向正规化。全国（除台湾省外）30 个省、自治区、直辖市的 55 个少数民族的运动员和各民族的教练员、工作人员，另外还有各省、自治区、直辖市组成的观摩团以及特邀代表、中外记者等，总规模达 3074 人，大大超过了上届。本届运动会设 7 个竞赛项目和 115 个表演项目。竞赛项目除保留上届的摔跤、射箭外，增设了赛马、叼羊、射弩、抢花炮、秋千 5 个项目。表演项目比上届增加了 47 项。由于本届运动会制定了较为科学的比赛规则，使参赛运动员的技术水平得到了较好的发挥，各代表团都取得了较好的成绩。运动会期间，国家民委、国家体委联合表彰了一批民族地区体育先进单位和个人。

（四）第四届全国少数民族传统体育运动会

1991 年 11 月 10 日至 17 日，第四届全国少数民族传统体育运动会，在南宁市隆重举行（其中马上项目由内蒙古自治区人民政府承办，于 1991 年 8 月 4 日至 7 日在呼和浩特市举行）。运动会历时 8 天，有来自全国 55 个少数民族体育先进地区和单位的代表及中外记者共 3000 多人参加。台湾省少数民族龙舟队和少数民族传统歌舞艺术团第一次参加了全国少数民族运动会的比赛和表演。第四届全国少数民族传统体育运动会设竞赛项目和表演项目两大类。竞赛项目共 9 项：龙舟、抢花炮、秋千、射弩、珍珠球、木球、摔跤、赛马和武术，设金牌 34 枚；表演项目 124 项，设奖 114 个。本届运动会不仅在竞赛项目和表演项目的数量上超过了历届，而且制定了较为科学、系统的总规程，竞赛项目规程和规则，表演项目评判方法，使本届运动会向着规范化的轨道迈进了一大步。大会还增设了“道德风尚奖”。运动会期间，还召开了民族体育表彰会，国家民委、国家体委表彰了一批为发展少数民族地区体育事业作出贡献的先进地区、单位和个人，并举办了全国少数民族体育图片展览，来自全国各地的 12 家艺术团体，为各族群众演出 30 场文艺节目。

（五）第五届全国少数民族传统体育运动会

1995 年 11 月 5 日至 12 日，第五届全国少数民族传统体育运动会在昆明市举行。本届运动会历时 8 天，其规模和项目均超过了历届。全国各省、自治区、直辖市 55 个少数民族的运动员、教练员工作人员、观摩人员、少数民族体育先进代表及新闻记者 3467 人参加。中国人民解放军、新疆生产建设兵团首次组团参赛。台湾省少数民族组团参加了龙舟竞赛。大会还邀请了港、澳、台同胞前来观摩。本届运动会设竞赛项目和表演项目两大类。竞赛项目有抢花炮、珍珠球、木球、毽球、摔跤、秋千、武术、射弩、龙舟、赛马、打陀螺 11 项，设金牌 56 枚；表演项目有 129 项，设一、二、三等奖；另外设“体育道德风尚奖”。

（六）第六届全国少数民族传统体育运动会

1999 年 9 月，全国第六届少数民族传统体育运动会在北京举行，并在拉萨设立分赛场。本届运动会恰逢中华人民共和国建国 50 周年庆典，又逢西藏自治区民主改革 40 周年。来自包括港、台地区在内的全国56个民族的4500多各体育健儿欢聚一堂，有着非常特殊的意义。本届少数民族运动会设13个比赛项目和157个表演项目。在原来的项目上增加蹴球、押加项目，其中射弩，打陀螺、押加和部分马上项目、部分表演项目在拉萨分赛场进行。运动会期间，两地分别举办了民族文化节、民族艺术周、民族大联欢、民族题材摄影展等一系列文化活动，同时表彰了一批为民族体育事业作出突出贡献的先进集体和个人。该届运动会遵循“发展民族体育，增强民族体质，加强民族团结，振奋民族精神”的宗旨，本着“平等、团结、繁荣、进步”的原则，充分展示了各族人民在中国共产党的领导下，高举民族团结的旗帜，迈向新世纪的精神风貌。

（七）第七届全国少数民族传统体育运动会

2003年9月15日，由国家民委和国家体育总局共同主办的全国第七届少数民族传统体育运动会在宁夏银川市举行。比赛分竞赛和表演两大内容：竞赛项目在上届项目的基础上增设高脚马共14个比赛项目，表演项目是汇集各省市共56个民族优秀传统项目的精华。

（八）第八届全国少数民族传统体育运动会

第八届全国少数民族传统体育运动会于2007年11月10日至18日在广州隆重举行。

本届民族运动会在广州天河体育中心、广州大学城、从化等地18个竞赛场馆（地）和3个大型活动场馆（地），进行15个比赛项目和150多个表演项目的竞赛。

本届民族运动会设竞赛项目和表演项目两大类。竞赛项目在上届的基础上增加了1个大项目“板鞋竞速”，增加31个小项目。表演项目增加了一大类：民族健身操。

本届民族运动会实际共设竞赛项目有15个：花炮、珍珠球、木球、毽球、蹴球、秋千、射弩、龙舟、陀螺、押加、民族式摔跤、高脚竞速、板鞋竞速、武术、马术等项目。表演项目分四大类：综合类、技巧类、竞技类、民族健身操类。

本届民族运动会有31个省、自治区、直辖市和解放军、新疆生产建设兵团共33个代表团近8000名运动会员参赛，代表团人数超过历届。

本届民族运动会会歌为“矫健大中华”，吉祥物是华南虎“悦悦”。

为配合运动会，本届民族运动会还举办“民族大联欢”“民族书画展”“民族摄影展”“民族大型文艺演出”等一系列文化活动。

第二节　珍珠球

一、珍珠球运动简介

珍珠球是满族传统体育项目，是由模仿采珠人的劳动演变而来。

珍珠球运动是在参考篮球、手球规则的基础上制定而成，它具有场地、器材的简易性和游戏形式的大众性等特点，其在水区的运动与篮球、手球运动有一定的共性，而在封锁区持拍防守队员又具有足球守门员和排球拦网队员的特点，因而具有较强的观赏性，同时，珍珠球运动的场地面积不大，所用器材较为简单，对场地器材要求不高，除正规比赛需要标准的场地与器材外，比赛可随意在街头空地或别墅花园、草坪之内进行，不受场地大小和地面质地的限制，无论是男女老少，大中小学生，都可以找一块平整的空地，根据场地规定人数进行比赛，具有较强的实用价值。

2011 年 9 月在贵阳举行的全国第九届民运会的珍珠球比赛中，贵州队获得男子冠军，女子队第三的好成绩，贵州男队其实就是贵州民族学院篮球队的基础上组建的，训练仅仅 2 年时间，能取得这样的成绩，一方面是他们平时刻苦训练的成果，另一方面也说明这项运动适合贵州运动员的特点，特别是反弹球得两分的规则，使得具有小、快、灵特点的贵州队如鱼得水，在比赛中常常上演双分的精彩场面，最后在决赛贵州队以 46：31 的成绩击败老牌强队辽宁队，获得第一名。贵州队也是比赛以来唯一保持不败的球队。

珍珠球这一民族形式的体育活动，源于生活、鲜明生动、多姿多彩。场上攻守往复，银球穿梭飞舞，4 只蛤蚌急张忽合，一对抄网频频有所斩获——其紧张激烈、精彩绝妙，令人目不暇接。珍珠球——民族体育之珠，将体育运动之矫健与生活劳动之优美，两者紧密融汇在一起了。

二、场地器材

比赛在长 28 米、宽 15 米的场地上进行（场地分水区、封锁区、得分区），每队上场 6 人。比赛分上、下两个半场，每半场 15 分钟，中间休息 10 分钟（图 21-2-1）。

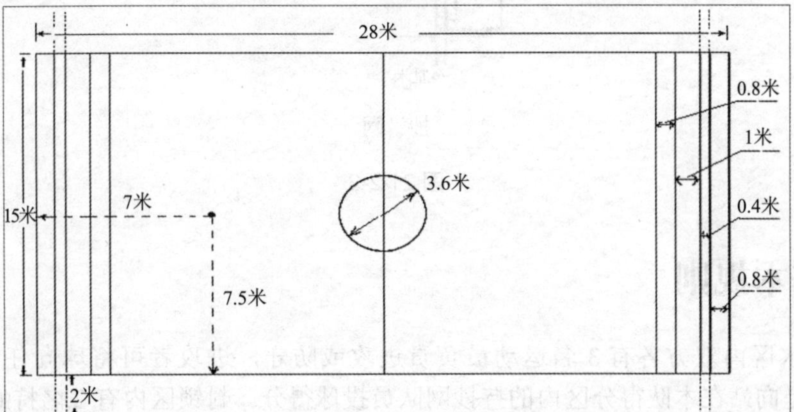

图 21-2-1

球的外壳用皮革或橡胶制成，内装球胆，表面应为珍珠（白）色。球的圆周长 54 ～ 56 厘米，重量 300 ～ 325 克。球拍为蛤蚌形状，用具有韧性的树脂材料制成。抄网兜口为圆形，兜口内径 25 厘米（图 21-2-2）。

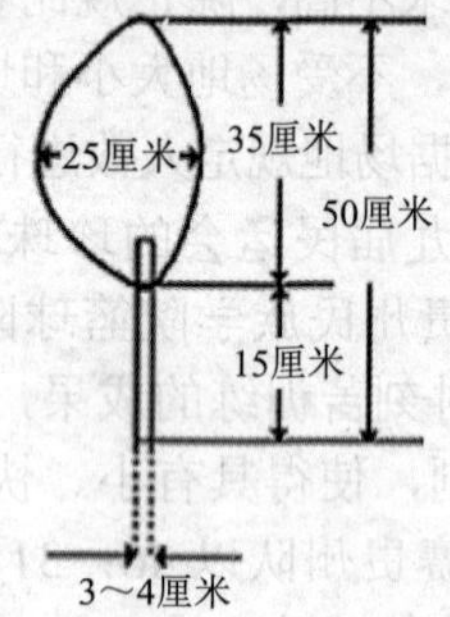

球 拍

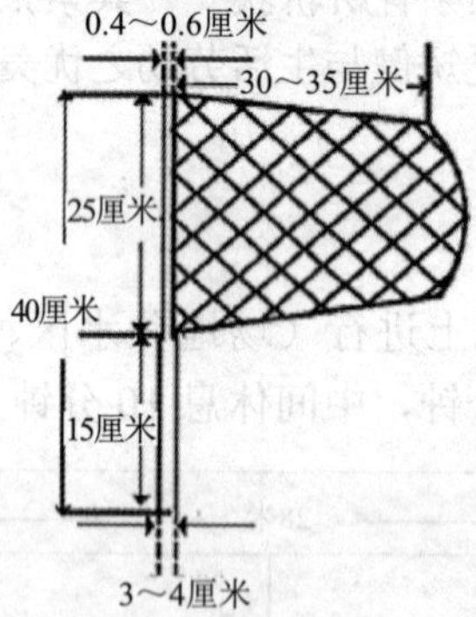

抄 网

图 21-2-2

三、基本规则

比赛时，水区内双方各有 3 名运动员负责进攻或防守，进攻者可将球向任何方向传、拍、滚、运，目的是向站在本队得分区内的持抄网队员投球得分。封锁区内有 2 名持蛤蚌（球拍）的对方队员，用封、挡、夹、按等动作，阻挡进攻队员向网内投球。每队有 1 名持抄网队员在得分区活动，用拍网试图抄（采）中本方队员投来的珍珠（球）。每抄中一球得一分。在规定的比赛时间内，得分多者为胜队。

四、基本技术动作

珍珠球的大部分动作训练类似于篮球。以持拍为例有：多点移动挡球练习做到手快脚快起跳快移动快。多点移动夹挡球练习要求正确应用夹挡技术，对边线界外球和后抛球，采用同侧单拍可增加封锁的高远度；而对前高抛球、中低平球或反弹球，采用双拍夹挡可扩大封锁面。持拍队员移动、转身均要求用前脚掌完成动作，并且转身要尽量减少转动的角度。

（一）移动技术

移动技术是珍珠球各区运动员应具备的基本技术，通过各种快速、突然的脚步动作，达到进攻时摆脱防守、防守时防住对手争取攻防主动的一种手段。

（1）基本站立姿势与启动包括跑、急停、转身。

（2）基本移动时的假动作。

（3）基本防守姿势。

（4）防守步法包括侧滑步、碎步、前华步、后滑步、后撤步、攻击步、交叉步、绕前步和绕后步。

（二）运球技术

运球是控制球、支配球、组织战术配合及突破防守的重要手段，同时也是珍珠球运动员熟悉球性，提高水区单兵攻击能力的重要手段。

（1）快速高、低运球。

（2）运球急停、急起。

（3）正面变向运球、正面单手虚晃变向运球突破。

（4）背后运球突破、转身运球突破。

（5）胯下变向运球突破、胯下接背后变向运球。

（三）传接球技术

传球和接球是比赛场上 4 名队员之间联系的桥梁和纽带，是实现战术，组织配合的具体手段。传、接球技术的好坏和熟练程度直接影响着进攻队员之间的联系和战术质量的高低，乃至于比赛的胜负。因此，合理运用传、接球技术，可以捕捉战机，为同伴创造更好的进攻机会，调动其积极性，从而发挥集体的力量，达到取胜之目的。传球时，要注意传球的时机、角度，并根据防守队员的情况（身高、能力等）选择传球方式，做到：隐蔽、及时、快速、到位。接球时，接球队员应根据场上情况，合理选位，为下一个进攻动作做好准备。因此，要做到：摆脱防守、上步卡位、伸手迎球。

（四）投球与抄网技术

由于珍珠球体积小，抄网队员活动范围大（得分区、端线及其边线以外的空间），使得水区队员的投球点多面广，方式多样，从而创造了更多的得分机会。但是由于有两名持拍队员防守一名持网队员，所以，水区队员投球的弧度、速度、节奏和球的落点以及抄网队员抄球的时机、角度和抄球点等将直接关系到比赛的胜负。

（五）防守技术

防守技术是指防守队员合理运用脚步移动和手臂（含器械）动作，抢占有利位置，干扰对方传、接球，阻挠对手的进攻意图及行动，并以抢断球为目的的方法。在比赛中，它与进攻技术有着同等重要的作用。

水区队员的防守技术和练习方法与篮球和手球的防守技术及方法相同。封锁区队员防守时应侧身站位，多采用滑步、交叉步和侧身跑技术，将抄网队员置于两名持拍队员之间，当来球弧度高、速度快时，采用单拍上捅方式改变球的路线，破坏对方抄网。当来球弧度平时，用双拍封挡、夹接球。另外，两名持拍队员要注意配合，组成更大的防守面积：当一名持拍队员防高点时，另一名持后队员防低点，在规则允许的范围内影响抄网队员的视线；当一名持拍队员防前点时，另一名持拍队员防后点以及防止持网队员反跑抄球。

五、基础战术配合

配合是场上 2 ～ 3 名队员在局部范围内，为达到相同目的而协调行动的组织形式。珍珠球比赛的战术多样、变化多端，但都离不开基础配合。只有熟练掌握各种基础配合，才能使全队战术更加灵活、有效地发挥作用。

（一）水区队员的基础配合

在进攻方面主要有：传切、掩护、策应以及策应切包等配合；在防守方面主要有：挤过、穿过、绕过、换人、关门、夹击、补防和协防等。其教学教法采用篮球的教学教法。

（二）水区队员与抄网队员的基础配合

在珍珠球比赛中，水区队员与抄网队员的基础配合成为进攻战术体系的关键，水区队员投球的准确性（落点和弧度），抄网队员抄球的时机、时空判断力直接影响着进攻成功率。因此，提高水区队员与抄网队员的基础配合意识和能力尤为重要。如，水区队员通过配合出现的投球点尽可能在抄网队员强侧手（抄网手）一边，从而使抄网队员抄球时更为方便。

（三）水区队员与持拍队员的基础配合

在珍珠球比赛中，水区队员与持拍队员的基础配合主要运用于防守配合中，如防守反击、发动快攻等。由于珍珠球比赛攻强守弱的特点和规则的制约使水区队员与持拍队员的基础配合相对较少。在现有条件下，提高持拍队员的技术综合运用能力将有助于防守力量的提高。例如，持拍队员单拍拦截球后，可直接用单拍将球抛传给水区的同伴，以发动快攻。

第三节　龙　舟

龙　舟

一、龙舟简介

龙舟，俗称龙舟竞渡，又称赛龙舟、划龙船，是我国民族传统体育活动，有着相当的群众基础，深受我国各族人民喜爱。

龙是中华民族的象征，仿龙造形，以龙取名的龙舟，是我国各族人民在长期的生产活动和社会活动中一个具有独特民族风格的创造。龙舟聚会和竞渡具有浓厚的娱乐性和激烈的竞争性，是我国各族人民非常喜爱的一种文化体育活动，在贵州有着广泛深厚的群众基础。

在第九届全国少数民族传统运动会中，贵州队包揽了标准龙舟直道竞速 500 米所有比赛的一等奖。

二、龙舟比赛的起源

划龙船起源很早，古文献中有不少关于人们以“龙”为图腾的记载。同时我国古越一带，因林木繁茂，水网交错，古越人民很早就使用舟船了。据迄今为止所发现的最早有关舟的材料——浙江河姆渡遗址第四层的木桨，考证其年代至今已七千余年。

三、龙舟基本技术

（一）握桨方法

龙舟握桨方法是根据划桨操作的位置而定，如果是在右舷划桨，那么桨手用左手握在手柄上，四指从外向内拼拢，大拇指从内向外包住桨把，而右手握在桨把的下端（桨叶与桨把的交界处）四指从外向内并拢，大拇指从内向外包住桨把，划行时要自然放松，不能握得太紧，以免手心起泡破皮。左舷划桨与右舷相反。通常我们把握在上面的手叫作“上手”或“推手”；握在下面桨柄处的手叫作“下手”或“牵引手”；上手臂的肩叫作“推肩”或“上肩”，下手臂的肩叫作“牵引肩”或“下肩”。

（二）船上坐姿

右排坐姿：左脚在前，全脚掌踏实在母船板上；右脚在后，位于自己臂部下方，前脚踏在母船板上；脚跟稍起，大腿和臀部的外侧紧靠贴在船舷的内沿。左排坐姿的技术要求与右排相反。

（三）划桨技术

1. 入水动作

入水是从桨叶尖端接触水面到桨叶全部浸入水中的阶段。入水是力量传递的重要部分。运动员在前一个恢复阶段有力摆动的基础上，再加速将桨叶靠近船体向前与船体平行地推出，使桨叶入水角度在 80°～90° 为宜。这时，运动员的躯干前倾，转体伸着，扭紧躯干，使背部接近于面向划桨一侧，两臂伸直，抬高推桨的肘部，使拉桨肩向前，推桨肩稍后移，肘弯屈，手在头的上方。

2. 拉桨动作

桨叶入水后，推桨手迅速前推并撑住，使桨叶抓住水。拉桨手的肩后移，利用抬体和转体的力量直臂向后拉桨。从入水后到拉桨，运动员应将身体重量压在桨上。拉桨时腰背用力，臀部肌肉紧张。拉桨手拉过臀部开始屈臂。拉桨手的手腕先向内转，同时肘部向外翻，到上体抬至接近垂直时拉桨结束。拉桨动作是由一连串连续的同时向两个相反方向运动的动作所组成的，要尽可能长地保持用力的距离。

3. 出水动作

紧接着在拨桨时，两臂继续向上提桨，桨叶即迅速从水中提出。起桨向前时，桨的下叶不能碰水面，以免产生阻力。也不能提得太高，影响向前伸展手臂和入水时间以及配合划行时的速度。

4. 恢复（回桨）

从桨叶出水到下一次桨叶入水之间、桨叶不在水中划行，属回桨阶段。当桨叶达到坐姿时，推桨手转动桨把并上提向前，拉桨手则在髋部附近和同侧髋部一起有力地前移。

桨叶出水后，运动员上身挺直，开始转动上体，将桨继续向前上方推出。在恢复阶段，应强调肌肉的放松和呼吸，这是使划桨动作连贯，协调的重要阶段。在恢复阶段的最后，运动员全身肌肉再度紧张，屏住呼吸，准备下一次桨叶入水。

（四）集体配合

龙舟运动很讲究完美的协调，快节奏的技术，同步一致和合理安排桨位。要求握桨把一致，入水角度一致，入水深度一致，用力均匀一致，并要绝对服从指挥，听口哨声或鼓声划行。其节奏应是咚（鼓声）——喳（划水声）；呼吸方法：起桨时——吸气，划桨时——哼声吐气。领桨手要求节奏好，抓水有力，出水快，个性顽强，平衡能力好，船尾舵手要求操作熟练，善于把握航道。

第一，完美的协调。完美的协调是指在一条船上的二十几名运动员，其个人的体质、生物特性、技术和心理上的特点，可以互相弥补、互相取长补短而形成一个完美的整体。在生物特性方面，运动员对规定的运动量几乎有相同的反应，包括心率和恢复时间。这可以使教练员采用同一个训练计划而取得同样的提高。而另一方面，在一条船上，运动员最好能在不同的时间出现“极点”，这可以使运动员相互弥补，不至因同时出现“极点”而导致突然减速。

完美的协调还包括运动员心理上的协调。运动员之间应相互了解，团结协作，相互信任，相互宽容。大家都有一个共同的长远目标，真正做到一条船一个心，完美地合作，高度地团结，从而取得集体的胜利。

第二，快节奏的技术。龙舟技术首先要强调单人划船的规范技术。除了完美的协调，在划桨技术上要求更快的节奏。

龙舟的抓水动作要快，角度小些。特别是桨手要适应第一位桨手划桨后快速流动的水，桨手要更快地在流水中找到最大的支撑力，这种支撑力对桨叶产生最大的反作用力以推动船体前进，这是龙舟技术中最重要和最困难的。由于水流速度快，拉桨时既要更快地用力，又要防止推桨臂过早地前移而造成力量转移。

第三，同步一致。龙舟要求所有桨手从抓水到出水完全同步一致，就像一个人在划一样。但是每个桨手不能丢失个人的风格，不能因为取得技术上的同步一致而降低其个人的划桨效率。同步一致对左右舷前一、二、三号位的桨手提出了很高的要求，他们必须对鼓手的鼓点频率高度敏感，不能稍有落后。

第四，龙舟的桨位安排：教练员可以通过桨位比赛来选择运动员，但对运动员的搭配有基本的要求。

四、注意事项

龙舟是一个水上运动项目，水上运动必须首先把安全职责放在第一位。对安全职责、水上基地划船学校的领导、有关的工作人员、教练员和运动员都负有责任。教练员更应高度重视，不能有丝毫疏忽。任何环节的疏忽，都有可能导致重大事故。

（一）基地、学校领导的职责

（1）制定水上安全条例和制度，经常对全体人员进行安全教育，定期召开安全工作会议，检查安全措施和制度的落实情况。

（2）对龙舟训练的水域要作详细的了解。对水域内各种障碍物，特别是水下的暗滩、木桩、树根等必须清理或用红旗标出。

（3）如有赛艇或其他船艇在同一水域训练，应标明各自的训练航行图，并有明显的标志物标有转变区域。

（4）水域如允许游泳，应标明深水区、浅水区和非游泳区。游泳区应水底平坦，远离污水排出孔。

（二）工作人员的职责

（1）停船点应有使用器材的规章制度，不准夜间训练，对运动员上报破损的器材应做出标记。

（2）经常检查码头。码头平台应防滑，码头四周无尖锐的外露铁钉、铁丝。

（3）经常检查器材，负责维修，并与教练员密切配合。

（三）教师的职责

（1）了解和掌握学生的游泳能力，如有可能，最好掌握正确的游泳教学方法和救生方法。

（2）应掌握当地气象特点，对可能发生变化的天气就不要下水，并采取防范措施。

（3）冬季水上训练或远航时，教师应使用救护艇跟随，并携带救生器材。水温在4℃左右时，即使会游泳，也只能进行15分钟左右。

（4）教师应严格执行上、下水时对器材的检查和清洁制度。

（四）运动员的职责

（1）必须学会着装游泳200米，掌握正确的游泳呼吸技术，学会在水中脱衣和鞋，学会在水中的自救方法。

（2）要在教练员的指导下，在规定的时间和地点练习游泳。严禁私自下水和夜间游泳。

（3）学会正确处理翻船事故。如不慎翻船，应迅速将船翻正。如遇船漏而船舱积水，应主动提前下水，利用船的浮力推至岸边。

（4）爱护器材。以正确的方法搬运器材和倒出船内积水。

第四节 苗乡斗牛

苗族是传统的农耕民族。把耕牛饲养好是苗家人的心愿，敬牛、爱牛是苗家人的一种文化心理。在黔东南自治州，斗牛是最原始、最普遍、最具苗族风情和特色的活动。（图 21-4-1）

图 21-4-1

苗族斗牛的初衷具有纪念祖先和纪念英雄的涵义。后来，因不断迁徙、年代久远等缘故，逐渐演变成了民间的娱乐活动。苗族村寨的男女老少都喜欢看斗牛，斗牛是苗家人不衰的时尚，也是当地群众喜闻乐见的一种体育活动。

贵州少数民族的斗牛，起源于黔东南和黔南地区少数民族的民间传统节日活动。以前是在民俗节日或农闲时节斗牛，现在州庆、国庆、元旦也要斗牛，一年要斗十几次。

在这里，人们农闲时节斗牛，一般以各村寨内或相邻的几个村寨间自发组织，以友谊赛的方式进行，不记名次，没有资金、奖品。以达到观赏、娱乐和交流以及促进左邻右舍与村寨之间更加团结和谐的目的。各村寨推举一些志愿者奔走于各牛主之间，了解牛的年龄、体重、角的长度和宽度（两牛角尖的距离）等，然后协商谁与谁斗。这样实力才比较接近，比赛才比较公平，牛斗才更加精彩、激烈。在征得双方牛主的同意后，即把牛拉到斗牛场的中央放牛拼斗。一直斗到其中一头牛逃跑时即分胜负。此时，输的牛拼命逃跑，而赢的牛则奋力猛追。这时候就有三五个年轻力壮的“斗牛士”去阻止追赶的牛，避免牛和观众受伤。胜者牛由主人牵牛绕场一圈，鸣炮呼号以示庆贺。当遇到两头势均力敌的斗牛，斗十几分钟胜负难定时，如有一方牛主认输或者为了保护斗牛，经双方牛主同意而决定终止比赛。这时候即由二十几名“斗牛士”分别强行把两头斗得眼红的斗牛强行拉开。一般一头牛只斗一至两场，主要是训练斗牛的技巧和积累经验，发现和培养斗牛，为日后的争霸赛打基础。

民俗节日的斗牛，以邀请赛或锦标赛的形式进行。有专人组织，邀请十里八乡的牛主来报名参赛，有简易的比赛规程、规则，有奖金或奖品（锦旗）。观众人山人海，男女老幼穿着节日的盛装，欢声笑语，整个斗牛场人声鼎沸，热闹非凡。斗胜的牛被称为牛王，为村寨带来荣誉。

斗牛的打斗技巧一般都是用牛角来完成。因牛角的长度、宽度、厚度、硬度、弯曲度等不同，斗牛打斗的方法也不同，一般常用的技巧是拍、撬、挖、抠、碰等。这种传统体育活动浸透了风土习俗，充分反应了民族传统体育的民族性。

苗族人民是一个善于吸收其他民族的优秀文化来充实和发展本民族文化的民族，而且富于改革创新精神。近几年来，凯里的一些苗族民间人士把原来只有在民族节日才举行的苗族民间娱乐的最高档次——斗牛活动，一改常态，以牛王争霸赛、百牛争斗大奖赛这样空前的规模来庆祝国庆节。此创举真史无前例，场面一年比一年火，盛况空前。由开始仅有凯里相邻的麻江、雷山、丹寨、台江等州内县份的牛王参加比赛，发展到 2009 年有铜仁、黔南、广西、云南等州外、省外的牛王前来参加的比赛。

如今斗牛文化已成为凯里、黔东南乃至贵州少数民族体育文化以及文化产业的又一品牌。近年来举办的凯里国际芦笙节、台江姊妹节、雷山苗年节等，斗牛是节日活动的主要内容之一。在节日期间，有无数的省内外和国内外的宾客纷至踏来，有的来观光旅游、有的来投资经商、有的来扶贫助学等，为黔东南招商引资牵线搭桥，为发展苗乡侗寨的旅游事业增添助力。

第五节　陀　螺

陀　螺

一、陀螺简介

陀螺游戏历史悠久，是一项深受各族儿童少年欢迎的传统体育项目。各地玩法不同，有用鞭子连续抽打陀螺使之在冰面、平滑地面上不停地旋转，或相互碰撞，看谁旋得密，看谁旋得久；有将陀螺旋放或抽到一定距离外的规定范围内，看谁放得准，看谁旋得久；也有先将一陀螺旋放后，其他人站在一定距离之外用旋转着的陀螺去打击之，看谁打得准，看谁旋得久；还有用鞭子抽着陀螺上斜坡，或抽陀螺越过各种障碍，看谁先到达终点的陀螺竞速比赛等。由于各地玩法不同，在称谓上也有差异，如称“抽陀螺”“打陀螺”“打地螺”“抽地牛”“赶老牛”“打猴儿”“打格螺”“拉拉牛”等等。

二、基本技术简介

陀螺技术可分为放陀技术和攻陀技术两种。

放陀技术属于防守技术，攻陀技术属于进攻技术，比赛规则规定攻方将守方陀螺当即打死而自己仍在界内转旋则得 4 分；击中死螺得 4 分；攻方击中守方后双方都在界内转旋，守方先死则得 3 分；击中守方后双方都在旋转且同时旋死则得 2 分；击中守方后比守方先旋死则得 1 分；未击中守方则不得分。根据这个规则精神，陀螺运动的特点可概括为两个字，即旋和准，对于攻方来说，只有打得准，击中对方才可能得分，只有旋得快站得稳，才可能得高分；而对于守方来说，只有旋得准，放陀不出放陀区成活陀并旋得快，不被对方击死才能使攻方少得分。

旋和准是两个同等重要的要素，强队之间的比赛尤其如此。消弱哪一面都会导至比赛的失败，比赛中常见这样的情况，守方陀螺旋得很密，攻方打得准但旋转不快，一击中即自己旋死，仅得 1 分；有些攻方打出的力量大转速高，但未能击中守方，为无效进攻，得不到分。有时守方虽为活陀，但转速不够，被对方一击即死，致使攻方连得高分；如放得不准成死陀，攻方一击中即得满分。

因此，无论是放陀技术或是打陀技术，都要围绕旋和准这两个特点作文章，准和旋同时也就成为评价技术有效性的重要标准。

（一）放陀技术

（1）缠陀：以左手大拇指、食指和中指抓紧陀螺的柱体下部，无名指屈指贴附于陀螺锥体部位，陀螺底锥朝手掌将陀螺握稳；右手将鞭绳按顺时针方向从陀螺柱体上部开始逐渐向中部缠绕陀螺，至鞭绳缠完或留 20 ～ 30 厘米（可随个人习性而定）为止，缠绕用力要适当，缠得过紧了，绳子张力过大，易拉伤绳子，缠得不紧，旋放时力量传递受损，不易旋准旋快，

（2）握陀：缠好陀后，左手大拇指与食指中指握住陀螺柱体，无名指、中指贴于锥体部，将陀握稳。

（3）持陀持鞭：左手握好陀后，右手握住鞭杆把端，这时由于鞭与陀连成一体，双手、双肩活动方向及幅度亦一致，左臂向左侧前方自然伸出，右臂屈肘随之左摆，将陀和鞭持于身体左侧前方胸腹之间。

（4）预备姿势：放陀前，右肩侧对旋放区，两脚左右开立，稍宽于肩，右脚与旋放区中心点的距离以鞭绳长度减去（1.25±0.05）米为宜。两膝微屈，上体前倾，重心落在两脚之间（或稍偏左脚），左手持陀于左侧前方，右手持鞭于腹前。眼睛注视旋放区中心。放陀前可以腰为轴转动上体。左手持陀做两至三次预摆的瞄准动作，两膝随上体转动屈伸调身体重心。也可不做预摆动作，左手持陀向左侧方引臂，右手持鞭随摆，重心随之移至左脚上，左膝稍屈，维持身体平衡，保证掷陀有较长的工作距离。

（5）掷陀：掷陀是放陀技术的主要环节，动作是否正确，用力是否恰当直接影响到陀螺的转旋力量和落点的准确性。在引臂瞄准或预摆结束后，利用左腿蹬地向右转体的力量，带动左臂向前挥摆，左手不做任何屈腕和拔指动作，全身力量通过手臂和手指作用于陀螺，注意控制陀螺出手方向和路线，使陀螺头朝上、锥朝下向旋放区飞出。

（6）拉陀：左手将陀螺掷出后，右手持鞭顺势前摆。陀螺在向前飞行过程中，由于受到鞭绳的拉动，产生顺时钟方向的旋转，当陀螺飞到旋放区上方距地面 20 厘米左右，右腿用力蹬地向左转体，右手持鞭向左猛力回拉，使陀螺的旋转获得更大的动力，同时将前飞的陀螺受回拉而平稳地落于旋放区内。拉陀后持鞭迅速退出比赛场区。

（二）放陀应注意的主要问题

（1）鞭绳缠绕陀螺，即可按顺时针方向缠绕，也可按逆时针方向缠绕。

（2）持陀持鞭，即可以右手持陀左手持鞭，也可以左手持陀右手持鞭，且不受缠绕方向影响。

（3）放陀准备姿势站位位置的选择，只要站在旋放区外身体任何部位不触及旋放区线段或旋放区内地面即可。距旋放区的距离依个人习惯、鞭绳长短和拉陀用力大小而定，一般以鞭绳长度减去 1. 25±0.05 米较为恰当。

> **知 识 窗**
>
> 放陀动作要领口诀
>
> 缠绕顺逆都一样，持陀持鞭侧身放；
>
> 拉陀时机是关键，掷陀用力控方向。

（4）站位方向以侧身斜对旋放区为宜，这样掷陀拉陀时便于充分利用蹬地转体的力量。

（5）掷陀、拉陀是放陀技术的主要环节，掷陀出手的方向、路线、速度决定陀螺的落点，而

拉陀的时机和力量是决定陀螺旋转、稳定、落点的关键因素，因此，掷陀后，在陀螺落地前要特别注意蹬腿转身与爆发式的挥臂回拉。

（6）初学时，鞭绳可短些，站位可近些，拉陀力量可轻些，以掌握拉陀时机和掷陀拉陀协调配合为主。

（三）攻陀技术

（1）准备姿势。在陀螺运动开展的这几年中，各地使用的准备姿势繁多，且不同的运动员又各具特色，可谓是五花八门，但可归结为以下几种，即正面姿势、侧面姿势、侧面高姿、侧面底姿、原地准备势、上步准备势等等。常用的是侧面高姿和正面姿势，且均为原地准备势。下面以右手持陀为例对侧面高姿作分析。

攻陀前，左脚站在攻击线后，右脚向右后开立稍宽于肩，右腿屈膝，上体侧后仰，斜侧面向守方陀螺，重心偏向右脚，右手持陀向右侧后上方引臂，左臂屈肘持鞭于右胸前，眼睛注视守方陀螺。

（2）掷陀。掷陀是攻陀技术的关键环节，动作质量的高低直接影响到攻击的准确性、速度和旋转力量。

陀螺出手时的速度大小、角度、方向以及出手点高度是决定陀螺落点即攻击准确性的主要因素，掷陀动作就是为了使这几个因素得到理想配合，从而提高攻陀的有效性和旋转强度。

准备姿势瞄准好守方陀螺后，利用右腿蹬地身体左转的协调力量，带动右臂向前快速挥摆，至肘关节伸直时将陀螺掷出手，使陀螺平头朝上椎尖朝下对准守方陀螺飞出。陀螺离手后，右臂随势向左斜下摆动，腿屈膝维持身体平衡，防止踩越攻击线。

> **知识窗**
>
> 攻陀动作要领口诀
>
> 缠陀顺逆都一样，侧面高姿准备放。
> 掷陀技术是关键；拉陀旋转加力量。

（3）拉陀。拉陀是陀螺旋转动量的来源，拉陀技术就是为了使陀螺获得尽可能大的旋转强度，并适当调节陀螺飞行弧线，控制陀螺落点。右手将陀螺掷出手后，左手随即持鞭顺势左摆，用力拉动鞭绳，使陀螺在快速飞行的同时在鞭绳的带动下产生顺时针方向的旋转，当缠绕的鞭绳全部拉完后，陀螺即沿鞭绳拉力结束时的即时速度方向、角度飞向守方陀螺。鞭绳拉完后迅速收回鞭，防止鞭绳触及守方陀螺和鞭杆触及比赛场区。

（四）攻陀应注意的主要问题

（1）根据规则精神，鞭绳长度不少于 2 米，缠绕于陀部分不少于 1 米。实践中根据技术掌握情况可使用长 5 ～ 6 米的鞭绳，增加缠绕圈数，以达到加强旋转力量和控制落点的目的，但使用长绳要注意攻陀后鞭绳不能触及守方陀螺，以免犯规。

（2）在上述提及的许多准备姿势中，运动员可依个人习惯选择，原则是便于发挥全身力量，便于控制落点。

（3）挥臂摆动是攻陀力量的主要来源，因此，动作要协调、正确，即要考虑到力量的发挥，更要考虑到落点的控制。

（4）挥臂摆动的方向、陀出手的角度是影响落点的重要因素，只有角度、速度、出手点三个因素的理想配合才能得到良好的效果。

（5）拉陀是陀螺旋转的动因，攻陀的拉陀不像放陀的拉陀那样，有猛力的回拉动作，而拉力的大小主要决定于陀螺出手速度的大小，出手速度越大，陀螺前飞过程中受到鞭绳牵拉的张力作用越大，旋转强度也越大。

（6）拉陀可使陀螺飞行路线偏离出手即时决定的正常抛物线。因此，拉力大小、偏离程度以及出手即时方向的综合是决定落点的最终因素。

三、陀螺玩法简介

（一）画圈圈

在地上画一个圈圈，直径在一步到两步之间，圆中间再画一个三角形，每个人把自己的陀螺往圈圈里打，并让陀螺自己旋转出圈外来。有时陀螺会固定在圈内不移动地旋转，可用绳子把他圈住勾出圈外，只要到达圈外还在转就算活。如果停止了，就要放在三角形内，任人敲击处罚。

（二）分　边

一边轮流一人，把陀螺抽在地上，直到有人失败为止。失败的陀螺，就放在地上任人打击，挨到对方陀螺停止时，才可以换对方攻打。

（三）持久比赛

同种类陀螺，同时间打下，看谁转动的时间最久，就是胜利者。

（四）掷远比赛

在地上画个小圈圈，然后每个人的陀螺先要打在圈圈内，在跳出去，跳出去的陀螺必须是还在旋转者才算成绩，用卷尺测量，离小圆圈的圆心最远者就是胜利者。

（五）定点比赛

在地上或椅子、桌子上放一个圆盘〔可用圆形饼干盒盖子代替〕，然后离圆盘 50 厘米处，画一条线当起点，每一个人，从这一条起点线往圆盘抛拉，能进入圆盘内旋转者就算过关，失败者被淘汰。

（六）撞击比赛

以相同大小的角力陀螺为佳。

（七）套圈比赛

套圈比赛所用的陀螺，以上轴长下轴短为佳。找中央有圆洞孔的薄形胶圈或薄铁圈。当陀螺旋转时，赶快把手中的圈圈套入上轴中心，一次一个，一直到陀螺停止为止，看谁套入最多，谁就获胜。

第六节 独竹漂

一、独竹漂简介

独竹漂是发源于赤水河流域的一种独特的黔北民间绝技。独竹漂高手们脚踩一根楠竹，漂行水上如履平地。“赤水独竹漂”被列入贵州省第三批省级非物质文化遗产保护名录。在 2011 年的第九届少数民族传统体育运动会上，独竹漂第一次被列入比赛项目。贵州队包揽了该项目的 4 个一等奖，成为最大的赢家。

在一代一代的传承过程中，独竹漂逐渐发展成为竹乡小伙子代代乐此不疲的民间体育活动，成为竹乡姑娘们“巾帼不让须眉”的标志，也成为姑娘们心中仰慕的男子汉的标志。赤水独竹漂经过千年的沉积逐渐转化形成每年端午节与龙舟赛齐名的表演项目。

独竹漂表演内容丰富，形式多样。既可以进行精湛的技艺表演，又可以进行竞速比赛。适合单人、双人和团队等多种表演形式。单人、双人表演有比正划、倒划、转身、绕弯、滑行、换竿等技巧，形体自由美观，速度快如飞；团队表演则看重队形以及队列的整齐和有规律的变换，动作的连贯性和一致性。

二、制作材料

独竹漂所用的竹子，是大头直径在 15 厘米以上无扭曲的大毛竹，其浮力足以承载一个人的重量。这种大毛竹要在毛竹林海的深处，水土丰茂的阳坡上才能选到，大的直径可达 20 厘米左右，高度 10 多米。用作独竹漂时，截取 8 米左右的长度，无需任何加工，自然风干 20 多天。划行用的划竿则选用直径约 5 厘米，长约 4 米匀称笔直的班竹或水竹，独竹漂手上竿后就靠这根划竿前行倒退，平衡转向。

三、动作技巧

独竹漂又称独竹舟，俗称划竹竿，表演者赤足站立于一根直径 15 厘米左右，长约 8 米以上的笔直楠竹上作水上载体。手拿一根直径约 5 厘米、长约 4 米的笔直小竹竿当桨，左右交替，在水上划行，或驾舟乘风破浪搏击激流险滩，或轻拈竹竿稳立舟上悠闲荡舟水面。其形其态美观大方，动作协调连贯一致。表演“乘风破浪”、倒退、转身、绕弯、换竿等绝技，颇有“一苇渡江”之妙。

四、竞技比赛

竞速赛是参赛者们比速度、比耐力，选手们看似无声胜有声。竞速赛有短距离的横渡赛和长距离的顺流漂赛等。

20 世纪末，具有赤水地域特点的独竹漂走出贵州，走向全国少数民族传统体育运动会（简称全国民运会），并得到专家推崇，在全国民运会上赢得了金牌。从此，赤水独竹漂名噪一时，知名全国。并在 1998 年以来多次荣获表演奖。1999 年，在全国第六届少数民族传统体育运动会上，赤水独竹漂荣获团体表演金奖，常被各种媒体誉为“中华一绝”。此后，在 2002 年省民运会、2007 年全国民运会上再次取得表演金奖。同时，作为少数民族传统体育项目逐渐在贵州各地和全国各地传播推广。2007 年贵州省把此项目定为少数民族传统体育竞技项目在红花岗区举办了贵州省首届独竹漂大赛。该项目现已列入 2011 年将在贵州举办的第九届全国民运会的竞技项目进行推广。

在 2011 年 9 月 11 日进行的第九届全国少数民族传统体育运动会上，独竹漂成为民族运动会的新增项目，比赛在风景秀丽的红枫湖水上基地举行。经过两天的角逐，来自贵州麻江的苗族选手胡朝贵笑到了最后，幸运地成为第九届全国少数民族传统体育运动会首个一等奖获得者。

第七节　板　鞋

一、板鞋竞速运动概述

（一）板鞋竞速运动的起源与发展

板鞋运动是壮族传统体育项目之一，也是壮族的文化形态之一。在历经了 400 多年的传播与发展后，它不但形成了板鞋竞速、板鞋拳、板鞋武、板鞋舞等多种多样的运动形式，而且根据开展目的不同，板鞋材质和样式也发生了一系列的变化。作为壮族传统体育项目，它反映了浓厚的壮族历史文化与体育文化底蕴。随着人们对板鞋运动的挖掘和整理，板鞋运动以丰富多彩的形式走入了人们的生活，它独特的娱乐性、竞技性、民族性，深受各族人民的喜爱。

板鞋运动源于明代军队训练——“同步”练兵法，其发源地是广西南丹县那地村，至今已有 460 余年的历史。广西南丹县总面积 3916 平方千米，地处广西西北部红水河畔，四面环山，中间为一平坦的红水河冲积平原。

相传明代倭寇侵扰我国沿海地带，在此危难关头，广西河池地区的瓦氏夫人，自告奋勇，毅然领旨率领田州土司俍兵赴江浙沿海抗倭。瓦氏从小攻读诗书，精通拳术，擅舞剑，懂兵法，有谋略，善带兵，所以受命于危难时刻。瓦氏夫人为了培养士兵的集体观念，要求士兵步伐整齐，步调一致，于是命人根据壮族的木履样子做成长木鞋，她让士兵 3 人一组或 6 人一组共同穿上一副长板鞋练习跑或走，要想跑得快或走得整齐，必须团结一心，默契配合。正是长期的这种饶有趣味的练兵方法，使士兵的素质大大提高，团结一致，勇敢无畏，所向披靡，挫败了倭寇，为国家立下大功。她所带的军队被誉为“粤石良兵骜悍，天下称最”(《峤南琐记》)。这种训练方法便称之为“瓦氏夫人‘同步’练兵法”。南丹县那地州壮族人民效仿瓦氏夫人练兵法，在田头地角、房前屋后开展板鞋竞速活动，自娱自乐，相传成俗，流传至今。

板鞋竞速对运动场地要求不高，器材制作简单（只要一块木板和3小块橡胶)，具有鲜明的民族特点，为少数民族的闲暇生活增添了不少乐趣。在全国第四、第五届少数民族传统体育运动会上，该项目作为表演项目进行了表演，受到广大观众的欢迎和称赞；2007年11月在广东省广州市举行的全国第八届少数民族传统体育运动会上，该项目被正式定为竞技项目。

板鞋竞速是由多名运动员一起将足套在同一双板鞋上，在田径场上进行的比赛，以在同等的距离内所用的时间多少决定名次。比赛项目有：男子60米、男子100米；女子60米、女子100米；男女2×100混合接力。

（二）板鞋竞速运动的锻炼价值

1. 健身价值

板鞋竞速运动不但有着丰富的文化内涵，而且与壮族人民的社会生活紧密联系在一起，涉及壮族的生产、习俗和历史，是壮族人民社会生活的缩影，是生活与艺术的完美结合，可达到健身与健美的效果。

板鞋竞速运动是集速度、耐力、力量、柔韧、协调、灵敏素质为一体的在田径场上进行的运动，它的最大特点就是运动中肌肉活动达到最大强度，整个机体处于极其紧张的状态中，尤其是大脑皮质兴奋抑制过程要迅速频繁地转换交替，对心脑血管系统的能力要求很高。所以，经常从事板鞋竞技练习，能有效地改善和提高心脑血管和呼吸系统功能。

板鞋运动也是一项技巧性、趣味性很强的运动，无论是参与者还是观赏者都会热情高涨，持久兴奋，大量消耗人体的能量。因而，可以很好地起到强身健体的作用。另外，技术要求比较复杂，需要参与者具备良好的身体素质，勇敢、坚毅的意志品质和团结协作精神。板鞋竞技不同于人在地面上的动作，它要求多名运动员一起将脚套在同一双板鞋上进行奔跑，首先对人的灵活性、协调性、一致性要求极高。跑动中由于双脚套上木板鞋增加了负重量，在向前跨步和后蹬时，需要较大的下肢力量，腰腹部力量，双臂摆动及上体协调配合时的全身力量；完成整个动作能提高人体的爆发性力量，持续性力量，控制性力量。板鞋竞速运动对人们的影响和锻炼身体的价值，与现代田径中的短跑相似，但其运动强度和难度又远远大于它们。

2. 健心价值

板鞋竞速运动的最主要特色就是自娱自乐，随着人们物质生活和精神生活的不断提高，板鞋竞速运动成为壮族人民文化生活中喜闻乐见的自娱运动，板鞋竞速运动通过“力度”“速度”和“幅度”体现出来的艺术升华和感情，使参与者在运动中得到自娱自乐和自我满足感。

板鞋竞速运动的动作健康、粗犷，是从生活和劳动中创作、提炼而成的舞蹈，具有喜庆、开朗、风趣、力度、富于韵味的舞蹈。板鞋竞速运动以它独特的舞韵，引人发笑的情节倍受广大观众的喜爱，达到强体健心的作用。

二、板鞋竞速运动技术及教学

（一）板鞋竞速基本踏板技术

板鞋竞速要求队员之间上板鞋后具有良好的相互配合的意识。以三人板鞋为例，我们将运动员分为1、2、3号，1号位指站在板鞋上排头的运动员，2号位指站在板鞋上1号运动员后面的运动员，3号位指站在板鞋上2号运动员后面的运动员。运动时，要求2号位队员双手扶1号位队员的腰两侧，3号位队员双手扶2号位队员的腰两侧（或两肩）。上板后，队员两眼注视前方，两腿脚稍微弯曲，板鞋后跟稍抬起，抬腿左右交替迈步，保持身体平衡，步法整齐，完成走、跑等动作。行进间跑时，1号位队员上体前倾，以肩为轴，前后摆臂，带动后面的队员向前走（跑）（图21-7-1）。

图 21-7-1

（二）板鞋竞速基本跑板技术

板鞋竞速的内容有短距离跑、中长距离跑及接力跑等，各种跑在技术上都包括起跑和加速跑、途中跑、终点冲刺三个组成部分。

1. 起跑和加速跑

起跑和加速跑是指三人同踏一副板鞋，使身体摆脱静止状态，尽快地提高速度并顺利过渡到途中跑的过程。起跑包括“各就位”和“鸣枪起跑”两部分，加速跑一般在起跑后10～20米。（图21-7-2、图21-7-3）

图 21-7-2

图 21-7-3

（1）起跑。

·“运动员上道”。

运动员上道，听到“运动员上道”的口令后，运动员迅速将脚套上板，双手扶在前面同伴的腰或肩上做出准备起跑的姿态。

·“各就位”。

听到“各就位”的口令后，两脚平行站立或前后开立（没有规定的起跑姿势，比赛时最好使用运动员最为习惯的起跑姿势），1 号位处于自然摆臂状态，2 号位、3 号位扶前面同伴腰两侧，头正对前方，肩部适当放松，上体重心向前微倾斜，不宜过于挺直，眼平视前下方，身体重心微微移至右腿，右腿膝关节稍弯曲不宜太多，左脚脚跟稍离板，以脚前掌有力地撑板。同时，身体向前倾，微收腹含胸，形成一个类似弹簧被压紧的状态，便于做有力的蹬地动作。眼看前下方，注意力高度集中，听“跑”的枪声或口令。

·鸣枪（跑）。

听到“枪声”或“跑”的口令后，板鞋稍微抬起，两眼注视前方，重心稍向前前倾，膝关节保持一定的弯曲状态，便于做起跑后蹬动作，紧接着，有力腿（以左腿为例）积极下压，用力蹬地，右脚迅速蹬地向前迈出第一步，前后摆臂幅度不超过身体正中线。肘关节角度约为 90°，加大动作幅度，不要起伏太大，保持平衡和步幅，接着脚迈出第二步。

（2）加速跑。

起跑后的加速跑技术特点是身体前倾较大，后蹬角度较小，迈步幅度由小到大，频率逐渐加快，快步跑时，髋部放松，腰部保持自然直立，大腿提膝用力前摆，身体积极向前，脚尽量朝前伸，落地时小腿积极前摆，脚不要外翻或后翻，让冲击力迅速分散到全脚掌，避免跟腱因受力过大而损伤。同时要注意小腿肌肉和跟腱在着地时的缓冲，否则膝关节和踝关节容易损伤。

2. 途中跑

板鞋竞速途中跑，主要是直道跑和弯道跑技术。是进一步发挥加速跑，并使保持最快速度跑向终点。

（1）直道跑。

途中跑时，三人步调一致，以强有力的动作送髋、提膝和伸踝关节，1 号位带动 2、3 号位两腿和两臂用力地前后摆动，2、3 号位积极加强踏板后蹬效果，躯干保持稍前倾，两臂攀扶配合下肢节奏向前。途中跑的速度决定于步频与步幅，只有相互协调配合，动作协调一致，才能发挥高步频并获得最大步幅。

（2）弯道跑。

主要是以 200 米混合接力项目为主，三人要保持身体重心，克服转弯时的倾斜度（以左转为例），走动时身体稍向内倾斜，右肩高于左肩，右臂摆动幅度稍大且稍向外，左臂摆幅小，右脚前抬时稍向内抠，用前脚掌的内侧扣紧板鞋，左脚外侧稍用力，在转弯后整个身体逐渐过渡到正常姿势，快速往前跑。

（3）板鞋竞速接力跑。（图 21-7-4）

图 21-7-4

当第一组三人板鞋踏入接力区后，即可适当减速出板或脱板，然后迅速将三人板鞋交给下一组队员，下一组接力队员接到三人板鞋后，必须在接力区内踏上三人板鞋，并以起跑和加速跑的技术向前跑进。不同的是这时的起跑没有口令，各自根据自己组合的情况迅速完成。在接力区内完成交接用时越少越好，要做到这一点，必须加强练习，增强彼此间的默契。

为了发挥全队每个队员的特长，应根据队员的实力和对方运动员的情况安排接力顺序。有时把素质好、实力最强的队员放在第一组，从一开始就超过对方，在心理上形成优势。三人板鞋竞速接力跑是一项竞争激烈的比赛项目，比赛能否获胜，不仅取决于板组与板组接力队员的速度，在很大程度上还取决于相互掌握接力时机。三人板鞋竞速接力跑，能提高运动速度和培养团队协作精神。按照全国《板鞋竞速竞赛规则》，采用在规定的 10 米接力区内完成接力方法。

3. 终点冲刺跑

接近终点时，目视前方，上体要稍前倾，两小腿积极前摆，第一板的队员摆动两臂，带动后面两板的队员快速往前跑。带动两腿加大幅度，快速向前摆动，冲过终点线。终点冲刺跑，主要是队员以顽强的毅力，使用全身力量，以最快的速度冲向终点。

（三）板鞋竞速运动战术运用

练为战，只重视技术训练而忽视技术在战术上的应用，难以在重大比赛中取胜。随着现代竞技运动水平的日益接近，其战术意义就显得格外重要。在世界大赛，甚至全国性比赛中，短距离跑前 8 名的成绩非常接近，几乎同时到达终点，不用高速摄像的电子计时，很难判断名次。

目前，板鞋竞速在正式比赛中开设的项目还不是很多，都是在 60 ～ 100 米，战术一般认为不如中长距离的比赛那么明显，但是由于板鞋竞速运动强度大，比赛同样也有力量分配问题，加上比赛赛次较多，因此，合理分配力量，在各赛次获得好名次、好成绩都十分重要。

通常，60 米比赛在战术上主要是力争在每一赛次中取得好名次，一旦在小组取得比赛的好名次就应养精蓄锐，为下一赛次做准备，到决赛时全力以赴，跑出自己的最好成绩。在具体比赛中，当运动员水平比较接近时，应采取充分发挥自己的特长克对手之短的战术，去取得决赛的胜利。

100 米的战术为在预赛中要确保取得好名次，进入决赛后即全力跑出好成绩。在具体比赛中应合理地分配自己的前、后段的体力。前段要用接近本人最好成绩跑，后段要随惯性尽全力跑到终点。

在接力比赛中，弯道跑技术和交接棒技术非常重要，要安排弯道跑技术较好的队跑弯道。

第八节 高 脚

高脚竞速

一、高脚竞速运动概述

（一）高脚竞速运动的起源与发展

高脚竞速运动来源于南方少数民族的民间生活和娱乐活动，现已被列为全国少数民族传统体育运动会正式比赛项目。

高脚竞速原名“高脚马”，是流行于南方湘、鄂、渝、黔等省市土家族、苗族等少数民族聚居地区的一项民间传统体育运动。“高脚马”又称竹马，土家语称其为“吉么列”，竞速只是其多个运动形式中的一种。在少数民族地区，由于浅水河流较多，在雨季或过浅水河流时为了不湿鞋袜，而以此作为代步工具，特别是对于喜好穿布鞋的土家族群众来说，它不失为一种极好的趟水工具。目前已失去作交通工具的功能，而成为当地民众闲暇时相互嬉戏、竞斗对抗的一种运动项目。“高脚马”对运动场地要求不高，器材制作简单（以竹子和木材为主），具有鲜明的民族特点，为少数民族的闲暇生活增添了不少乐趣。由此衍生出了各种竞技形式，对培养青少年机智勇敢、快速灵活、坚毅顽强、不屈不挠的良好作风有着积极的作用。

改革开放以来，党和政府非常重视民族传统体育工作，把发展民族传统体育事业作为民族工作和体育工作的一项重要任务来抓，提出了“积极提倡，加强领导，改革提高，稳步发展”的方针。在这一方针的指引下，各级政府和有关部门采取一系列有力措施，对民族传统体育进行挖掘保护，“高脚马”运动就是在这样的背景下由民间走向体育赛场的。在湖南省的部分高校和中学的体育教学中，“高脚马”作为一种体育锻炼方式，已被列为教学内容。1986 年湖南省首届少数民族传统体育运动会在湘西土家族苗族自治州首府举行，原省体委和省民委制定了《高脚马竞赛规则》，并将“高脚马”列入正式比赛项目，实现了将其由民间娱乐向体育竞技项目的转变。同年，湖南省组团参加第三届全国少数民族传统体育运动会，“高脚马”项目成为民运会表演项目。在此以后的四届湖南省少数民族传统体育运动会上，“高脚马”都作为正式比赛项目。比赛距离设 60 米、100 米、200 米、4×50 米接力、4×100 米接力等。在第四届和第六届全国少数民族传统体育运动会上，“高脚马”先后获表演一等奖。

2001 年 4 月根据《全国少数民族传统体育运动会竞赛项目立项暂行规定》的基本要求，湖南省民委和体育局以“吉么列”之名向国家民委和国家体育总局申报进入全国少数民族传统体育运动会正式比赛项目。在以后的推广过程中，根据其运动特点，特别是其在运动场上的比赛性质，为使该比赛项目在全国更好地开展，特将此项目定名为“高脚竞速”。

2001 年 8 月，国家民委、国家体育总局在第七届全国少数民族传统体育运动会第一次筹备会上将“高脚竞速”正式列为第七届民运会比赛项目。2003 年 9 月在第七届全国少数民族传统体育运动会上共设男子、女子 200 米，男子、女子 2×200 米，男女 4×100 米混合接力 5 个项目，有16个代表队参加了比赛。运动场上运动健儿脚踏竹马如行走平地，给人以赏心悦目的欢悦之感，特别是其竞赛成绩几乎等同于常人在平地上的跑动速度，令人惊叹，受到群众的好评。

（二）高脚竞速的锻炼价值

高脚竞速运动在少数民族地区有着广泛的群众基础，它在运动中所体现出来的趣味性与观赏性，对锻炼人的意志品质，发挥人的潜力有着极大的作用与影响。

高脚竞速作为一项在田径场上进行的运动，其技术要求比较复杂，需要参与者具备良好的身体素质和勇敢、坚毅的意志品质。高脚竞速不同于人在平地上的动作，它要求双脚踩在高脚杆的踏镫上进行奔跑，首先对人的平衡、协调能力要求极高。跑动中运动员同侧腿、臂的一致运动有别于一般走、跑的自然运动，对神经系统的指挥能力是一种特殊的锻炼，能明显改善神经系统的灵活性；运动中为了较好地控制所驾御的“竹马”，需要运动员有较强的臂部力量和手部握力。高脚竞速运动对人体的影响和锻炼身体的价值，与现代田径中的短跑、中跑相似，但其运动强度和难度又大于它们。它是集力量、速度、耐力、协调性、灵敏性和平衡能力为一体的运动项目，它的最大特点就是运动中肌肉活动达到最大强度，整个机体处于极其紧张的状态中，尤其是大脑皮质兴奋抑制过程要迅速频繁地转换交替。在竞速过程中人体的位觉感受能力能得到有效改善，对提高人体平衡能力有显著的作用。

在参加高脚竞速比赛时，人体肌肉大多数情况下是处于缺氧条件下所进行的收缩，因而参加高脚竞速练习对提高肌肉无氧代谢能力有很好的促进作用，一个人在完成“骑马”200米跑后，其每分钟脉搏跳动可达200次以上。因而对心血管系统的能力要求很高，经常从事“骑马”竞速练习，能有效地改善和提高心血管功能，增加肺活量。

二、高脚竞速运动技术及教学

（一）握马技术

持握高脚马技术。将高脚杆立于体前，两高脚杆间距50厘米左右，两脚开立与肩同宽，两手虎口朝上，握紧高脚杆，与肩同高，两眼平视前方。学习双手握持器械和脚底蹬踏踏板的动作。

常用方法：双手正握器械，前脚掌蹬踏踏板且器械在脚尖前（图21-8-1）。

图 21-8-1

（二）上马技术

1. 动作要领

两脚开立，将高脚杆立于体前，两杆左右距离比肩稍窄，两手虎口朝上，拇指分开，其余四指并拢，两手紧握高脚杆上端（图21-8-2），然后提左（右）脚踏入踏蹬，紧接着右（左）脚快速蹬离地面，踏上踏蹬，上马后双手紧握高脚杆，身体保持平衡并稍前倾（图21-8-3）。

重点、难点：身体重心与高脚马纵轴线一致。

图 21-8-2

图 21-8-3

2. 练习方法

（1）一人在前持高脚杆中上部，一人做上高脚练习（图 21-8-4）。

（2）一人在后扶上高脚者的髋部，帮助练习者完成上马、下马作动。

（3）利用墙壁练习上、下马。练习者持高脚杆，背靠墙壁站立，然后两脚依次踏上踏蹬、站稳后，将高脚杆下端逐渐向后移动，使身体重心落在高脚杆上，减少靠墙力量，或者身体重心前移，使后背离开墙壁能平稳站立后下马（图 21-8-5）。

（4）站在与高脚竞速踏蹬同高的台阶或凳子上，做上下马练习。

图 21-8-4

图 21-8-5

（三）下马技术

动作要领：下马时仍握紧高脚杆上端，两脚依次下踏蹬，两腿撑地后身体保持平衡。

（四）走马技术

1. 动作要领

双手紧握高脚杆上端，不能使脚杆产生旋转或晃动，保持身体平衡直立或稍前倾，两眼向前平视，双腿轮换抬起前迈和支撑，双臂配合上提、下放，同侧腿的上抬和臂的提拉协调一致（图 21-8-6）。

2. 重点与难点

高脚马稍前倾，手臂与腿的协调一致，膝关节放松高抬。

3. 教学方法

（1）原地徒手做模仿走马动作练习。主要体会同侧腿、臂的抬腿提臂协调配合动作。

（2）双手持高脚杆，原地做不上踏蹬的模仿走马腿臂动作练习（图 21-8-7）。

图 21-8-6

图 21-8-7

（3）靠墙上高脚做原地踏步练习。
（4）有人在前或者在后帮助下，做高脚走马练习（图 21-8-8）。
（5）小步走马练习（图 21-8-9）。
（6）大步走马练习（图 21-8-10）。
（7）后退走练习。
（8）交叉步走马练习（图 21-8-11）。
（9）上下坡走马练习（图 21-8-12）。

图 21-8-8

图 21-8-9

图 21-8-10

图 21-8-11

图 21-8-12

（10）台阶走马练习（图 21-8-13）。
（11）负重走马练习。
（12）马上足球练习（图 21-8-14）。
（13）障碍练习（图 21-8-15）。

图 21-8-13

图 21-8-14

图 21-8-15

（五）跑马技术

1. 动作要领

跑马的时候，摆动腿尽量高抬，同时同侧臂尽量上提高脚杆，支撑腿要用力后蹬，尽量减少高脚杆与地面的夹角，缩短腾空时间，减小身体的上下起伏，同侧臂要配合用力后蹬、下压。跑时要注意两手抓紧高脚杆，防止脚杆的旋转晃动，保持身体稳定。上体要正直或稍前倾，不要弓背、不要低头、眼睛要向前平视（图 21-8-16）。跑弯道时，由于身体在离地 40 厘米的踏蹬上，重心较高、离心力较大，所以要控制好高脚杆和身体向内倾斜的度，以获得合适的向心力和稳定的跑动速度（图 21-8-17）。

图 21-8-16

2. 重点与难点

摆动腿高抬，手臂前提与摆动腿高抬一致（图 21-8-18、图 21-8-19）。

图 21-8-17

图 21-8-18

图 21-8-19

3. 教学方法

（1）行进间向前、向后小步跑马练习。
（2）行进间单脚跳马练习（图 21-8-20）。
（3）原地双脚跳马练习（图 21-8-21）。
（4）原地高抬腿跑马练习。
（5）后蹬跑马练习（图 21-8-22）。

图 21-8-20

图 21-8-21

图 21-8-22

（6）台阶跳马练习（图 21-8-23）。

（7）同台阶跑马练习（图 21-8-24）。

（8）弯道跑马练习（图 21-8-25）。

图 21-8-23

图 21-8-24

图 21-8-25

（六）交接马技术

1. 动作要领

接马运动员两手臂自然向侧后伸出，手臂与躯干成 40° ～ 45° 角，掌心向后，拇指与其他四指自然张开，虎口朝下；交马运动员在接力区内下马之后（图 21-8-26），双手沿高脚马主杆下滑约 40 厘米，将高脚马由下向前上方送入接马运动员手中，完成高脚马交接（图 21-8-27）。

图 21-8-26

图 21-8-27

2. 重点与难点

交马运动员准确交给接马运动员。

3. 教学方法

（1）原地交接练习。

（2）跑动中交接练习。

（3）高脚马慢跑中交接练习。

（4）高脚马快速跑中交接练习。

（七）跑动技术

跑动技术中可分为起跑技术、起跑后加速跑技术、途中跑技术和终点跑技术等几个阶段。

1. 起跑技术

运动员听到“各就位”时，必须把两高脚杆立于起跑线后沿，杆底部不得触及起跑线，听到“预备”后以任何一脚踏上踏板，另一脚必须立于起跑线后的地面，重心前倾至不会向前冲出为最佳，集中注意力听枪声，听到枪响后，蹬地脚同侧的手迅速将高脚杆向前提拉一步，蹬地脚同时跟进踏上踏板，另一侧手脚随之向前跨步跑，同脚同手交替向前进行。

2. 起跑后的加速跑和途中跑技术

蹬地脚离开地面，踏上高脚杆后上体逐渐抬起，步长逐渐加大，进入途中跑；途中跑的每一步由支撑期和腾空期组成。支撑期高脚杆的动作分为着地、垂直缓冲和后蹬；腾空期的高脚杆分为跟进动作、提拉向前摆动和主动下放动作。

3. 弯道跑技术

弯道起跑时应尽可能沿直线跑进，所以起跑的站位应在外侧靠近分道线，正对切点方向；起跑后保持步幅，加快步频，身体向内倾斜，右肩高于左肩，右手动作幅度大于左手，右步大于左步。

4. 终点跑技术

加快双手的提拉力量和双脚的摆动速度，尽力保持途中跑的高速通过终点。两高脚杆都越过终点线后再减速且再下高脚杆。

5. 接力跑技术

两运动员在接力区完成高脚杆的交接。一运动员进接力区后下高脚杆后缓冲向前平跑并双手伸直向前交高脚杆，另一运动员主动双手接高脚杆后迅速转身上高脚杆完成交接。接力区运动员站位应错开交高脚杆队员的跑进路线。

第九节　押　加

一、押加运动概述

（一）押加运动的起源与发展

藏族是一个勤劳、勇敢、智慧的民族。在漫长的历史进程中，藏族创造了辉煌灿烂的传统文化，也形成了丰富多彩、独具特色的民族民间体育运动。押加又称“大象拔河”和“藏式拔河”，在四川藏区，类似的活动称为“责牛”。甘孜藏族自治州还有一种把腰带套在脖子上、面对面站立的拔河游戏，称为“格吞”。押加这项传统的民族体育项目是在西藏特殊的自然环境和独特的民族生活习俗基础上产生的，相传已有千年历史。这项传统体育运动在广大藏区广泛流行，深受藏族群众的喜爱，具有深厚的群众基础，因此得以保存和发展。在第一届至第五届全国少数民族传统体育运动会中押加为表演项目，1999 年第六届全国少数民族传统体育运动会上押加被定为正式竞赛项目。

押加的活动形式有大象拔河、颈力比赛、腰力比赛和手力比赛等。在藏区押加比赛开展得很普遍，一到节假日各地都举行押加比赛。平日农牧闲暇时，在牧场上、在田间，人们相互把两条背带或腰带连在一起，以游戏的形式练习和比赛。由于押加的基本技术、比赛规则和场地设备比较简单，因此是一项比较容易开展的民族传统体育项目。此项运动不受年龄的限制，男女老少都可以参与，因此它可以吸引更多的群众来参加这项运动。

押加比赛在平整硬质地面上进行。比赛场地为长方形，宽 2 米，长 9 米。比赛时，由两名运动员在比赛场地上，将一条长绸布带做成的圆环分别套于颈部（带子从两腿间通过），四肢着地并背向对方，向自己的前进方向奋力爬进，以一方将置于两者之间的坠条拉过自己一侧的决胜线为胜利。

（二）押加运动的锻炼价值

押加运动是运动员用腿、腰、肩、颈的力量拖动布带奋力向前爬行。爬行是指四肢着地进行爬行锻炼。爬行训练对提高人的协调能力、本体感觉和前庭功能有积极作用，能促进骨骼与肌肉的发育，调整血液循环和血液分配，减轻心脏和脊柱的垂直负荷，对于防治心脑血管疾病、内脏下垂、脊椎慢性疾病有很大的帮助。同时押加是一项以力量素质为主的竞技体育项目，运动员为提高力量素质常常借助杠铃、哑铃等器械训练，以提高全身力量素质。通过大强度的力量训练，运动员的肌纤维得以增粗，形态有了很大改善，因此，优秀的押加运动员展现了较好的形体，表现出一种男子汉的气魄。生活在青藏高原的藏族群众对力量是非常崇拜的，而在高原缺氧地区，力量的形成要付出极大的努力。在力量对抗中，由于缺氧，迫使血液中的血红素含量升高，使人体具备相应的适应能力，长期生活在高原地区的藏族群众，具备了比低海拔地区的人们更强壮的体魄和力量，也使押加运动成为藏族群众检验力量的最好手段。

二、押加运动技术及教学

押加运动的技术包括准备技术、发力技术、连续用力技术、相持技术和防守战术。

（一）准备技术

准备技术在押加比赛中非常重要，良好的准备技术既能够保证运动员处于最佳的发力和防守姿势，又能最大限度地发挥力量而不被对手轻易取胜。同时，押加比赛是短时间内以力量素质为主的对抗性竞技项目，技术动作比较连贯，发力、防守和相持都与准备技术紧密相连，准备技术关系整个比赛的成功与失败。押加准备技术应根据运动员的个人特点，如身高、体重、个性（善于进攻或是善于防守）、习惯的不同，选择不同的准备姿势。

套好绳后，两眼平视前方，注意力高度集中，呼吸短促平稳。两脚左右分开（或前后开立）比肩略宽两脚内侧最大面积着地，并与地面呈45°夹角，双腿弯曲，双手手指自然张开，正对前方（或内旋）扒地俯撑，肩略低于髋，直腰顶颈，重心向前，随时准备发力（图21-9-2）。

（二）发力技术

发力技术，是指在很短的时间内，使运动员充分发挥肌肉的力量，在瞬间爆发出最大的力量。在保持好基本姿势的基础上，双脚前脚掌扒地用力交替快速蹬地，重心前移，同时腰腹用力绷紧，双手用力扒地，与脚配合前进。前移时，双腿一前一后同时发力向前，在双腿没完全伸直的情况下，双手扒地向前移动，同时后腿快速向前移动。上体保持基本姿势，直腰挺胸，重心平稳（图21-9-3）。

图 21-9-2

图 21-9-3

（三）连续用力技术

当发力过后，即进入连续用力阶段。连续用力阶段主要是以腿、腰、肩、颈及手臂的力量向前爬拉。在此过程中，可采用直线前进、左右前进和跳跃前进的方式进行，直到取得胜利（图 21-9-4）。

（四）相持技术

在比赛中如果双方势均力敌，则进入相持阶段，这一阶段的技术动作对比赛胜负具有决定性的作用。相持阶段，双腿持续快速短促发力，通过绳带传来的“力感”随时发力，并根据情况不断变化前进的方向，以打乱对手的发力节奏（图 21-9-5）。

图 21-9-4

图 21-9-5

（五）防守战术

在比赛中，进入被动防守时，要及时调整基本姿势，变被动为主动，伺机进攻。双脚脚前掌蹬地支撑以最大限度地增大摩擦力，双腿稍直，髋高肩低，全身用力以静制动。根据绳带传来的“力感”在对手发力的间隙发力反击。

三、押加运动竞赛规则

（一）比赛场地

1. 地　面

比赛应在平整硬质地面上进行。

2. 规　格

比赛场地为长方形，长 9 米，宽 2 米。场地的丈量从界限的内沿量起（图 21-9-6）。

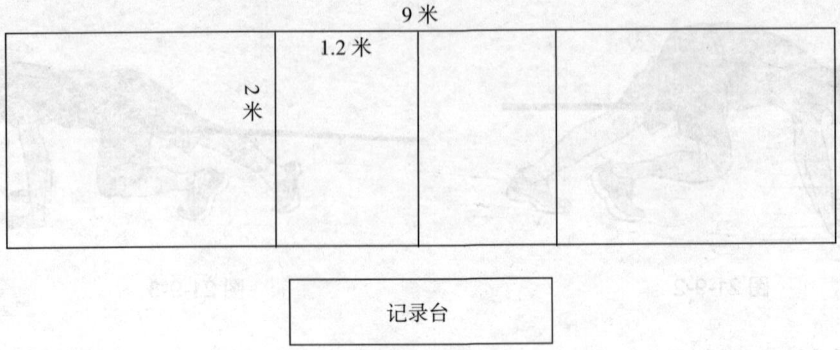

图 21-9-6

3. 界　限

比赛场地应有明显的标线，两条长边为运动员比赛限制线。线宽为 5 厘米，场地四周至少 2 米内不得有任何的障碍物。

4. 中线和决胜线

（1）中线：连接两条边线的中点，画一条与边线垂直的线为中线。

（2）决胜线：距中线两侧各 1.2 米处，各画一条与中线平行的线为决胜线。

（二）器　材

1. 带　子

带子长 6.5 米，用红色绸缎（幅宽 1.2 ～ 1.6 米）制成。带子两端呈圆环形，圆环周长为 1.0 ～ 1.10 米。带子中间系一条可移动的、并有适当重量的坠条，作为判定胜负的标志。

2. 护　垫

护垫是长为 30 厘米，宽为 15 厘米，厚 2 厘米的海绵，以软布包裹后，固定在带子两端圆环处的受力处，用于保护脖颈。

3. 标志带

标志带用于鉴别双方运动员的比赛绸带，标志为两种不同的颜色。

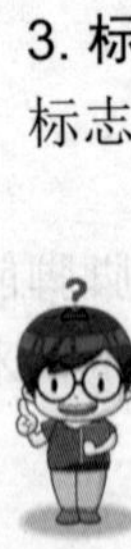

思考题

1. 简述珍珠球的五个基本技术动作。
2. 简述龙舟的基本技术。
3. 简述陀螺的几种主要玩法。
4. 简述板鞋竞速运动的锻炼价值。
5. 简述高脚的跑动技术。